中国語音声学

日本語・英語との発音比較を重視して

佐藤　昭 ［著］

朝日出版社

はしがき

　私は以前、私が勤務した大学で、中国語を専攻する学生を対象に「中国語音声学」という授業科目を担当し講義をおこなったものであるが、本書は、そのときの講義用教材を下敷きにして著わされたものである。こんにち、「一般音声学」「日本語音声学」「英語音声学」については良質の初学者用テキストが幾冊も出版されているのに対し、「中国語音声学」についてはいまだ授業で使うのに適当な教科書がない、というのが私の率直な感想である。そこで、前々から講義用レジュメとして授業中に配布してきた自作のノートをもとにして、書き直し・書き加えを繰り返しおこなって、授業で使いやすいテキストを作成してみた。本書は、主として、これまで音声学という学問にまったく接したことのない、あるいはこの分野にほとんど予備的知識をもたない大学生を対象にして、中国語音声についての基礎的、標準的な知識を提供し、入門書・概説書としての役目を果たすことを想定して書かれたものである。

　中国語はよく発音が難しいといわれる。この場合の「難しい」ということばには二とおりの意味が含まれていると思われる。ひとつは、自国語で用いない発音、あるいは自国語で区別しない発音を習得する場合で、たとえば、無気音・有気音の区別、そり舌音、音節末の〈n・ng〉の区別、声調の区別などは日本語にないものなので、日本人にとって習得が難しい発音とされている。もうひとつは、ピンインとよばれるローマ字つづりと発音に関するもので、たとえば、母音文字〈i・e・ü〉のよみ方、子音文字〈z・c・s〉〈j・q・x〉のよみ方など、きちんとマスターしないとつづり字を誤って発音してしまう。ピンイン・ローマ字の発音には独自のきまり・約束ごとがあるので、それを正しく理解することが重要で、それは、中国語発音習得の出発点となるものとして欠かせないことなのである。本書は、音声だけでなく、ローマ字を中心とした文字表記についても、多くの考察をおこなっており、はじめの第1章では、言語の文字表記と発音との関係について概説している。

　中国語の発音を正しく習得するには、中国語の音声についてのまとまった知識が必要である。しかし中国語の音声を理解するには、まず言語音声一般についての知識をもたなければならない。そこで、本書では、予備として、第2章・第3章で音声に関する基礎的知識を学ぶ。この部分は他の書物と重複するところがあるが、音声を

あつかった教科書としては欠かすことはできないものである。第4章から第13章までは、現代中国語の音声に関する種々の基本事項を順次記述し説明をしている。取りあつかわれる事がらは、音節について、声母および韻母のピンイン表記と発音について、音節表について、声調について、軽声と重・軽音について、さまざまな発音変化について、アル化韻母について、文の発音について、である。各項目の説明にさいし日本語（ときには英語）の音声を対照的に引用することが多いが、それは、互いの異同を指摘することによって、読者が中国語音声をより深く理解し、学習効果を高めることができると信じるからである。第14章では中古音（古代音の一種）の発音を取り上げている。ここでの知識は、本来、中国語音声学の概説書の構成範囲に入らないかもしれないが、しかし、現代音しか知らないのでは視野が狭すぎる、それとつながりのある中古音を学ぶことは意義深いことと考えるひとは少なくないと思われるので、あえてその一端を紹介することにした。

　各章の各項目において、補足的なこと、関連する事項を述べる場合は、［注］や《参考》の欄を設けて追加説明を増やした。より詳細な情報が提供されているので、興味あるかたの発展学習の一助にしていただけたら幸いである。

　私としては、意欲的な構想を抱いて執筆したのであるが、私自身あまり専門でない分野（とくに第13章など）もあって、理解が浅いところ、記述が不足しているところが多々あろうかと思われる。読者のご教示・ご批判をいただき、あやまった記述があれば、訂正していきたいと考えている。なお、第13章「文の発音」の部分は、より広範で本格的な内容の概説書が適切な専門家によって書かれることを願っている。

　本書を編成するにあたり、巻末の参考文献をはじめ、内外の多くの書物・資料を利用させていただいた。関係の方々に厚くお礼を申し上げたい。出版にあたっては、朝日出版社編集部の中西陸夫氏にひとかたならぬお世話になりました。ここに深く感謝いたします。

令和5年11月1日

著　者

目　次

第 1 章

文字と発音と音声記号

1. ──── 文字について

1.1 文字の分類

　ラテン語に「ことばは空を舞い、書はとどまる」ということわざがあるそうであるが、中国語にも「話是風、字是蹤」（ことばは風であり、文字は足跡である）という表現がある。これは、話されたことばは瞬時に消えてしまうが、文字（もじ）で書かれたことばはいつまでも長く残る、ということを意味している。文字は、音であることば（情報）を目に見える形で記録・保存し、広い範囲のひとやのちの時代の人々に伝えるというたいへん重要なはたらきをなしている。文字の発明により、人間は知識や情報、思想を、時間と空間の制限をこえて伝達できるようになり、これにより高度の文明社会を築くことができたのである。

　現在、世界で使われている文字は、一字が音だけをあらわす表音文字と、音をともないおもに意味をあらわす表意文字とに大別される。この名称はその主たる特徴を対比的に表現したもので、それぞれの代表としてローマ字と漢字があげられるのが一般的である。表音文字は単音文字と音節文字とに分けることができる。この場合、ローマ字は前者を、日本の仮名（かな）は後者を代表している。

文字	表意文字	表語文字	漢字
	表音文字	単音文字	ローマ字
		音節文字	ひらがな・カタカナ

1.2 ローマ字

　ローマ字は、その名の示すとおり、古代ローマ人が用いた文字である。古代ローマ帝国の公用語がラテン語だったので、この文字は正式には「ラテン文字」とよばれる。ローマ帝国の発展とともに多くの地域に広まり、ヨーロッパを中心にいろいろな言語に用いられ、今日もっとも国際性をもつ文字体系となっている。アジアでは、ベトナム・フィリピン・インドネシア・マレーシア・アゼルバイジャン・ウズベキスタン・トルコなどがローマ字使用国である。

ローマ字は、一字が特定の一単音（単音とは音声の最小単位のこと）に対応し、母音（ぼいん）として発音される文字と子音（しいん）として発音される文字が別々に定められている。現代の英語に用いられるのは 26 個で、子音字 21 個（ b　c　d　f　g　h　j　k　l　m　n　p　q　r　s　t　v　w　x　y　z ）と母音字 5 個（ a　e　i　o　u ）からなっている。ここに列挙したのは活字体の小文字で、このほかに同数の大文字がある。紀元前後の古典期ラテン語では大文字だけが使われていたが、8 世紀ごろ筆記のために小文字が発達し用いられるようになり、ここに大文字・小文字の分化が生じた。

　こんにち、世界の大半の言語はローマ字を採用している。それは、ローマ字が単音表記の能力にすぐれており、どんな言語でも、その音声単位を子音・母音にまで分解して、一音一字の原則でローマ字化することができるからである。アジアのローマ字国でない国が、固有の地名・人名・事物名を世界の人々によんでもらおうとするならば、それぞれの国の文字のかわりに、ローマ字という国際的文字を使って伝えるのがもっとも有効である。世界の言語におけるローマ字使用の拡大は、今後も続いていくものと思われる。

1.3　日本の仮名・中国の漢字

⑴　日本の仮名

　仮名は一字一音節の文字で、母音だけの仮名 5 個「ア・イ・ウ・エ・オ」、子音＋母音の仮名 35 個「カ・サ・タ・ナ・ハ・マ・ラ」など、半母音＋母音の仮名 4 個「ヤ・ユ・ヨ・ワ」がある。このほかに、子音だけの特殊な仮名として「ン」がある。「ン」を除けば、仮名は子音と母音が一体に結びついた音節単位の文字である。日本人がふつう子音と母音を切り離して考えられなかったのは、仮名一字が一音という感覚を通してのみ日本語発音を認識していたからにほかならない。

　仮名もローマ字も表音文字とよばれるように、ひとつひとつは音を表示するだけでなんの意味もあらわさない。したがって、ローマ字や仮名だけで 1 語（word）を記述しようとするならば、必然的に複数の文字を組み合わせることになり、その集合（これを「文字列」という）によってはじめて単語を構成し、意味を生じるに至るのである。

⑵　中国の漢字

　表意文字として知られる漢字は、古代中国で中国語を表記するためにつくられた。その文字は、一字一字が単語（word）に相当し単独で意味をなしているという特徴

から、漢字を「表意文字」と区別して「表語文字」とよぶべきだというひともいる。　中国語は、一語一語が異なる文字を占有するため、単語の数だけ文字があることになり、そのため文字数はおびただしいものとなっている。同じ発音であっても、意味が異なればべつの漢字があてられ、それを区別して覚えなければならない。中国語には同音の漢字が多いわけである。

　中国文字としての漢字は、すべて意味と音声の両面を備えている。一字一字に固有の発音が結びついており、その発音は一音節である。意味の単位が原則として単音節で示されるということから、中国語は「単音節言語」とよばれることもある。漢字はこうした性格の中国語を書きあらわすのに適した文字であったので、中国では、一字一音節という発音単位は、より小さい単音の単位に分解されるところまで進化しなかった。それで、漢字に代わる単音文字は生まれなかったのである。漢字は、一貫して音節を書きあらわす孤立語の文字であり、それを変化なく伝統として保ちつづけている。

2.———— 日本語の文字

(1) 日本語の4種の文字

　日本文字は、①ひらがな、②カタカナ、③漢字という三種類の文字体系をミックスさせて用いる、世界でも類のない書記体系をつくっている。①と②は表音文字、③は表意文字である。日本語の文章は仮名と漢字を併用するのがふつうで、これを「漢字仮名まじり文」という。日本語の文章を書くにあたっては、これら三種類の文字がそれぞれどういう分野の単語（和語か漢語か外来語か）を書くのに用いられるかを知らなければならない。小学校生徒や一般のひとであまり漢字を知らない場合は、仮名だけで日本語の文章を書くことができる。このほかに、④ローマ字も用いられるが、これは補助文字のあつかい（あるいは外国人向けの文字）である。

(2) 仮名表記における「一字二音」と「一音二字」

　仮名は表音文字なので、「一字一音」の原則でだいたい発音どおりに書かれる。しかし例外がある。すなわち、「一字二音」と「一音二字」という場合がある。前者は、ひとつの仮名に対し発音が二種類あるというもの、後者は、発音はひとつなのに仮名が二種類あるというものをさす。

a) 仮名「は・へ」は、通常 ha・he と発音されるが、助詞として使われるときはそれぞれ wa・e と発音される（一字二音の例）。いっぽう、仮名「お・を」はどちらも o と発音され区別がないが、使い分けが必要である。古代日本語では o・wo という違う発音であったが、文字としてはそのまま残された（一音二字の例）。

b) ざ行の仮名「じ・ず」とだ行の仮名「ぢ・づ」は同一に発音される（一音二字の例）。一般にざ行の仮名に統一されるが、しかしたとえば、「鼻血」は「はなじ」ではなく「はなぢ」、「小包」は「こずつみ」ではなく「こづつみ」というように、文字を使い分ける場合がある。

c) 仮名で「こうし」と書くと、「子牛」とよむ場合と「孔子・講師・格子」とよむ場合がある。前者は「う」を一個の母音字としてよみ、後者は「う」を長音の文字としてよんでいる（一字二音の例）。「おう（追う）」と「おう（王・央）」、「すう（吸う）」と「すう（数）」の場合も同様。

d) 長音表記において、発音が同じなのに二つの仮名で書き分けることがある。「とうい（等位）」と「とおい（遠い）」はその例である（一音二字の例）。「オの長音」では、①「う」を添える場合と②「お」を添える場合がある。①の例：おとうさん・きょう（今日）・おはよう・買おう・おうよう（応用）。②の例：おおい・おおきい・おおやけ・とお（通）る・ほおずき。「エの長音」では、①「い」を添える場合と②「え」を添える場合がある。①の例：えいが（映画）・ていねい（丁寧）・とけい（時計）。②の例：ねえさん・ええ（応答）・ねえ（呼びかけ）。

(3) 日本漢字と音よみ・訓よみ

　日本で用いられる多くの漢字には、「音（＝音よみ）」と「訓（＝訓よみ）」の二とおりのよみ方が対をなして結びついている。前者は、その漢字が伝えられたときの中国語の音（おん）を日本語に写し取って発音したもの、後者は、その漢字のあらわす意味に相当する日本語の単語をそのまま当てはめてよむものである。たとえば、日本語で漢字「車」は、「シャ」ともよめるし「くるま」ともよめる。あるときは「シャ」、別のときは「くるま」というように、その時々でよみ分ける。前者は音よみ、後者は訓よみである（漢和字典では、一般に、音よみはカタカナで、訓よみはひらがなで書いている）。音よみはひとつとは限らず、訓よみもひとつとは限らない。こうした音よみ・訓よみの混在のため、日本語における漢字のよみ方はきわめて煩雑なものとなっている。

⑷ 日本語のローマ字つづり

　日本でローマ字が普及したのは明治時代以降であるが、現行のローマ字表記は、学校教育で教えられる「訓令式」と、駅名表示やパスポートの表記などで使用される「ヘボン式」の二種がある。ヘボン式は、1859年アメリカ人宣教師として来日し日本語を研究したヘボン（J.C.Hepburn）が始めたもので、英語式つづりを日本語にあてはめているのが特徴である。これに対し、訓令式は、日本語の「五十音図」に即して田中館愛橘（たなかだてあいきつ）が考案したローマ字方式を一部修正し、1937年政府が内閣訓令として官庁一般で使用するよう告示したものである。訓令式とヘボン式はそれぞれ一長一短があって、ひとつの方式に統一するのは難しい。今のところ、学校教育では訓令式が教えられているが、日常生活では、駅名・地名のほか、宣伝広告やファッション、商品名・店名・会社名、道路標識などのローマ字表記によくヘボン式が使われている。

　つぎの表は、訓令式とヘボン式を用いた場合の、それぞれの母音字と子音字の種類、およびその数を示したものである。

	訓令式	ヘボン式
母音字	a, i, u, e, o (5)	a, i, u, e, o (5)
子音字	b, d, g, h, k, m, n, p, r, s, t, w, y, z (14)	b, d, f, g, h, j, k, m, n, p, r, s, t, w, y, z, ch, sh, ts (19)

つぎの表は、訓令式とヘボン式でつづりに違いがある部分を対比したものである。

さ行・た行	し	しゃ	しゅ	しょ	ち	つ	ちゃ	ちゅ	ちょ
訓令式	si	sya	syu	syo	ti	tu	tya	tyu	tyo
ヘボン式	shi	sha	shu	sho	chi	tsu	cha	chu	cho

ざ行・だ行	じ／ぢ	じゃ／ぢゃ	じゅ／ぢゅ	じょ／ぢょ	は行	ふ
訓令式	zi	zya	zyu	zyo	訓令式	hu
ヘボン式	ji	ja	ju	jo	ヘボン式	fu

3. ──── ローマ字と発音

3.1 言語によって異なるローマ字の音価

　同じかたちのローマ字であっても、言語が違えばよみ方が異なることがあるので注意が必要である。たとえば、英語で Japan をジャペン [dʒəpæn] と発音するが、同じ文字形式をドイツ語ではヤーパン [jaːpan] という。フランス語では Japon と書いてジャポン [ʒapõ] とよむが、スペイン語ではこれをハポン [xapon] と発音する。「j」の文字が4つの言語で異なって発音されるのである。また、Ichiro（イチロー）という日本人の名前は、英語では「イチロゥ」とよまれるのに対し、ドイツ語では「イヒロ」、フランス語では「イシロ」、イタリア語では「イキロ」とよまれるはずである。この場合は、「ch」の文字が4つの言語で異なった音価をもつという例である。「音価」とは文字の示す具体的な音の内容のことである。

　日本語のヘボン式ローマ字は、母音字はイタリア語の発音、子音字は英語の発音にならう、として発表されたものである。ローマ字で書いてあれば、日本語を知らない外国人でも日本の地名・人名をよむことができ、日本語に近い音で発音されることが期待できるのでつごうがよい。しかし、ローマ字には言語によってよみ方（音価）が相違するという実態もあるので、私たちは文字が同じならよみ方も同じだろうと思ってはならず、勝手に自国流のローマ字よみに置き換えてよんではいけない。

　発音される音声を記すための記号を「音声記号」、あるいは「発音記号」という。それと日常書くのに使われるローマ字のアルファベットとははっきり区別しなければならない。そこで、音声記号であってアルファベット文字でないことを指示するために、[dʒəpæn] [ʒapõ] のように、特別に [　]（角がっこ）を用いることになっている。すなわち、[　] で囲んであれば、それはある音を記号化したもので、どんな音なのか、発音のしかたをあらわしているということである。音声記号はローマ字をベースにつくられているが、ローマ字としての音価と音声記号としての音価がつねに一致しているとは限らないので、ローマ字よみをしてよみ違えることのないよう理解を徹底していただきたいと思う。

3.2 英語における文字と発音の関係

　英語は、文字と発音の対応関係が複雑で、ヨーロッパの諸言語のなかではきわめて特異な存在である。文字を学んだだけで単語のつづりが正しく発音できるとは限らないのである。文字 b・h・j・k・l・m・p・r・v・w・z は規則的に一字一音でよま

れるが、これ以外はだいたい一字数音でよまれている。とくに母音文字の場合は文字が5個しかないのに、じっさいはそれ以上の多くの母音が区別されているので、必然的に、同じ文字が複数の母音音価に対応せざるをえない。

a) 同一の文字がさまざまな音をあらわす同字異音の例:
① 母音字 a の場合: man [æ], pair [ɛ], name [ei], day [e], father [ɑː], watch [ɔ], all [ɔː]
② 母音字 o の場合: soft [ɔ], old [ou], son [ʌ], one [wʌ], word [əː], do [uː], book [u]
③ 母音字 u の場合: push [u], rule [uː], duty [juː], but [ʌ], suppose [ə], busy [i], bury [e]

b) 同一の音(母音)をいろいろな文字の結合によってあらわす例(母音字1字だけのものは除かれている):
④ [iː]音のつづり: eat, deep, piece, key, people, receive
⑤ [uː]音のつづり: moon, group, blue, grew, fruit
⑥ [ei]音のつづり: rain, day, eight, they, great

c) 書かれながらよまれない文字(これを黙字という)の例:
⑦ climb, Wednesday, foreign, hour, know, talk, autumn, island, listen, write, night(下線部分は黙字)

このように、英語は文字と発音の関係が不規則で統一性がない。このことは英語の習得を困難にし、学習者を悩ませる要因となっている。辞書で確かめないと発音がよく分からないという現行の英語のつづり字は、「表意(あるいは表語)文字」の傾向を示すもので、かつての表音文字の段階から表意(表語)的な状態に変質しているようにみえる。一つひとつの単語のつづりを、ちょうど日本人が漢字とそのよみ方(日本語の漢字にはじつにさまざまなよみ方があって規則がない。人名・地名がとくに著しい)を一つずつ覚えていくのと同じように、丸ごと覚えていかなければならない。これまで、非表音的なつづり字を表音的(発音的)な方向に改めようとする改革案がいくつか提出されたが、しかし、一般に受け入れられるまでには至らなかった。

4. ━━━━ 中国のピンイン表音文字

4.1 漢語ピンイン（拼音）方案の制定

　中国では、1958年に、ローマ字を使って中国語を表音的に書きあらわす「ピンイン（拼音）」という方式が制定された。これにより、こんにち中国語を書くための文字として、漢字とローマ字の二種類があることとなった。「拼音 pīnyīn」とは「（表音文字で）音をつづり合わせ音節をつくる」という意味で、仮名のない中国では、ピンインは、漢字のよみ方を示すルビとして、まず小学校で教えられ、漢字教育と「普通話」の普及に重要な役割を果たしている。単音文字であるローマ字は、使用する文字の数が少なく、字形が簡単なので、だれにでも書きやすく覚えやすいという利点がある。

　パソコン等のワープロソフトで中国語入力をする場合は、「ピンイン入力・漢字変換」というのが主流となっている。字典・辞典で漢字の発音表記をする場合も、ピンインが広く採用されている。またパスポート記載の漢字の姓名はすべてピンインで書くように定められている。外国人に対する中国語教育の面では、発音教育や漢字の注音にピンインを使用することが、すでに定着している。よって、こんにちでは、ピンインのローマ字を抜きにして中国語を学ぶことはできないようになっている。

4.2 ピンイン・ローマ字の母音字と子音字

　ピンイン表記に使われるローマ字を母音表記用と子音表記用にわけて掲げると、次表のようである。したがって、たとえば、漢字「中」の音の表記 zhong は、ふたつの子音字（zh、ng）とひとつの母音字（o）の組み合わせからなっている、ということになる。

母音字 (7)	a, e, i, u, o, ê, ü
子音字 (24)	b, c, d, f, g, h, j, k, l, m, n, p, q, r, s, t, w, x, y, z, ch, sh, zh, ng

　英語アルファベット26字母は、「v」以外はピンインでそのまま使われる。視覚的には同じ文字であるが、各文字に与えられたよみ方（音価）は、英語・日本語のローマ字とはおおきな隔たりがあるので注意を要する。日本人学習者がよく間違えるものに、(i)子音字〈c・q〉を [k]（「カ」の子音）で発音する、(ii)〈b・d・g〉などを濁音（「バ・ダ・ガ」の子音）で発音する、(iii)〈e〉という文字を日本語の「エ」と同じに発音する、(iv)〈zi・ci・si〉の i を「イ」と発音する、などがある。中国語発音学習の初期でつまずくひと

の最大の原因に、こうしたローマ字書きとその発音に対する理解が十分でないことが関係しているとも考えられる。中国語のローマ字は中国語のローマ字として（そういう書き方・よみ方をするものだとして）そのまま受け入れるべきで、すでに身につけている英語や日本語のローマ字発音にとらわれてはならない。

　母音字として、〈e・u〉と区別される〈ê・ü〉があること、子音字として、〈c・s・z〉と区別される〈ch・sh・zh〉があること、〈n〉と区別される〈ng〉があること、が特徴である。これら符号つきの文字や二字一音字（二字の組み合わせで一音をあらわすもの）は、数の限られたローマ字だけでは書きあらわせない文字の不足を補うために工夫されたものである。辞書では、〈ch・sh・zh〉はそれぞれ関連する〈c・s・z〉の項のなかに、〈ê・ü〉もそれぞれ〈e・u〉の項のなかに、まとめられている。符号つきの母音字〈ê・ü〉は例外的な文字で、音節をつづるときはふつうの文字〈e・u〉で取りかえられることが多いので、表記頻度は低い。文字として存在感がうすいと感じられるわけである。

[注]　〈ê・ü〉にみられるような、文字の上につけて別文字にし音価を区別するしるしのことを「発音区別符号」という。また、ある音を単独にあらわせる文字がローマ字中にない場合、既存の文字をふたつ合体させて用いることがある。これを「二重字」という。英語のch、ph、sh、th、whや中国語のch、sh、zh、ngは二重字である。hが二字の組み合わせに用いられるとき、それは、その前に位置する子音字の発音をすこし変えるために利用されているのである。

　ローマ字は、ラテン文字ともよばれるように、本来ラテン語表記のために使われた文字であった。それを発音体系がまったく異なる別の言語の表記に導入した場合、おのずからどこかに無理が生じたり不合理な面があったりするのは避けられない。中国語のピンイン・ローマ字も、中国語の発音組織の必要に合うように調整し組み立てられたものなので、文字と発音との間の約束を心得ていないと正しく発音できない文字表現となっている。ローマ字の使用は学習者にとって、手がかりとして親しみやすく都合がいいが、同時に、ある程度の不便さを内在させてもいるのである。本書では、[　]で示す音声記号との混同を避けるために、中国語のピンイン・ローマ字は〈　〉で囲んで示すこととする。しかし〈　〉で示さないこともある。

5. ──── 音声表記と音声記号

5.1　国際音声記号

　言語の音声は聴覚的にしかとらえることのできないものであるが、これを、記号を用いて視覚的に記述するというのが、音声の表記ということである。今日、もっとも普及している音声表記法は、国際音声学協会が定めた音声記号を使用するもので、その記号を International Phonetic Alphabet、略して「IPA（アイピーエー）」とよんでいる（「国際音声字母」と訳されるが、「国際音声記号」という言い方もよく用いられており、本書はこれに従う）。一般には、英語辞典などで用いられる「発音記号」として知られるものである。この音声記号は、世界のどの言語のどのような音でも統一的・客観的に書きあらわせるようにという目的で人工的に定められたもので、単音の発音と記号が一対一に対応するかたちになっている。なお原則は一音一記号であるが、二つの記号を組み合わせて一つの音をあらわすこともある。

　IPA 国際音声記号は英語アルファベット 26 字の小文字をそのまま利用し、足りない部分についてはつぎのような工夫で補っている：(i)古代英語の文字から [æ、ð、ʒ] を、フランス語の文字から [ç、œ] を、ギリシャ文字から [ɛ、θ、χ、ɸ、β] を採用する、(ii)アルファベット文字をさかさにする（[ə、ɔ、ɯ、ʌ、ɐ、ɪ、ʎ、ɥ] など）、(iii)アルファベット文字に変形を加える（[ʃ、ɕ、ʑ、ʂ、ʐ、ŋ、ɲ、ɳ、ɱ、ɦ、ɟ] など）、(iv)大文字を小文字サイズにして用いる（[ʙ、ɢ、ɴ、ʀ、ɪ、ʏ] など）、(v)その他（[ɑ、ɤ、ʔ、eˑ、ɨ] など）。ときには、補足的な符号を加えることもある。たとえば、[uː] は長い [u] を、[ã] は鼻音化した [a] を、[pʰ] は有気音化した [p] を示す。音声記号にアルファベットと同じ文字が使われている場合、大部分は英語アルファベットのよび名と同じようによめるが（たとえば、記号 [p] は「ピー」の名でよばれる）、[c、j、r、x、y] は、音声記号としての音価が英語文字としてのよみ方と一致しないので注意を要する。

　国際音声記号が意味する発音を学ぶことは、世界諸言語の言語音や言語間の微細な発音の違いを理解するのにおおきな助けになる。そして、外国語教育においては、正確な発音指導・正確な発音学習を進めるうえで、この方面の知識を有することはたいへんおおきな意義をもつものと信じられる。外国語を学ぶひとにとって、発音上達への手段として国際音声記号を習得することは必須といえよう。ただし、学習者は記号をよみ解いてその音を正しく音声化できればよいのであって、発音を音声記号で転写するということまで学ぶ必要はない。紙上に書かれる記号よりも、その記号を正しく発音できることのほうが大切なのである。

[注] ローマ字と音声記号はどちらも言語の音声を写すことを目的として考案された。しかし
　　　両者には決定的に違う面がある。ローマ字は、現代では、言語を記録し意味・情報
　　　を伝達することが第一の目的であって、言語音（話しことば音）を写しはするが必ずし
　　　もそれを忠実に再現するわけではない。これに対し、音声記号は言語音を逐一精密に
　　　記述するのが目的であって、ことばをあらわし意味を伝えるという役目はもたない。コ
　　　ミュニケーション（情報のやりとり）の道具には用いないのであるから、音声記号を用い
　　　て手紙を交換したり書物を著わしたりするということはおこなわれないのである。

5.2　中国語発音教育と音声記号

　中国語のピンイン・ローマ字は漢字の発音を書きあらわすために開発された表記システムである。そのつづり方・よみ方にはいろいろ独自のきまりがあるので、それを知らなくては正しい発音習得ができない。そこで、本書では、日本人にとってまったくなじみがない中国語発音を説明する場合、その補助的手段として音声記号を取り入れることとする。中国語音声を記述する記号は音声学上のものなので、一般の専門外のひとにはほとんど知られていないが、本書があえてそれを示すのは、日本人学習者が日本語にない中国語の音を正しく理解し、それと近似した日本語の発音で代用することがないように指導するうえで利点があると考えるからである。たとえば、〈chi〉というつづり字の発音は、英語なら [tʃi]（chicken の "chi"）、日本語なら [tɕi]（タ行の「チ」）、中国語なら [tʂʰ]（「吃」）と、音声記号では三とおりに記述される。この記号の差をみたら、誰でも、中国語の〈chi〉を英語や日本語と同じに発音すべきでない、と気づかずにはいられないだろう。中国語の発音を正しくとらえ自分のものとするためにも、その手助けになる音声記号のしくみを学ぶことは、価値があると思うのである。音声記号を正しく理解するには音声学の知識が不可欠であるが、その概略を、第2章・第3章で学ぶことにする。

　日本人は一般に、自国語である日本語の発音についてあまり明確な観念をもっていないことが多い。学校での国語教育の授業においても発音方面は軽視されがちである。日本人が日本語音声について健全な知識をもつことは、日本語の正しい発音理解にも役立つが、同時に日本人の陥りやすい外国語発音のあやまりを防ぐためにも役立つはずである。中国語の発音習得にあたっても、学習者は日本語の発音習慣を持ち込まないよう、特別の注意をもって学習を進める必要があるわけである。

[注] 外国語学習の出発点は文字と発音であるが、その発音を、初学者や独習者の便宜を
　　　考えてカタカナで表記することがよくある。たしかにカナによる表記は日本人にとってわ

かりやすいし、心理的な不安や負担もすくない。そして、ふだん使うことのない音声記号の複雑な約束ごとを覚えるのは一苦労である。しかし、それでも「カタカナ発音」はデメリットの面がおおきいといわざるをえない。カタカナという道具は、外国語の発音を正しく書きあらわすことができず、じっさいの発音を正しく伝えられないのである。したがって、カタカナに頼っていてはいつまでたっても正確な発音を定着させることができない（英語の発音をカナだけで学んだ場合を想像するとよい）。音声記号を使うことは、初学者には難しくとっつきにくいと感じられるかもしれないが、ネイティブ・スピーカーの発音にすこしでも近づきたいと思うならばそれに慣れるしかないであろう。正確な発音なくして満足なコミュニケーションは成立しないのである。

第 **2** 章

音声学の基礎知識 (1)
―発音器官と音の産出―

1. ──── 発音器官 (音声器官)

1.1 発声器官

　世界のおのおのの言語は種々の音声の集合から成り立っており、人間はそれを利用して有効なコミュニケーションを営んできた。人間が話しことばに用いる音（言語音）を発するのに必要なはたらきをする器官を、「発音器官」あるいは「音声器官」という。発音器官はひとりひとり顔や身体が違うようにひとによって違っている。この個人差が、各人それぞれの多様な特色ある声が生み出されるひとつの理由である。発音器官は「発声器官」と「調音（ちょうおん）器官」に分けられる。発声器官とは「声（こえ）」をつくり出す器官のことで、喉頭（こうとう）の内部にある左右一対の筋肉組織である「声帯（せいたい）」をさす。喉頭は気管の上部に位置する軟骨で囲まれた器で、その前方の突起した部分は、外側からは俗に「のどぼとけ」とよばれる。言語音声は吐く息、すなわち「呼気（こき）」を用いるが、肺から押し出された呼気が声帯の間（この部分を「声門（せいもん）」という）を通過するさいに呼気によるまさつで声帯が振動したときに「声（voice）」が発生する。これがことばの音源で、この声を「喉頭原音」という。声帯は、成人男性では毎秒 100〜150回、女性では 250〜300回の開閉運動をくり返すという。この高速の開閉運動が声帯振動である。

図1　声道

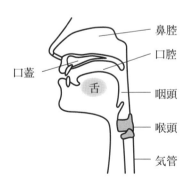

1.2 調音器官

　声帯から唇（くちびる）までの声の通り道を「声道」（図1）といい、成人男性で約 17cm、女性で約 14cmであるという。喉頭原音、すなわち、声帯振動から生まれた原音は、咽頭（いんとう）、口腔（こうこう）、鼻腔（びこう）を通る過程で共鳴増幅され、

舌・唇などの動きによってさまざまに変形・加工され、多様な言語音として口からでていく。咽頭は舌のすぐ奥の空間、口腔は舌と口蓋の間の空間、鼻腔は鼻の奥の空間で、それぞれ音の共鳴室として働いている。

　声門を含めそれ（喉頭）より上に位置する諸器官を使っていろいろ調節し言語音をつくり出すことを「調音する」という。そして調音活動をおこなう器官を「調音器官」という。「あご」は上下で一対をなしており、調音器官は下あごに付属する下位器官と上あごに所属する上位器官とに分けられる。上位器官は固定されており、調音はおもに下位の器官である下くちびる、舌、下あごの動きによっておこなわれる。舌はもっともよく動く器官で、舌を上下運動・前後運動させることによって口腔内はさまざまなかたちに変えられ、発音・発話がおこなわれるのである。

[注] 「調音」という用語は、個々の単音の産出のことをさしていうことが多い。これに対し「発音」は、個々の単音だけでなく、それらを連続させた音声全体を発するという意味を含む。

2. ──── 発声器官としての声帯と声門

2.1　声帯の開閉状態

　声門（声帯の開口部分）は、発話中、広狭いろいろの程度に開くことができる。また密閉することもできる。おもには、つぎの四とおりの場面がある。

図2　（小泉 1993 より）

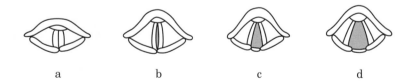

a　　　　　　b　　　　　　c　　　　　　d

a)　［声門を固く閉じる］
　　ピッタリ閉じて空気の流れが完全に止まった状態。重いものを持ちあげたり、排便をしたり、水にもぐったりしたときに声門はこの状態になる。咳ばらいをするとき、あるいは強調していうとき母音の前で「声門破裂音」（音声記号は［ʔ］＝点のない疑問符）が発せられるが、この音は声門がこの状態のときにつくられる。

b)　［声門を軽く（あるいは、ゆるく）閉じる］

両声帯が接近し非常に狭い声門をつくると、そのすきまを通り抜ける空気が両声帯を振動させ、声を発する。喉頭原音が生じる状態である。母音や有声の子音はこの状態で発せられる。

c) ［声門を狭く開ける（あるいは、広く狭める）］
声門が狭く開けられているとき呼気が通過すると、一種の摩擦音が生じる。これが声門摩擦音［h］（日本語「ハ・ヘ・ホ」の子音）である。

d) ［声門を広く開ける］
呼吸をして空気を出し入れしている状態。声門は開いて三角形をなしている。吸気のときは呼気のときよりやや広がる。深呼吸のときはさらにおおきく広がる。

2.2　有声子音・無声子音の区別

　声帯が図 2 の b) の状態で発せられるのが［b・d・g・v・z］などの「有声子音」（声を用いる子音）であり、d) の状態で発せられるのが［p・t・k・f・s］などの「無声子音」（息だけを使用する子音）である。たとえば pa（パ）、ta（タ）、ka（カ）では、閉鎖している間声帯は振動してなく、閉鎖が解放されて母音がはじまるところから声帯が振動する。これに対し、ba（バ）、da（ダ）、ga（ガ）では、閉鎖の状態の最初から声帯が振動している（§2.3 の図 3 参照。§で各節の小区分を示すこととする）。このように、子音調音の間、声帯が振動しているかいないかによって、有声音か無声音かが区別されるのである。無声子音［p・t・k］と有声子音［b・d・g］を比べると、一般に前者のほうが硬く、後者のほうがやわらかいと感じられている。それは、有声と無声では閉鎖力に差があり、pa（パ）のほうが ba（バ）より唇をより強く閉じているからである。有声子音の場合、声帯振動に必要な呼気量が声門のところで消費されてしまうので、その分、唇や口腔内での閉鎖力は弱まる。無声子音の場合は、呼気が声帯を素通りしてそのまま口腔や唇の閉鎖位置に達するので、呼気の強い勢いが子音の閉鎖力を強めるのである。

2.3　破裂音の気音と声帯振動

　口で無声音［p・t・k］を発音するとき、子音とつぎに続く母音の声との間に呼気による「息の音」が聞こえることがある。その音のことを音声学用語で「気音」あるいは「気息（きそく）音」という。言語によっては吐く息の強さによる発音の区別があり、肺から呼気が大量に出て強い気音を伴うものを「有気音（ゆうきおん）」、呼気がほとんど出ず気音が現われないものを「無気音（むきおん）」という。有気音（一般音声学では「帯

気音」ということが多い)を表わす専用の記号として［ʰ］という記号が用いられている。
［pʰ］のように、小さいフォントのhを右肩につける。

　つぎの図3は、キャットフォード著『実践音声学入門』から転載したものである。
調音器官（この場合は両唇）における開放の時点と声帯振動の開始の時点との「タイ
ミング」の関係を示したものである。声帯が図2のbの状態に移るタイミングが無気
音と有気音とで差があることをあらわしている。

図3　　　a　無気音　　　　　　b　有気音

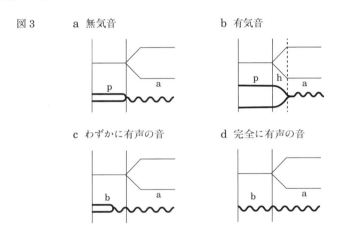

c　わずかに有声の音　　　d　完全に有声の音

　以下の記述も、キャットフォードの著書にもとづいている。

　図3において、上の横線は語頭の閉鎖音の閉鎖段階、たとえば［p］の両唇閉鎖
を示し、その後両唇は急に破裂するように開放されることを示している。下の線は、
声門がすこし開いている（ささやきの場合）か、おおきく開いている（息の場合）か、あ
るいは振動している状態であるかを示している。

　図3a（無気音）では、声帯は両唇が離れるその瞬間に振動し始めている。図3b
（有気音）では、おおきく開いた声門は、声帯が振動し始めるのに十分なほどに狭め
られるまでにある程度時間がかかっている。その結果、声帯が振動し始める前に、［h］
のような音の時間がすこしあるのである。図3c（半有声音）では、声帯は両唇が離
れるよりも一瞬前に、振動し始めている。図3d（完全有声音）では、声帯振動はもっ
と早い時点、すなわち、調音上の閉鎖が形成されるとすぐに始まっている。図3にお
けるaとbの違いは、前者は閉鎖の開放とほぼ同時に声帯振動が始まるのに対し、
後者は閉鎖の開放後一瞬強い息のかたまりが発せられたあと声帯振動が始まる、と
いう点にある。

　ふたたび図3aをみると、声門の状態をあらわす線は、たがいにあまり離れておらず、

閉鎖段階の間、声門がすこししか開いていないことを示している。声帯はすでに近くに寄っているので、声帯は、閉鎖が解放された瞬間に振動音を出すのに必要な動きを即座に始めることができるということである。

3. ———— 調音器官

3.1 調音器官図

口の調音器官には、舌・下くちびるのように、可動的な器官と、上あごの歯・歯茎・口蓋のように固定されて動かない器官がある。図4はその詳細を示したものである。言語音の大部分は、これら下部・上部の器官が組みあわされて生産されるのである。

（この図は、『韓国語教育論講座』第1巻、くろしお出版より借用した）

図4　口腔図（左向き）

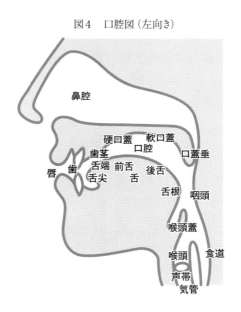

3.2 上あごの調音器官

唇（くちびる）に始まる上あごの調音器官（上位調音器官）は、図5のように区分されている。

図5

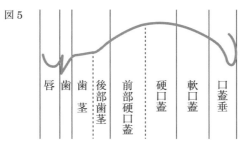

上の図で、前部硬口蓋と書かれている名称は、IPAの音の名称に従うと歯茎硬口蓋である。以下ではそのようにより代えることとする。

上位調音器官							
①唇	②歯	③歯茎		④硬口蓋		⑤軟口蓋	⑥口蓋垂
上唇	上歯	歯茎	後部歯茎	歯茎硬口蓋	硬口蓋	軟口蓋	口蓋垂

① 唇　⇒ 唇は口腔の出入り口として、開く・閉じるという運動のほかに、両端を横に引く、すぼめる、前に突き出すといった動作が可能である。下唇のほうが活発に動き、下唇と上唇、あるいは下唇と上歯とで音を形成する。

② 歯　⇒ 上歯と下歯があるが、調音器官としては上歯のほうが重要である。主として上の前歯の内側が調音点（調音する場所）になる。

③ 歯茎　⇒ 上の前歯内側のつけ根のふくらんだ堅い隆起を「歯茎（しけい）」とよぶ。唇に近い歯茎前部と、隆起したところからすぐ後ろの歯茎後部（これを「後部歯茎」という）が調音点となる。歯茎はもっとも利用度の高い器官で、この部分で産出される子音の種類がとくに多い。

[注]「歯茎」という語は、日常ふつうの言い方は「はぐき」であるが、音声学用語としては「しけい」とよぶことが多い。

④ 硬口蓋　⇒ 口の中の丸天井にあたるところを、口の蓋（ふた）と書いて「口蓋（こうがい）」とよぶ。一般に「上あご」とよんでいる部分のことである。口蓋前方の3分の2は頭蓋骨の一部である骨組織があって硬いので硬口蓋（こうこうがい）とよばれる。調音の観点から、「歯茎硬口蓋」と「硬口蓋」とに分ける。前者は歯茎よりの硬口蓋という意味で、前部硬口蓋とよばれることがある。

⑤ 軟口蓋　⇒ 口蓋後方の3分の1は骨組織がなく軟らかいので軟口蓋（なんこうがい）とよばれる。そして、その後半部分は、次項の口蓋垂（こうがいすい）といっしょになって上下に動かすことができ、口蓋帆（こうがいはん）とよばれる。この上下運動で、鼻腔への通路を開けたりふさいだりするのである。

⑥ 口蓋垂　⇒ 口蓋垂は、口蓋のいちばん奥、口蓋帆の最後部で咽頭に垂れ下がっているものをさす。「小舌（こじた）」ともよばれ、俗に「のどひこ」「のどちんこ」ともよばれる。口をあけて「アー」といえば容易に見ることができる。

［注］口蓋垂を口蓋帆とともに上へあげると咽頭のうしろの壁面（これを「咽頭壁」とよぶ）に密着し、呼気が鼻腔に通らないようになる。

下へさげると鼻への通路が開かれ、呼気は鼻から流れ出て音声が鼻にひびく。

歯茎と硬口蓋は連続しており、その境界線は必ずしもはっきりしたものではない。しかし両者の間の領域ではいろいろの音がつくり出されるので、便宜上4つの部分に細分するのである。それが、歯茎・後部歯茎・歯茎硬口蓋・硬口蓋である。

［注］調音点（point of articulation）は調音位置（place of articulation）とも表現される。関係する調音器官が必要な動きをして個々の言語音を産出する場所のことである。

子音の調音は、固定した上あごの器官に対して下あごの可動器官が接近して、閉鎖や狭めを形成することによって成立する。

3.3　舌の調音部位

舌は非常に柔軟な器官であり、上下方向・前後方向へ動かしてさまざまな舌位置をとることができる。細かい発音運動を説明する必要上、舌の上面はいくつかの部分に分けられ名称が与えられている。それぞれ別個の調音器官としてあつかわれる。

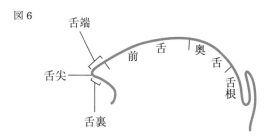

図6

① 舌尖（ぜっせん）⇒　舌を前にのばしたときの最先端の「点」的な部分。もっとも柔軟性に富む部分で、独自の運動をおこなうことができる。たとえば、巻き上げて口の奥まで向けることもできる。

② 舌端（ぜったん）⇒　舌尖のすぐ後ろにあって、上前歯の歯茎に向かい合っている、1cmくらいの幅のある部分。舌葉（ぜつよう）とよばれることもある。

③ 前舌（まえじた）⇒　舌端よりも後ろの面で、舌が自然な扁平な状態にあるとき、硬口蓋に向かい合っている部分。

④ 奥舌（おくじた）⇒　舌が自然な扁平な状態にあるとき、軟口蓋と向かい合っている部分。「後舌（こうぜつ）」ともいう。

[注] 舌尖と舌端をまとめて「舌先（したさき）」、前舌と奥舌をまとめて「舌背（ぜっぱい）」とよぶことがある。前舌と奥舌の中間部分を「中舌（なかじた）」とよぶことがある。

　舌の上面以外の部位としては、つぎのものがある。
⑤ 舌裏（したうら）⇒　舌の先端よりも下、つまり舌端の裏の面。
⑥ 舌縁（ぜつえん）⇒　舌のへり、すなわち、舌の両脇（両側面）の、横の歯に対峙している部分。
⑦ 舌根（ぜっこん）⇒　舌の最後部つけ根の部分で、咽頭のうしろの壁に対面している部分。

　「前舌」とは、舌尖・舌端を除いた舌面の前の部分のことで、じっさいは舌の中央部をさし、最前部ではない。「舌縁」は、それだけで調音される音はなく、ほかの調音の補助的な役割を果たすものとして用いられている。たとえば、母音や子音の発音で前舌面が用いられるとき、舌縁が奥歯に接触していることが確かめられる。発音器官としての「舌」をこのように細かく区切るのは、舌の各部分と上あごの調音器官との接触・接近が多様で、それによって多くの音が産出されるからである。

4. ──── 有気音と無気音

4.1　英語発音における有気音と無気音

a)　語頭の［p・t・k］は強い有気音で発音される。
　　① paper　people　　　② two　team　　　③ kill　cool
b)　語中の［p・t・k］は、強いアクセントのある母音の前では弱い有気音で発音される。
　　④ depend　suppose　　⑤ attend　thirteen　　⑥ become　occur
c)　語中の［p・t・k］は、アクセントのない母音の前では無気音で発音される。
　　⑦ supper　apple　　　⑧ butter　notice　　　⑨ soccer　lucky
d)　s音の後ろの［p・t・k］は無気音で発音される。
　　⑩ sport　speak　　　⑪ stop　study　　　⑫ skill　school

英語を注意深く聞くと、このように、[p・t・k]音に二種類の違った発音があると感じられるが、しかし、英語の話し手はふつうその違いに気づかない。英語で無意識に使い分けられるこの「気息（＝息）」の有無を、日本人が正しく発音し分けるのは容易ではない。英語の語頭の [p・t・k] に気音がないと [b・d・g] のように聞こえるといわれる。日本語の語頭の [p・t・k] は英語ほど気音がはげしくないので、日本人は英語を話す場合十分意識して、気音をたっぷり発する必要がある。もし気音が正確に使われないと、[p・t・k] と [b・d・g] の区別が不明瞭になってしまい、コミュニケーションに支障をきたすことになりかねない。

ヨーロッパの諸言語では、英語・ドイツ語・デンマーク語の語頭の [p・t・k] は有気音で発音され、フランス語・イタリア語・スペイン語・ロシア語の語頭の [p・t・k] は無気音で発音されるという。無気音で発音されるということは、たとえば、ローソクの前で [p・t・k] を発音しても炎がゆれないということである。

4.2 日本語発音における有気音と無気音

a) ①パーティー・ポーズ、②タイヤ・トップ、③カード・クラス
   語頭では、パ行子音・タ行子音・カ行子音の [p・t・k] は軽度の有気音に発音される。

b) ④はっぱ（葉っぱ）・しんぽ（進歩）、⑤カッター・コート、⑥がっか（学科）・ノック
   促音（つまる音）・撥音（はねる音）・長音の後ろでは、子音 [p・t・k] は無気音に発音される。

日本語については、蔡茂豊氏に「有気音と無気音との対立—私の見る日本語」という論文があり（林四郎編『応用言語学講座』第 2 巻、明治書院）、そこではつぎのような指摘がおこなわれている。

a) 日本語の p・t・k 行音には二通りの発音がある。有気音と無気音である。

b) 原則として、語頭には有気音を出すが、語中・語尾は諸条件により、多種多様の有気音的または無気音的な発音が現れる。

c) 促音と撥音の下にくる p・t・k 行音は中国語の無気音に近い音で出しているようにはっきりとききとれる。

[注] 日本人の姓の文字「たかやま（高山）」と「かたやま（片山）」を発音してみると、語頭の「た」と語中の「た」は子音のひびきがすこし異なると感じられる。すなわち、「たかやま」の「た」は呼気が出ていて有気音的に聞こえるのに対し、「かたやま」の「た」は、呼気はわずかで無気音に聞こえる。「か」についても同様である。しかしふつうの日本人には（音声学

者は別として）この音の違いとその発音現象にまったく気づかない。

4.3 中国語発音における有気音と無気音

英語や日本語で用いられる有気音と無気音は、その生じ方は環境（語頭、語中、s音の後ろなど）に応じて自動的に決まっており、その違いがことばの意味を区別するということはない。英語話者も日本語話者も同じ音を発しているつもりでいるし、聞き手も同じ音が発せられていると思っている。いっぽう、中国語はこれらの言語とおおきく異なる。すなわち、中国語では語頭の破裂音に気息の有無による厳格な対立があり、それに伴う意味の区別が鮮明に意識されている。たとえば、「古 gu（＝［ku］）」は無気音で意味は「ふるい」、「苦 ku（＝［kʰu］）」は有気音で意味は「にがい」というように、関係のない別のことばになってしまう。

　［k］と［kʰ］というふたつの音は、英語では、たがいによく似た音として聴きとられ違いは無視される。したがって、文字上の区別はないし辞書などの発音表記でも書きあらわさない。しかし、中国語では別の単語をつくる重要な発音要素であるので、よって、それぞれに対して〈g〉〈k〉という文字（ローマ字）が適切に定められているのである。中国語の有気音も英語の有気音も同じくらい大量の呼気を同伴させてつくられるが、その言語のなかではたす役割はまったく異なっているということである（英語では、有気音は、音を聞きとりやすくするために用いられている）。

5. ———— 子音と母音

　一般的な理解として、言語音は、「母音」「子音」という、産出のし方が異なるふたつの音グループに分けられる。すなわち、口腔が広がって空気がその中央をほとんど抵抗なく流れていくのが母音であり（舌や唇で口腔の形・おおきさを変えることによってさまざまな母音がつくり分けられる）、空気の流れが舌や唇などで阻害されるのが子音である（気流の妨げの程度によって、あるいは調音に参加する器官の異なりによって、子音は細かく区別される）。世界のどの言語においても、ことばは母音だけで存在するものではないし、子音だけでも成立しない。両者は「母と子」の関係のように、あるいは対等のパートナーとして、さまざまに補完し合って、意味のある無数の単語が産み出されるのである。日本語では、［子音＋母音］というかたちの組み合わせ（子音が先で母音があと）が発音の基本単位であるのに対し、英語では、［子音＋母音

＋子音］（例：cat、ship、man）、あるいは［母音＋子音］（例：up、it、of）といったタイプの組み合わせが多数を占めている。そして子音は、単子音だけでなく、2子音結合、3子音結合もある。そのため日本語と英語は、外見的にだいぶ違った容貌を呈していると感じられるわけである。

［注1］日本語の「アカサカ（赤坂）」ということばは、日本人はふつう4つの音の連続と思っている。しかし「ア」以外は、ローマ字で書くとよくわかるように、それぞれ2つの単音から成り立っている（カ＝k＋a、サ＝s＋a）。「アカサカ」と発音して録音したものを逆回転で再生すると、もとのことばと同じ「アカサカ」と聞こえる（じっさいは、アクセントを含めると完全に同じというわけではないが）。このことは、仮名1字であらわされる「カ」「サ」が、それぞれもっと小さい音の単位である「子音」「母音」に分けられることを示すものである。

［注2］音声学は「言語学」という広い範囲の学問領域の一分野であるが、その研究は、音声に対する視点の相違によって、調音音声学・音響音声学・聴覚音声学という3つの構成分野に細別される。外国語を学ぶものにとってもっとも関係が深いのが調音音声学で、それぞれの言語の調音器官の動きとさまざまな発音のしくみを研究する。したがって、本書の記述もこの調音音声学を中心としている。音響音声学は種々の音声分析機器を使用してことばの音響面を記録し観察するもの。近年研究の発展がめざましく重要な分野となっているが、本書ではふれない。聴覚音声学は、音を聞く器官、すなわち「耳」という媒介を通して音がいかに知覚されるかという面を研究するものである。

第 **3** 章

音声学の基礎知識 (2)
―音の分類（日本語・英語を中心に）―

　以下では、子音・母音の順で、それぞれの発音の種類、記号、特性などを概説していくこととする。

1. ──── 国際音声記号による子音表

　はじめに子音一覧表を掲げる。表は、調音点で区別される音の名称を一番上のヨコの欄に、調音様式により区別される音の名称を左端のタテの欄に表示するのが通例である。調音点は、一般に、顔の前方から口の奥へ進むというように配列される。

表 3-1a

		両唇音	唇歯音	歯音	歯茎音	後部歯茎音
破裂音	無声・有声	p　b			t　d	
破擦音	無声・有声		pf　bv	tθ　dð	ts　dz	tʃ　dʒ
鼻音	有声	m	ɱ		n	
はじき音	有声				ɾ	
摩擦音	無声・有声	ɸ　β	f　v	θ　ð	s　z	ʃ　ʒ
接近音	有声	w / ɥ	ʋ		ɹ	
側面接近音	有声				l	

表 3-1b (つづき)

	そり舌音	歯茎硬口蓋音	硬口蓋音	軟口蓋音	口蓋垂音	声門音
破裂音	ʈ　ɖ	ȶ　ȡ	c　ɟ	k　g	q　ɢ	ʔ
破擦音	tʂ　dʐ	tɕ　dʑ				
鼻音	ɳ	ȵ	ɲ	ŋ	ɴ	
はじき音	ɽ					
摩擦音	ʂ　ʐ	ɕ　ʑ	ç　 j	x　ɣ	χ　ʁ	h　ɦ

接近音	ɻ		j / (ɥ)	(w)		
側面接近音	ɭ		ʎ			

[注] 同一欄内で記号が左右に並んでいるものは、無声・有声の別を示す。接近音 w・ɥ はふ
　　 たつの調音点をもつという特徴により、それぞれふたつの欄に置かれている。すなわち、
　　 第1調音点が両唇で、第2調音点が、w の場合は軟口蓋、ɥ の場合は硬口蓋である。

　上の表は、国際音声学協会が定め、世界共通に用いられている子音表であるが
（2015年改訂版、加藤重広・加藤智子 2016 による）、本書の都合により一部改変
を加えている。改変点は、a)上の横の欄で、軟口蓋音と口蓋垂音の間にある咽頭音
（アラビア語などで使用されるという）の項を除外し、かわりに歯茎硬口蓋音という項
を加えた。b)左の縦の欄では、ふるえ音と側面摩擦音を省略し、かわりに破擦音の
項を挿入した。各記号にはそれぞれ独特のよび名（名称）があり、それについては、
本章の《参考2》の項参照。

[注] 国際音声記号のすべての記号や用語を覚える必要はないが、英語や日本語で用いる基
　　 本的な単音は発音ができるようにしておきたい。国際音声記号（IPA）を実際に音声で
　　 聞きたいひとは、つぎのウェブサイトにアクセスしてみるとよい。
　　 http://www.coelang.tufs.ac.jp/ipa/
　　 また、スマートフォンの無料アプリ「iPA Phonetics」でも発音を聴くことができる。

2. ──── 調音点（調音位置）による子音の分類

　唇から声門までの間のどの場所でその音がつくられるかという、その位置に着目し
て、つぎのような音の名称が区別される。音の例は、なじみのある日本語・英語のも
のを多く挙げている。

表 3-2

音の名称	下の器官 → 上の器官	生成される音の例
① 両唇音	下唇 → 上唇	日本語の [p・b・m・ɸ・w] 英語の [p・b・m・w]
② 唇歯音	下唇 → 上歯	英語の [f・v] 日本語で用いない。

③ 歯音	舌尖 → 上前歯	英語の [θ・ð] （フランス語の [t・d・n]）
④ 歯茎音	舌尖 / 舌端 → 歯茎	日本語の [t・d・n・ɾ] [ts・dz・s・z]。 英語の [t・d・n・l・s・z・ɹ]
⑤ 後部歯茎音	舌端 → 歯茎後部	英語の [tʃ・dʒ・ʃ・ʒ] 日本語で用いない。
⑥ そり舌音	舌尖 → 歯茎後部	アメリカ英語の [ɻ] 日本語で用いない。
⑦ 歯茎硬口蓋音	前舌 → 硬口蓋前部	日本語の [tɕ・dʑ・ɕ・ʑ・ɲ] 英語で用いない。
⑧ 硬口蓋音	中舌 → 硬口蓋	日本語の [ç・j] 英語の [j]
⑨ 軟口蓋音	奥舌 → 軟口蓋	日本語の [k・g] 英語の [k・g・ŋ]
⑩ 口蓋垂音	奥舌後部（～舌根） — 口蓋垂	日本語の [ɴ] 英語では用いない。
⑪ 声門音	声帯 — 声帯	日本語・英語の [h] [ʔ]

（矢印「→」は、下の器官（おもに下唇と舌）がどこに向かって動くかを示している。ダッシュ「―」
は、両器官の接近をあらわす）

① 両唇（りょうしん）音

　上唇と下唇とで調音される音。歯と舌はまったく関わらない。

② 唇歯（しんし）音

　下唇と上歯とで調音される音。下唇を動かして上の前歯の先端に接触させ、その
すき間から呼気を押し出すと、そこに摩擦音を生じる。それが [f・v] である。ふ
つう上の歯は下の歯より前に出ていることが多いので、軽く口を閉じると上の歯は
自然に下唇の内側につく。

③ 歯（し）音

　舌尖と上の前歯とで調音される音。歯裏（はうら）音と歯間（しかん）音の区別があ
る。前者は、舌尖が上前歯の裏に接触・接近する音、後者は、舌尖が上前歯の
先端、あるいは上下両歯の間に接近する音である。フランス語・ロシア語の [t・d・
n] は、英語の場合と違って、歯裏音として発音されるという。英語の [θ・ð] は

典型的な歯間音である。

④ 歯茎（しけい）音

　舌尖あるいは舌端と上の歯茎とで調音される音。英語の［t・d・n・l］は、舌尖・舌端を歯でなく歯茎にくっつけて発音する純粋な歯茎音である。これに対し、日本語の「タ・ダ・ナ」などの子音は調音点が前歯の裏から歯茎にまたがるので、歯音でもあり歯茎音でもある。なお［t・d・n］の場合、舌の両側も上の歯茎に密着している。

⑤ 後部歯茎（こうぶしけい）音

　舌端と歯茎後部との間で調音される音。英語の［tʃ・dʒ・ʃ・ʒ］が典型的で、同時に軽い唇の丸めを伴うことが多い。

⑥ そり舌（そりじた）音

　そり舌という名称は、舌尖が後ろ向きに持ち上げられて（あるいはそらされて）、その「そり舌」が実際の調音をおこなうという特徴から、その名がある。調音点は歯茎後部（〜硬口蓋前部）なので、後部歯茎音の一種として区分したほうがいいのであるが、国際音声記号ではその名称をとらず、そり舌という舌の形状による名称を採用している。

⑦ 歯茎硬口蓋（しけいこうこうがい）音

　舌端・前舌を歯茎硬口蓋（硬口蓋前部）につけるか近づけて調音する音。音の内容は表 3-2 参照。

⑧ 硬口蓋（こうこうがい）音

　中舌面と硬口蓋との間で調音される音。舌尖を下歯の後ろに置いて、中舌面を硬口蓋に向かって持ちあげる。音の内容は表 3-2 参照。

⑨ 軟口蓋（なんこうがい）音

　奥舌面を軟口蓋の方へ持ちあげて調音する音。

⑩ 口蓋垂（こうがいすい）音

　口蓋垂と奥舌面後部(舌根を含む)との組み合わせで調音される音。日本語の「ン」の音で記号［N］で示されるもの（たとえば「ほん（本）」の「ん」）はこれに属する。

⑪ 声門（せいもん）音

　文字どおり、喉頭の両声帯間の声門でつくられる音。声門が調音点になっている。

［注］IPA の子音表では、舌音（舌を使って調音する音）という名称はみられない。子音の音の命名は、上位調音器官（口蓋側）のどの部分で調音するかという、その位置を指定して示すからである。しかし言語によっては、歯茎音を舌尖で調音するか舌端で調

音するかを区別する必要がある場合があり、そのさいは舌尖歯茎音・舌端歯茎音という名称が使われる。たとえば、日本語の「サ・ス・セ・ソ」の子音は舌端歯茎音、英語の[s]は舌尖歯茎音とされる。

3. ──── 調音様式による子音の分類

前に、子音は空気（呼気）の流れが舌や唇などで阻害される音であると述べたが、その阻害のなされ方（おもに閉鎖をつくる、狭めをつくるといった運動がある）、およびそれにともなう呼気の出し方に関するものを「調音様式」とよんでいる（「調音法」「調音方法」ともいう）。それによって区別される子音の名称を次表に示す。

表 3-3

音の名称	日本語	英語
(1) 破裂音	p・b、t・d、k・g、ʔ	p・b、t・d、k・g、ʔ
(2) 破擦音	ts・dz、tɕ・dʑ	tʃ・dʒ、(ts・dz)
(3) 鼻音	m、n、ɲ、(ŋ)、ɴ	m、n、ŋ
(4) はじき音	ɾ	
(5) 側面音		l
(6) 摩擦音	ɸ、s・z、ɕ・ʑ、ç、h	f・v、θ・ð、s・z、ʃ・ʒ、h
(7) 接近音	w、j	w、j、ɹ / ɻ

(1) 破裂 (はれつ) 音

a) 空気の流れを口腔のどこかで一時的にせきとめ（これを「閉鎖」という）、ついでその閉鎖を一気に解き放つ（ためこんだ息を一気に放出する。これを「破裂」と表現する）、という方法で産出される音。日本語の[p・t・k]は、それぞれパ行、タ行（タ・テ・ト）、カ行の子音、[b・d・g]はその有声音で、それぞれ両唇破裂音、歯茎破裂音、軟口蓋破裂音とよばれる。破裂音は、ふつう、「閉鎖」と「破裂」の両面があり、それでよび方がふたつある。閉鎖という機能を重視すれば「閉鎖（へいさ）音」というよび名が、閉鎖を解いて呼気を瞬時に開放するという機能を重視すれば「破裂音」というよび名が適切ということになる。言語によっては、閉鎖だけで解放（＝破裂）がおこなわれない場合もある。たとえば、広東（か

んとん）語の音節［ap・at・ak］は閉鎖だけで、破裂を起こさない。そこで、この場合の［p・t・k］は破裂音とよぶより、閉鎖音とよぶほうがよいという研究者もいる。破裂音と閉鎖音は同義語というわけではないのである。

b)　上の一般的な破裂音（閉鎖音）のほかに、特殊なものとして声門閉鎖音・破裂音（音声記号［ʔ］）がある。声門を密閉すると呼気は喉頭のところで停止してしまうが、この状態をあらわすのが声門閉鎖音である。日本語で「あっ！しまった」「あらっ！」というときの「っ」音がそれである。そして、閉鎖された声門を急激に開放して呼気を流出させれば、せき払いのような軽い破裂音がつくられる。これが声門破裂音である（［ʔa］、［ʔu］などの［ʔ］）。この音を代表する特定の文字がないので独立した音として意識されないが、母音を、力をいれて破裂的に発声したときに、その母音の前によく現れる。

⑵　破擦（はさつ）音

　［ts］［tʃ］のように、破裂音と摩擦音とが組み合わさった複合音で、名称は破裂の「破」と摩擦の「擦」をとってつくられた。空気の流れをいったん閉鎖し、そのあとゆっくり破裂させて狭いすき間をつくり、そこから呼気をまさつさせて通す音である。破裂音では、開放はたいへん速く一瞬にして調音が完了するのでまさつがつくられる瞬間はないが、破擦音では、開放が緩慢になされるためまさつの噪音（そうおん）が聞き取れる短い「間（ま）」があるのである。記号としては二つの子音を並べるが、事実上、分割できない単音相当の子音である。日本語の［ts］は「ツ」および「ツァ」の子音、［dz］は「ザ・ヅ・ゼ・ゾ」の子音。日本語の［tɕ］は「チ」および「チャ・チュ・チョ」の子音、［dʑ］は「ジ」および「ジャ・ジュ・ジョ」の子音である。それぞれ歯茎破擦音、歯茎硬口蓋破擦音とよばれる。英語の［tʃ］［dʒ］（cheap、jeep の語頭子音）は、後部歯茎破擦音である。

［注1］日本語のタ［ta］とツァ［tsa］を交互に発音してみると、破裂音と破擦音の違いがよくわかるであろう。［tsa］の調音において、閉鎖と摩擦は均等であるが、閉鎖の発音が弱かったり消失したりすると、後半の摩擦音だけが発せられることになる（tsa → sa）。

［注2］ここで記載する記号［tɕ］［dʑ］および後述の［ɕ］［ʑ］については、よく英語音に用いる［tʃ］［dʒ］［ʃ］［ʒ］を使用することがあるが、両者は調音的にも異なる音であるので、別と考えたほうがよい。たとえば、英語の cheese、chicken の語頭子音は［tʃ］であるのに対し、日本語の「チーズ」「チキン」の語頭子音は［tɕ］である。

⑶ 鼻（び）音

　口蓋垂は自分の意志で上げたり下げたりすることができる器官である。口蓋垂を（口蓋帆とともに）下げると鼻への通路が開かれ、呼気が鼻腔に流れて「鼻音」がつくられる。たとえば日本語で「マー」「ナー」といいながら鼻の下へ指をあてると、鼻から息が出ているのが感じられる。[m]はマ行の子音で両唇鼻音、[n]は「ナ・ヌ・ネ・ノ」の子音で歯茎鼻音、[ɲ]は「ニ」および「ニャ・ニュ・ニョ」の子音で歯茎硬口蓋鼻音、[N]は「ン」音の一種で口蓋垂鼻音、とそれぞれよばれる。日本語では、ほかにガ行鼻濁音として軟口蓋鼻音[ŋ]が使われることがある。

[注] 日本語の「ニ」および「ニャ・ニュ・ニョ」の子音の音声記号は、一般に硬口蓋鼻音の[ɲ]が用いられているが、これにかわって歯茎硬口蓋音の記号[n̠]を用いることを提唱するひともいる（福盛 2010）。筆者もこれを推奨したい。

⑷ はじき音

　舌尖を軽く上の歯茎部のうしろに当て、一回、外に向かって瞬間的にはじく音が「はじき音」で、破裂音に近い性質をもっている。日本語のラ行子音は、語頭では側面音（次項参照）[l]で発音するひともいるが、語中ではほとんどはじき音である。記号は[ɾ]（rの左側の爪を削りとったもの）を用いる。アメリカ英語で、たとえばwaterなどの語中のtは周りの母音の影響で弱い[d]音になったり、はじき音[ɾ]になったりするという。

[注] [r]という記号がある。これを日本語のはじき音の表記に用いないのは、IPAでは、これを舌尖の「ふるえ音」（舌尖が吐く息で歯茎にぶつかって数回ふるえる、「ルルル」という音）に対して用いると定めているからである。この音はロシア語、スペイン語、イタリア語などで使用されるが、日本語、英語、中国語では用いない。ヨーロッパの諸言語では、ローマ字rの音価はふるえ音が多数派なのである。ただし、表3-1a・1bの《子音表》では、ふるえ音の項は省略されている。

⑸ 側面（そくめん）音

　舌の両側面はどこにも接触させないで、舌尖を上歯のつけ根あたりにあてて固定させ、そのまま舌を動かさずに、呼気と声を舌の横側から流出させてつくる音。英語のlの音（like、loveの語頭子音）で、舌の側面を通る空気の流れは閉鎖もまさつも生じさせないので、IPAのよび名は「側面接近音」となっている。ただし、通常は略して「側面音」とよんでいる。ヨーロッパの言語では、ローマ字のlとrで書かれる子

音（rにはいろいろの発音がある）を包括して「流音」とよんでいる。摩擦音のような噪音 (noise) が生じない「流れるような」音という印象からそうよばれるのである（[s]と[l]を比べればその違いがわかるであろう）。日本語のラ行子音 [ɾ] も流音の一種である。ただし、[ɾ]は瞬間音であるのに対し、[l]は持続音である。

(6) 摩擦 (まさつ) 音

口腔のどこかに細い小さなすき間をつくり、そこを流れる空気にまさつが生じるようにして出される音。破裂音は調音点が限られて種類が少ないが、摩擦音は両唇から声門までのすべての位置でつくられ、種類がとくに多い。調音中、まさつの噪音が連続的に聞き取られるので、持続音の一種でもある。

a) 日本語の [ɸ] は「フおよびファ・フィ・フェ・フォ」の子音。両唇を上下から狭めてその開口部から発する音で、熱いものをふいてさますときの唇のかたちに似ている（ただし唇はあまり突き出さない）。両唇摩擦音とよばれる。

b) 英語の [f・v]（foot・voice の語頭子音）は下唇の内側と上前歯の軽い接触によってつくられる音で、唇歯摩擦音とよばれる。日本語の [ɸ] との違いに注意し（[ɸ]は上唇も使うところが [f] と異なる）、これと混同しないようにしたい。

c) 英語の [θ・ð]（thing、then の語頭子音）は、舌尖を上歯の先端に近づけて、そのすき間から摩擦化した呼気を押し出す。歯（あるいは歯間）摩擦音とよばれる。

d) [s]は「サ・ス・セ・ソ」の子音。英語の see、sit の語頭子音。[z]はその有声音で、zone、zoom の語頭子音。舌の両脇は上の歯茎に密着していて、舌尖・舌端の部分だけが上の前歯〜歯茎との間に狭いすき間をつくる。そこから呼気を勢いよく流出させるとこの摩擦音が生じる。歯茎摩擦音とよばれる。

e) 英語の [ʃ・ʒ]（[ʃ]は ship の語頭子音。[ʒ]は measure、version の語中の s 音）は、舌端を上の歯茎後部に触れないように近づけ、舌の中央部をくぼませ（タテの細いみぞがつくられる）、そのすき間を呼気が通過するときに生じるまさつの音。後部歯茎摩擦音とよばれる。

f) [ɕ]は「シ」および「シャ・シュ・ショ」の子音。前舌面と歯茎硬口蓋との間にすき間をつくり呼気を流出させると、この音が得られる。舌面は平らに広がっているため、前項の [ʃ] よりもまさつが小さい。[ʑ]はその有声音。歯茎硬口蓋摩擦音とよばれる。

g) [ç]は「ヒ」および「ヒャ・ヒュ・ヒョ」の子音。中舌面と硬口蓋との間にすき間を

つくり呼気を通すとこの摩擦音が生じる。硬口蓋摩擦音とよばれるが、まさつは
あまり強くひびかない。その有声音は [ʝ]。舌面をほんの少し前進させるだけで
「ヒ」が「シ」に変わってしまう。

h) [h]は「ハ・ヘ・ホ」の子音。声帯を寄せて声門を半開の状態にし、そこから強
い呼気を推し進めると、声門に摩擦音が生じる。寒いとき手を暖めるのに息をふ
きかけるときの「ハーッ」によく似た音で、声門摩擦音とよばれる。同じ [h]でも、
日本語より英語（he、hat の語頭子音）のほうが、呼気の勢いがずっと強いとさ
れる。日本語のハ行音は一行内に [h][ç][ɸ]の子音を含むが、いずれも
無声音の発音で、無声・有声の対をもたない。

⑺ 接近 (せっきん) 音

　上下の調音器官を「接近」させるが、摩擦音のような子音が生じるほどには接近さ
せないようにして、その間から呼気を送り出すと「接近音」が生じる。音質的には母音
に似ているが、持続時間が短くすぐに後続の母音に移行するため、子音に分類され
ている。たとえば、〈ia〉〈ua〉という二字の二母音連続から [ja][wa]という一音
節が形成されるが、このときの [j][w]はそれぞれ母音 [i][u]が半分になったよ
うな音価なので、それで「半母音」ともよばれている。日本語の「ワ」の子音 [w]、「ヤ・
ユ・ヨ」の子音 [j]（この記号は一般にドイツ語よみの「ヨッド」とよび慣わされる）は、
それぞれ両唇軟口蓋接近音、硬口蓋接近音とよばれる。

《参考1》　アルファベットにおける瞬間音文字と持続音文字

　子音を長くのばせるかどうかで分類することばとして、「瞬間音」「持続音」というも
のがある。

a) 瞬間音とは、口のどこかで息の流れを止め、その閉鎖を瞬間的に開くことによっ
てつくられる子音のことで、破裂音と破擦音がこれに属す。ラテン語ローマ字に
おける代表的な破裂音文字はP・B、T・D、C・Gで、これらの文字のよび名
は、各子音の後ろに長母音の [eː]（エー）を添えるというものである。それぞれ
「ペー・ベー」、「テー・デー」、「ケー・ゲー」とよばれる。

b) 持続音とは、息が尽きるまで発音を長びかせることのできる音のことで、摩擦音、
鼻音、流音などがこれに属する。ラテン語ローマ字には摩擦音文字としてF・S、
鼻音文字としてM・N、流音文字としてL・Rがあり、そのよび名は、各子音
の前に短母音の [ɛ]（エ）を添えるというものである。それぞれ「エフ・エス」、「エ

ム・エヌ」、「エル (l)・エル (r)」とよばれる。

［注］英語では、［e:］という長母音が［i:］に変化したため、P は「ペー」から「ピー」、T は「テー」
から「ティー」という、こんにちのよび名に変わった。短母音の［ɛ］（エム、エス、エル
など）には、この変化はなかった。ただし R のよび名は「エル」から「アール」に変わった。

4. ——— IPA 母音図

　母音の形成にあたって、もっとも積極的な役割を演ずるのは「舌」である。舌は下
あごと行動を共にしており、舌を上下に動かすことに伴って、あごが開いたり閉じたり
する。つぎの「IPA 母音図」は、二つの観点にしたがって口腔内での母音の位置（口
の中の空間のどのあたりで各母音がつくられるか）を示したものである。図の左側は
口腔の前を、右側は口腔の奥を示す。上にあがるほど舌が盛り上がって開口度が狭
くなっていき、下へさがるほど舌が低くなって開口度が広くなっていく。図1は国際音
声学協会が定めた調音位置図で（ただし記号の記載を一部省略した）、母音を 4 段
階の舌の高さと前舌・中舌・後舌の 3 系列で区別している。図2は、比較参照のた
め日本語母音の位置を書き入れたものである。

記号が対になっている箇所は右が円唇母音。

図2 （松崎・河野 2018 より）

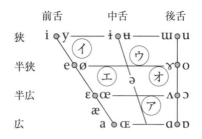

（それぞれの●の左が非円唇母音・右が円唇母音）

図3　基本母音8種の舌面の位置（高さ）を示す図（小泉 2003 より）

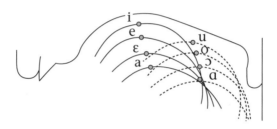

［注］基本母音は、各言語のさまざまな母音を記述したり比較研究したりするための目安となるものとして、理論的に定められた。第1次基本母音と第2次基本母音がある。図3に示された8母音は、母音のなかでもとくに主要なもので、これが第1次基本母音である。

5.　母音の分類法

母音は、伝統的に、つぎの3つの基準によって分類・説明されている。

⑴ 舌を高める位置（前か奥か、その中間か）による分類

舌のかたまりのどの部分が口蓋のどの部分に対して高められるかという観点から、母音を三つの系列に分けることができる。

① 前舌（まえじた）母音　⇒　前舌面が硬口蓋の方向に高くなる母音

② 奥舌 (おくじた) 母音 ⇒ 奥舌面が軟口蓋の方向に高くなる母音

　　(後舌 (あとじた) 母音ともよばれる)

③ 中舌 (なかじた) 母音 ⇒ 前舌と奥舌の間の中舌面が口蓋に向かって高くなる
　　　　　　　　　　　　　　　母音

　日本語の「イ」「エ」は①、「ウ」「オ」は②の母音である。「ア」は舌が上あごからもっとも遠い一番低い位置で発せられる。しかし音環境により奥よりであったり前よりであったりするが、便宜上③の母音とする。「ウ」は一般に奥舌母音 [ɯ] (非円唇) であるが、「ス・ズ・ツ・ヅ」の発音においては舌がすこし前進し、中舌母音 [ü] に変わっている ([ɯ] の上の二つの点は「中央寄り」であることを示す補助記号)。

[注] 数字の「スー」と「すう (吸う)」の発音を比べてみると、後者 (すう) の発音では、並列する「す」の母音と「う」の母音との間にいくぶん音色の違いがあると感じられるであろう。しかし、前者 (スー) の発音では、「ウ」の母音が延長されるだけで音色の違いは感じられない。

⑵ 口を開く程度 (大きいか、小さいか、中くらいか) による分類

　母音は、口のタテ方向の開け方によっても分類され、つぎの四段階が区別される。

① 狭 (せま) 母音　　　　⇒　口の開きが最も小さい母音

② 半狭 (はんせま) 母音 ⇒　口の開きが①よりやや大きい母音

③ 半広 (はんひろ) 母音 ⇒　口の開きが④よりやや小さい母音

④ 広 (ひろ) 母音　　　　⇒　口の開きが最も大きい母音

　日本語の「イ」「ウ」は①、「エ」「オ」は②か③ (あるいはその中間)、「ア」は④の母音である。母音調音における舌の動きを観察すると、前舌母音では「イ」→「エ」→「ア」の順に口が開き、舌が斜めに下がっていく。これに対し、奥舌母音では「ウ」→「オ」→「ア」の順に口が開き、舌が垂直に低くなっていくことが確認される。そこで、①は舌と口蓋の間隔がもっとも狭い母音、④は舌と口蓋の間隔がもっとも広い母音、と言い換えることもできる。英語音声学では、舌を高める程度 (高いか、低いか、中間か) によって、①を「高 (たか) 母音」、②③を「中 (なか) 母音」、④を「低 (ひく) 母音」とよぶことが多い。②と③を区別するときは、②を「高め中母音」、③を「低め中母音」とよぶ。

(3) 唇の丸めの有無による分類

　母音の発音に関しては、舌だけでなく「唇」も重要な役割を演じている。そこで、母音は唇の丸め度によっても分類される。

　① 円唇（えんしん）母音　　⇒ 唇全体が丸いかたちになる母音
　② 非円唇（ひえんしん）母音 ⇒ 唇を横に平らにする母音（平唇母音ともよばれる）

　日本語の「ア」「イ」「ウ」「エ」は②、「オ」は①である。標準語の「ウ」は奥舌母音ではあるが、一般に（個人差があるが）、唇がほんの少し開くだけであまり突き出しをともなわない平唇の [ɯ]（[u] ではない）で発音されるので②とみなされる。しかし方言によっては「ウ」を①円唇の [u] で発音するところもあり、関西方言ではその傾向が顕著である（自分の「ウ」の発音がどんな唇の形をしているか観察してみよう）。英語の [u]（two の母音）は典型的な円唇母音で、奥舌全体を後ろの軟口蓋に向けてもち上げ唇をぐっと丸めて突き出すというものである。唇の緊張をともない、のどの奥深くから声が出るという感じである。

［注1］日本語の「ウ」をローマ字で書くと u であるが、じっさいの音価は調音的にも聴覚的にも英語の [u] とはだいぶ違う。そこで、その違いに注意を向けさせるために、日本語の「ウ」に対し、あまり見慣れない記号 [ɯ] を専門的に導入するのである。

［注2］《IPA 母音図》では、各母音の位置は点で示される。そして円唇母音は非円唇母音のすぐ右隣りにおかれる。第 1 次基本母音の、それぞれの唇の丸めの有無を逆転させたのが第 2 次基本母音である。その対応を示したのが、つぎの図である。

第 1 次基本母音	非円唇	i-e-ɛ-a-ɑ	円唇	u-o-ɔ
第 2 次基本母音	円唇	y-ø-œ-Œ-ɒ	非円唇	ɯ-ɤ-ʌ

　舌の位置は [i] [e] [ɛ] と同じにして唇だけ円唇化させると [y] [ø] [œ] がつくられる。これら 3 つの前舌円唇母音はドイツ語・フランス語で用いられる。舌位置は [u] [o] と同じにして、唇だけを非円唇化させると [ɯ] [ɤ] が得られる。この 2 つの奥舌母音の場合、[ɯ] は日本語で、[ɤ] は中国語で用いられる。

(4) 中舌母音

　中舌母音は中舌面が重要な働きをする母音で、舌は前舌の位置と奥舌（後舌）の位置との中間におかれる（この位置は、前舌と奥舌の両方と重なる部分がある）。英

語に典型的な中舌母音 [ə] [ɚ] [ʌ] があるが、これらは、日本語に類似の音がないので、日本人には正確に発音するのが難しい母音である。i) [ə] は、中舌面を「半狭」の位置において力を抜いて発せられる。アクセントがない場合の弱い母音で、ぼんやりと「ア」を発音する感じ。「あいまい母音」とか「シュワー」などの呼称がある。ago、Japan、famous、melody などの下線の文字がこの音である。ii) [ɚ] は長めの [ə] で、中舌面を半狭と半広の中間の位置において発せられる。bird、work、serve、learn などの下線部分がこの音である。「母音字 + r」のつづり字のとき、アメリカ英語では r の色合いをひびかせた [ɚ]、すなわち [ɚ] が発せられる。iii) [ʌ] は、図1では奥舌半広母音であるが、英語音声学ではこの記号を中舌母音の一種として用いている。中舌面を半広と広母音の中間の位置において強く短く「ア」と発する（調音的には [ɐ] とほとんど同じ）。cut、love、mother、uncle などの下線の文字がこの音である。

6. ──── 日本語の母音とアメリカ英語の母音の比較

つぎの表 3-4 は日本語の、表 3-5 はアメリカ英語の母音の表である。

表 3-4

舌の前後の位置	前舌母音	中舌母音	奥舌 (後舌) 母音	
狭母音 (高母音)	イ [i]	ウ [ʉ] 〜 [ɯ]		
半狭母音 (中母音)	エ [e]			オ [o]
広母音 (低母音)		ア [a]		
唇の丸めの有無	非円唇 (平唇)			円唇

表 3-5

	前舌母音		中舌母音		奥舌 (後舌) 母音	
高母音	[i]	beat			[u]	food
	[ɪ]	bit			[ʊ]	foot
中母音	([e]) eight		[ə]	famous	([o]) home	
	[ɛ]	get			[ɔ]	walk
低母音	[æ]	cat	[ʌ] (= [ɐ]) but			
	([a]) nice				[ɑ]	father

［注］表 3-5 のかっこ内の [e] [a] [o] は、単独では用いず、二重母音 [eɪ] [aɪ] [oʊ] の第 1 母音としてのみ用いられる。英語の前舌母音 [ɛ] [e] [ɪ] [i] は、この順で舌の位置が高くなる。英語の奥舌母音 [ɔ] [o] [ʊ] [u] は、この順で円唇性が強くなる。

　上の二つの表から、日本語と英語の母音構成にはおおきな違いがあることが知られる。日本語は 5 つの単母音しかなく、舌の高さも［イ（高）―エ（中）―ア（低）］［ウ（高）―オ（中）―ア（低）］の 3 段階しか区別されない。それに対し、英語は単母音もあれば二重母音もあり、舌の高さ・口の開きという点でも、前舌母音の系列では [i] から [a] までの 6 段階が、奥舌母音の系列では [u] から [ɑ] までの 5 段階が区別される。母音の数が多いということは、意味を区別するためにそれだけたくさんの音を発音し分け、調音をきめ細かくおこなわなければならないということである。したがって、3 段階 5 母音の調音に慣れている日本語話者にとって、英語母音の習得はそれだけ困難度がおおきく、多大の努力が必要である。

　子音の調音では、発音する位置がわりあいはっきりと決まっていて把握しやすいが、母音の場合、舌はどこにも触れず、口の狭い範囲のなかでの微妙な位置関係でつくられるので、正しい位置での発音かどうかを判断するのが難しい面がある。舌をどのくらい上げるか下げるか、舌の前後ではどちらがもち上がるか、唇の開き具合はどうかなど、発音行動としての舌や唇のわずかな動きを鋭敏に感じ分けなければならない。

　一般に、日本語の発音は下あごの開閉の幅がせまく、口をあまり動かさなくても発音できるという特徴がある。したがって、同じような口形で外国語を発音してしまうのであるが、日本人が英語を発音する際には、意識的に口の開き、舌の動きをおおきくし、唇の丸めや突き出しも活発化させて、顔全体の筋肉を働かせて発音すべきである。同じ注意は、中国語の発音習得についてもそのままあてはまる。しかし、発音の習慣を変えるにはよほどの努力とくりかえしの練習しかない。

《参考 2》　IPA 各音声記号の名称

　英語のアルファベット文字がそのまま音声記号として用いられる場合は、a ＝小文字の [ei]、b ＝小文字の [biː]、c ＝小文字の [siː]、のようによばれる。その他については、つぎのようによばれる。

a)　子音記号：ɸ ＝フィー（ファイ）、θ ＝シータ、ʃ ＝エッシュ、ʒ ＝エッジュ、ʂ ＝右向き尾つきの S、ʐ ＝右向き尾つきの Z、ɕ ＝曲がった尾つきの C、ʑ ＝曲がった尾つきの Z、ç ＝セディーユつきの C、ŋ ＝エング、ɾ ＝釣り針の R、ɹ ＝逆さの R、ɭ ＝右向き尾つき

逆さの R、ɥ＝逆さの H、など。

b) 母音記号：ɪ＝小型大文字の I、ø＝斜線つきの O、œ＝小文字 o と e の合字、ɛ ＝エプシロン、æ＝アッシュ、ə＝シュワー、ɐ＝逆さの A、ɰ＝逆さの M、ɤ＝羊の角、ʌ＝逆さの V、ɑ＝筆記体の A、ɒ＝逆さ筆記体の A、ɔ＝開いた O、ʊ＝ユプシロン、ɚ＝右かぎつきのシュワー、など（国際音声学会編、竹林滋・神山孝夫訳『国際音声記号ガイドブック』大修館書店）。

第4章

日本語の音節と中国語の音節

1. ──── 日本語の音節

1.1 日本語の音節とその種類

〈言語を構成する音声上の単位で、途中に切れ目を入れないで発音される一つづきの音のまとまり〉を「音節」とよぶ。音節は、母音一個だけの場合もあるが、通常、ひとつの母音を中心にして、その前か後ろ、あるいはその両方に子音を伴って音節をつくっている。たとえば、英語の yesterday という単語は、発音上、[jes] [tər] [dei] という3つの部分に区切られるが、そのひとつひとつが一音節である。音節は、一般に、「単語」より小さく、かつ「単音」よりおおきい音の複合体である。

日本語の音節（たとえば、ヤ、マ、ヒ、トなど）は、それぞれほぼ同じ時間的長さ（この特徴を「等時性」という）で発音されるという特徴から、「同じ長さをもつ単位」と規定されることがある。このように規定された規則的な音の単位を「モーラ」（ラテン語mora に由来する語で、「拍」と訳される）とよんでいる。音節とモーラの区別については後述する。現代日本語のリズム構成のもとをなすモーラには二種類のものがある。それを「自立モーラ（自立拍ともいう）」、「特殊モーラ（特殊拍ともいう）」とよんでいる。それぞれに含まれる一音一音は独立した音単位としてあつかわれ、両方合わせて、日本語の音体系が形成されるのである。

1.2 自立モーラ

日本語の自立モーラはつぎの表で示される。この表の各モーラはそのまま音節と言い換えてもよい。

表4-1

直音音節（清音）					拗音音節（清音）		
あ [a]	い [i]	う [ɯ]	え [e]	お [o]			
か [ka]	き [kʲi]	く [kɯ]	け [ke]	こ [ko]	きゃ [kʲa]	きゅ [kʲɯ]	きょ [kʲo]
さ [sa]	し [ɕi]	す [sɯ]	せ [se]	そ [so]	しゃ [ɕa]	しゅ [ɕɯ]	しょ [ɕo]
た [ta]	ち [tɕi]	つ [tsɯ]	て [te]	と [to]	ちゃ [tɕa]	ちゅ [tɕɯ]	ちょ [tɕo]

な [na]	に [n̠i]	ぬ [nɯ]	ね [ne]	の [no]	にゃ [n̠a]	にゅ [n̠ɯ]	にょ [n̠o]	
は [ha]	ひ [çi]	ふ [ɸɯ]	へ [he]	ほ [ho]	ひゃ [ça]	ひゅ [çɯ]	ひょ [ço]	
ぱ [pa]	ぴ [pʲi]	ぷ [pɯ]	ぺ [pe]	ぽ [po]	ぴゃ [pʲa]	ぴゅ [pʲɯ]	ぴょ [pʲo]	
ま [ma]	み [mʲi]	む [mɯ]	め [me]	も [mo]	みゃ [mʲa]	みゅ [mʲɯ]	みょ [mʲo]	
や [ja]		ゆ [jɯ]		よ [jo]				
ら [ɾa]	り [ɾʲi]	る [ɾɯ]	れ [ɾe]	ろ [ɾo]	りゃ [ɾʲa]	りゅ [ɾʲɯ]	りょ [ɾʲo]	
わ [wa]								

　[　]内の音声表記は、沖森卓也・木村一編著『日本語の音』（朝倉書店 2017）の第2章による。記号のひとつひとつは単音をあらわし、各モーラはふたつの記号（子音＋母音）の組み合わせを基本とし、整然とした体系をなしている。

[注1] 日本語の子音は、ふつうの [k] [p] [m] [ɾ] に対応して口蓋化した [kʲ] [pʲ] [mʲ] [ɾʲ] がある。後者は、「二次的調音」として、前舌面・中舌面を硬口蓋に向けて持ちあげ口腔をせばめるという過程が加えられるもので、専門的には「口蓋化子音」とよばれる（右上の [ʲ] は口蓋化を示すしるし）。いっぽう、[s] [t] [n] [h] に対応する [ɕ] [tɕ] [n̠] [ç] は、調音点が硬口蓋（歯茎硬口蓋も含む）で、つねに口蓋化されているので、[ʲ] のしるしは必要ない。なお音声記号で [kj] [pj] のように記した場合、それは必ずしも子音の口蓋化を示すとは限らない。[k + j] [p + j] と解釈される場合もある。たとえば、日本語の「ミュージック」の最初の音節「ミュー」は [mʲɯ:] で、mは口蓋化した [mʲ] であるのに対し、英語の music の最初の音節 [mju:] は [m + ju:]（「ムユー」）であって m は口蓋化されていない。

[注2] 音声記号の表記には2種類のレベルのものがあり、それぞれ「精密表記」「簡略表記」とよばれる。表4-1の [　] 内の記号は精密表記である。音声的な特徴をくわしく記述するのが精密表記である。いっぽう、「ウ」の母音を [u] で表記したり、ラ行子音を [r] で表記したり、「き・ぴ・み」を [ki] [pi] [mi]、「きゃ・きゅ・きょ」を [kja] [kju] [kjo]、「ちゃ・ちゅ・ちょ」を [tʃa] [tʃu] [tʃo] と表記したりすることもよくおこなわれているが、こちらは簡略表記である。特殊な記号は使わず簡便な方法でおおまかにあらわすのが簡略表記法である。実用的にはこれで差支えない。

　自立モーラには、表4-1に示すように、直音音節と拗音音節とがある。前者は仮名一字で書かれ、後者は仮名二字で書かれるが、どちらも音の長さは1モーラである。拗音仮名の場合、二字目の「ゃ・ゅ・ょ」は小書きで、右下に寄せるように添える。

このきまりがないと、たとえば、「びょういん（病院）」「びよういん（美容院）」という単語の仮名での表記が区別できなくなる。日本語にはほかに濁音のモーラがあるが、省略する。上記以外に、外国語固有名詞や外来語表記に用いられる「ファ・フィ・フェ・フォ」「ウィ・ウェ・ウォ」「ツァ・ツィ・ツォ・チェ」「シェ・ジェ」「ティ・ディ・トゥ・ドゥ」といったカタカナ音節がある。これらも仮名二字で書かれ1モーラであるが、二字目が「ァ・ィ・ゥ・ェ・ォ」の小書きである点が拗音と異なる。したがって、拗音には含めない。

　日本語の音節は、原則として一個の母音を含むので、単語は、その中にある母音の数だけ音節があるということになる。子音は単独では発音されず、かならず「ア・イ・ウ・エ・オ」のどれかと合体してはじめて音節化される。したがって、たとえば英語の **cat** という一音節の単語は、日本語に入ると、子音 t の後ろに原音にない母音が添加され、「キャット」（kyat・to）という二音節（三モーラ）の単語に変貌するのである。

1.3　特殊モーラ

　特殊モーラとしてはつぎの3種があり、それぞれ1モーラとしてあつかわれる。

（ⅰ）　撥音（はねる音）……　仮名「ん」で表記されるモーラ。
（ⅱ）　促音（つまる音）……　小書きの仮名「っ」で表記されるモーラ。
（ⅲ）　長音（のばす音）……　長音符号「ー」で表記されるモーラ

［注］符号「ー」は母音をのばした部分、たとえば［aː］の［ː］の部分を指すが、その使用はカタカナ外来語表記に限られる。

　自立モーラは単独で音節をつくれるのに対し、特殊モーラ「ん」「っ」「ー」は単独では音節をつくれず、語頭に来ることもない。自立性がないというので特殊モーラとよばれるのである。それらはつねに直前の自立モーラと組み合わさってひとつの音節をなす。

　日本語では、たとえば「学校」を「ガ／ッ／コ／ー」と四つの単位に区切る発音法と「ガッ／コー」と二つの単位に区切る発音法がある。前者は「モーラ」で切り分けたもので、4モーラと数え、後者は「音節」（シラブル）で区切ったもので、2音節と数える。「美容院（びよういん）」は3音節5モーラ、「病院（びょういん）」は2音節4モーラ、「子牛（こうし）」は3音節3モーラ、「孔子（こうし）」は2音節3モーラと数える。俳句や短歌といった日本伝統の韻文での音の数え方は、同じ長さと感じられるモーラを単位としており、「五‐七‐五」「五‐七‐五‐七‐七」と音数を数える。日本語が「モー

ラ言語」とよばれるのは、日本人が自然に認識しうる音声面の最小単位が音節でなくモーラだからである。

1.4 音節とモーラ

つぎの図は日本語の音節とモーラを対比したものである。

	キッテ (切手)				ユービン (郵便)			
2音節	キッ		テ	2音節	ユー		ビン	
3モーラ	キ	ッ	テ	4モーラ	ユ	ー	ビ	ン

日本語では、音節よりも小さい下位の概念としてモーラがあるということである。自立モーラ「キ」「テ」「ユ」「ビ」だけを取り上げると1音節＝1モーラであるが、これに特殊モーラが加わって「キッ」「ユー」「ビン」となると、音節が長くなって、その長さのため1音節＝2モーラと数えるのである。促音「っ」の部分は音が聞こえない状態であるが、それでも一音分の時間を保っているので、その存在をひとつの音の単位とみなすのである。韻文では仮名一字分の長さをもつものとして数える。

英語・中国語を母語とする人にとって、日本語の撥音・促音・長音は習得しにくく発音しにくいものである。なぜなら、英語・中国語は、独立した長さをもつそのような音の概念をもたないため、それらが自立モーラと同じくらいの音の長さであると感じ取ることがなかなかできないからである。したがって、日本語の発音に慣れないひとは、「っ」や「ん」の音をきちんと発音しなかったり、長音を長音らしく発音しなかったりして、特殊モーラを含む1音節の長さを「1.5モーラ」「1モーラ」ほどに短く発音してしまう傾向があり（たとえば、電気を「でん・き」、料理を「りょ・り」、ベッドを「ベ・ド」のようにいう）、それを聞いた日本人は直感的に奇異な日本語と感じるのである。日本語は、モーラという単位に関して非常に鋭敏な言語なのである。音節という単位は世界のどんな言語にも存在するが、モーラはそうではない。

2. ──── 日本漢字音の音節

古代日本において漢字が伝来すると、日本人は早くからそれを受け入れ熱心に学習した。中国語としての漢字の発音は日本語に類のないものが多く、日本人には習得し

にくいものであったが、長年の工夫と努力により、しだいに慣れ用いられ発音しやすいかたちにつくりかえられて、日本独自の漢字音として定着していった。現代の日本漢字音は、音節とモーラによって分類すると、つぎの三つの型に整理することができる。

(1) 第一の型：1音節、1モーラの漢字音

① 直音の仮名：歌カ・奇キ・区ク・気ケ・古コ・佐サ・師シ・素ソ

② 拗音の仮名：斜シャ・茶チャ・主シュ・書ショ・著チョ・慮リョ

(2) 第二の型：1音節、2モーラの漢字音

この型を、便宜上、三つの種類に分ける。

a)　① ア列直音の仮名＋イ：改カイ・再サイ・来ライ・梅バイ

② ウ列直音の仮名＋イ：類ルイ・水スイ・追ツイ

③ エ列直音の仮名＋イ：計ケイ・西セイ・礼レイ・低テイ・閉ヘイ

[注] ①②については、母音連続の2音節（ゆっくり発音すれば二つの母音間に切れ目がある）とみなす研究者と、二重母音という1音節のまとまり（母音が切れ目なく移っていくように発音される）とみなす研究者がいる。二重母音とした場合（このほうが自然な日本語であるが）、後ろの「イ」は特殊モーラというあつかいをうけることになる。ここでは、便宜上、後者に従う。③の場合、現実の発音は母音連続の2音節ではなく、ほとんど「エ」の長音、すなわち1音節で発音されている（計ケイ→ケー、礼レイ→レー）。

b)　④ ウ列直音の仮名＋ウ：風フウ・空クウ・数スウ・遇グウ

⑤ ウ列拗音の仮名＋ウ：九キュウ・中チュウ・重ジュウ・隆リュウ

⑥ オ列直音の仮名＋ウ：高コウ・掃ソウ・等トウ・能ノウ

⑦ オ列拗音の仮名＋ウ：教キョウ・長チョウ・表ヒョウ・両リョウ

[注] ④⑤の漢字音も、⑥⑦の漢字音も、こんにち、母音連続の2音節で発音されることはなく、それぞれ1音節、すなわち、「ウ・ユ」の長音、「オ・ヨ」の長音で発音されている。例：空クウ→クー、九キュウ→キュー、高コウ→コー、教キョウ→キョー。

c)　⑧ 直音の仮名＋ン：看カン・欽キン・君クン・剣ケン・根コン

⑨ 拗音の仮名＋ン：春シュン・順ジュン

⑶ **第三の型：2音節、2モーラの漢字音**
　この型を、便宜上、ふたつの種類に分ける。

a)　① 直音の仮名＋ツ：割カツ・質シツ・仏ブツ・説セツ・卒ソツ
　　　② 拗音の仮名＋ツ：出シュツ・術ジュツ
　　　③ 直音の仮名＋チ：達タチ・八ハチ・七シチ・日ニチ・節セチ

b)　④ 直音の仮名＋ク：各カク・託タク・菊キク・逐チク・刻コク
　　　⑤ 拗音の仮名＋ク：脚キャク・着チャク・曲キョク・直チョク
　　　⑥ 直音の仮名＋キ：色シキ・力リキ・責セキ・歴レキ・壁ヘキ

［注1］第三の型は、中国語発音としては、本来子音おわりの1音節であったものであるが、
　　　日本語発音にするために口の開きの狭い母音が添えられて2音節になったものである
　　　（例：各［kɑk］→ka＋ku、割［kɑt］→ka＋tu）。この型では、ふたつ目の音節（第
　　　2モーラ）に用いられる音の種類はすくなく、タ行の「ツ・チ」とカ行の「ク・キ」の四
　　　種しかない。

［注2］第三の型の漢字音のなかには、二字結合の漢字語において、無声子音の前で促音
　　　に発音されるものがある。たとえば、一（イッ）回、発（ハッ）生、積（セッ）極、欲（ヨッ）
　　　求、など。この場合は、発音が、本来の2音節2モーラから1音節2モーラ（す
　　　なわち第二の型）に転じたことになる。

　1モーラの漢字音と2モーラの漢字音があるということ、あるいは1音節の漢字音
と2音節の漢字音があるということは、日本漢字音の特徴で、中国漢字音にはない
ものである。
　古代日本漢字音では、中国漢字音と同様、第一の型と第二の型はともに同じ時間
的長さで発音され差異がなかったと考えられる。しかし、日本語は、中世（鎌倉・室
町）の時代にしだいに仮名1字が1モーラという認識が普及し、この時期から第二の
型は2モーラ、第一の型は1モーラと分離することとなった。そして2モーラの漢字音、
とくに⑵の場合、仮名の表記に支えられて、仮名1字ずつに切り離して発音されるこ
とが可能になった。たとえば、改→カ＋イ、水→ス＋イ、看→カ＋ン、春→シュ＋ン、
のように。こうして、日本語に同化した日本の漢字音は、もとの中国漢字音と、発音
法がおおきく隔たるものとなったのである。

3. ——— 中国語の音節（漢字一字の発音）

3.1 中国語の声母・韻母

⑴ 中国の伝統的な音節二分法

　第1章§1.3⑵で述べたように、中国文字としての漢字は1字1音節で、それぞれ単独に発音される。一般に音節は数音が集まったものであるが、こんにち、日本語・英語を含む一般音声学では、音節を分析するとき「子音」「母音」という用語を用いてその構成成分を説明する。しかし中国では、このような単音の観念は存在しなかった。発音単位として自覚されるのは、漢字ひとつひとつの音、すなわち音節である。子音・母音といった単音ではないのである。中国では、後漢時代の三世紀頃から言語音声（漢字音）を対象とする言語学的考察がおこなわれ、独特の音声学が発達するが、その最初の具体的成果が、漢字一字の発音を分解して前後二つの部分に分けるというもので、当時この二つの部分をそれぞれ「声（せい）」「韻（いん）」とよんだ。それ以来、この音節二分法は中国伝統の方法として今日まで永く受け継がれており、いまは、この成分を「声母（せいぼ）」「韻母（いんぼ）」と呼びならわしている。そこで、中国語の発音学習は、この声母・韻母の正しいよみ方を学ぶことからはじまる。

⑵ 声母と韻母の区別

　「声母」は音節を開始するアタマの子音をさす。ピンインで示すと、b・d・g・p・t・k・f・s・hなどであり、その数は全部で21ある。いずれも単音の子音で、これを音節初頭子音、短くして「頭子音（とうしいん）」とよぶことがある。声母については、第5章で詳しくあつかう。中国語の音節は、大多数は声母をもつが、一部それをもたないものがあり、これを「ゼロ声母」という。ある要素が欠けていることを「ない」とはいわず、「ゼロ」の要素があるとみなすのである。中国語の音節は、子音一個ではじまるものと子音なしではじまるものの二種類があることになる。

　「韻母」は、声母以外の部分、すなわち、音節から出だしの声母を切り離した残りの部分をさす。韻母はかならず母音を含み、その数は38個ある。韻母には、i）単母音だけのもの（a・o・e・i・u・üなど）、ii）二重母音のもの（ai・ei、ao・ouなど）、iii）三重母音のもの（uai・uei、iao・iou）、iv）母音のうしろに鼻音の子音がつくもの（an・ang、in・ing、uen・ongなど）の4種があり、複雑である。このような変化に富んだ多様さは日本語にないものである。韻母については、第6・7章で詳しくあつかう。なおゼロ声母の音節とは、韻母だけの音節ということであるので、韻母はそ

れだけで音節になれるということである。21の声母（ゼロ声母を含めると22）と38の韻母を組み合わせると、理論上は800以上の組み合わせがあることになるが、じっさいには生起しないものもたくさんあるので、現実におこなわれる組み合わせはそれよりずっと少なくて、400あまりにすぎない。これが中国語の音節数である。音節表については、第8章参照。

［注］中国語の音節は頭音（声母）がゼロである場合を除けばすべて子音ひとつではじまるから、この場合は「声母＝子音」といえる。しかし中国語の子音は声母にだけあらわれるのではない。韻母のなかにもあらわれるのであり（n・ngはその一例）、広東語ではp・t・k音も韻母の構成要素になっている。そうすると「子音＝声母」とはいえなくなる。子音の範囲は声母よりもおおきいのである。

3.2　中国語の声調

漢字一字一字の発音は「声母＋韻母」の組み合わせでできているが、しかし中国語としては、それだけでは意味のあることばにならず、言語の要素になることはできない。もうひとつの要件として「声調（せいちょう）」というものが加わらなければならない。声調は、音節内部の音の変化、すなわち、「高（たかい）」、「低（ひくい）」、「昇（あがる）」、「降（さがる）」、「平（たいら）」といった表現で形容されるトーン（tone 音調）のことをさし（このトーンを実現するために、各音節は一定の時間的長さをもつ必要がある）、これをともなってはじめて意味が理解され、ことばをかたちづくることができるのである。中国語において、声調は音節構成の一部をなしており、声母や韻母の1単音を別の1単音に取り換えると（たとえば、〈bo〉を〈po〉にする、〈an〉を〈en〉にするなど）違う単語ができるのと同じ効果をもつものである。たとえば、〈ma〉という音節が声調によって区別される発音は四とおりあり、その異なりが意味の違いをつくる。すなわち、①「妈（お母さん）」、②「麻（あさ）」、③「马（うま）」、④「骂（ののしる）」といった、語源的になんの関係もない四つのばらばらな単語が生み出されるのである。このように、声調という要素がことばの意味区別においてきわめておおきな力をもっているというのは中国語の特徴で、日本語や英語にはないものである。

中国語の声調は複数個あるのがふつうで、その数は方言によって変わる。標準語の場合は4個で、それを第1声、第2声、第3声、第4声（よんせい）と番号でよんでいる。上にあげた〈ma〉の音の4つの意味区別は、それぞれ第1声、第2声、第3声、第4声で発音された場合である（つまり、「妈」は第1声、「马」は第3声と固定していて、それ以外の声調ではよめない）。声調については、第9章で詳しくあ

つかう。声調を伝えるための工夫として声調符号（音の高低・昇降を「かたち」にしたもの）が定められており、ピンインではそれを母音字の上にのせて示す。たとえば、音節〈ma〉の場合、mā（妈）、má（麻）、mǎ（马）、mà（骂）、と4つの符号を用いて書きあらわされる。このように、声調符号は文字とセットになっており、辞書の発音表記においても義務的に記載されている。

［注］中国語は声調のある言語なので「声調言語」といわれるが、日本語は声調言語ではない。したがって、中国人であれば声調が異なると別の音節として認識する複数の漢字の発音を、日本漢字音は区別する方法がないため同音としてあつかうことになる。そのため同音異義字が何倍も増えてしまった。これに対し、たとえば、中国語で〈yi〉とよまれる漢字の一群は、「伊衣依医」は第1声、「夷遺移飴」は第2声、「以已椅」は第3声、「異易意」は第4声というように、声調の異なりによって、中国語では同音の重複はおおはばに減らされることになる。

4. 中国語の音節構造

4.1　韻母の構造

　声母は子音がひとつあるだけなのに対し、韻母はいろいろな音の集まりがある。一番複雑なのは、〈uai〉のように三つの母音からなるものと、〈ian〉のように二つの母音と一個の鼻子音からなるものである。そこで、韻母を組み立てるひとつひとつの部品に名称をあたえて、「介音（かいおん）」「主母音（しゅぼいん）」「韻尾（いんび）」とよんでいる（韻尾を「尾音（びいん）」とよぶこともある）。たとえば、〈天 tian〉という音節は、〈t〉が声母、〈ian〉が韻母である。そして韻母の内部は、〈i〉が介音、〈a〉が主母音、〈n〉が韻尾とされる。

　中国語音節の内部構造を図で示すと、つぎのようである。これが音節の基本型である。

中国語音節			
① 声母	韻母		
	② 介音（韻頭）	③ 主母音（韻腹）	④ 韻尾（尾音）
⑤ 声調（第1声～第4声）			

中国語の音節は、かならず①声母、②介音（韻頭）、③主母音（韻腹）、④韻尾が一線上にならび、この順序ですき間なく発音されるわけであるが、しかし、各音節がすべてこの四要素を備えなくてはならないということではない。韻母は、②と④のいずれかを欠く場合、あるいはその両方を欠く場合もある。しかしどの音節も③主母音と⑤声調は欠くことができない。そして、各音節は4つの声調のうちのどれかひとつが与えられ、その発音は、①〜④のまとまった全体とかたく結びあっている。中国語の音節は、主母音（中核となる母音）を中心としての、つぎの8とおりの組み立て方式がある。よって、すべての漢字の発音はかならずそのうちのどれかに分類されることになる。

表 4-2

成分	例字	声母	介音	主母音	韻尾	声調
①②③④すべてを備えるもの	鸟	n	i	a	o	第3声
	庄	zh	u	a	ng	第1声
①を欠くもの	完	—	u	a	n	第2声
②を欠くもの	报	b	—	a	o	第4声
④を欠くもの	家	j	i	a	—	第1声
①②を欠くもの	爱	—	—	a	i	第4声
①④を欠くもの	野	—	i	e	—	第3声
②④を欠くもの	河	h	—	e	—	第2声
①②④を欠くもの	饿	—	—	e	—	第4声

　声母、介音、韻尾といった音節要素を欠いたとしても、そのことによって短く発音されるわけではない。同一声調に属するのであれば、韻母がどの構造であっても、みな同じ時間的長さで発音されるのである。したがって、たとえば、〈ai〉と〈a〉、〈eng〉と〈e〉、〈ou〉と〈o〉を比べた場合、当然、主母音の発音時間は、韻尾がある場合ではつねに短く、韻尾がない場合では長いことになる。

［注］介音・主母音をそれぞれ「韻頭（いんとう）」「韻腹（いんふく）」とよぶことがある。中国の漢語（中国語）音声学ではこの呼び名が多く採用されている。しかし、特定の言語に限定しない一般音声学の記述用語としては、介音・主母音（中国語の表現は「主要元音」）という名称のほうがより普遍性がおおきいと考えられるので、本書はこの名称を使っていく。

4.2 音節によって異なる声調との結び合い方

　中国語に出現する音節がみな4声調を保持するとすれば、単純計算すると1600個を超える音節が区別されることになるが、じっさいは1300個あまりである。すべての音節に4声調がそろって結びついているとは限らないからである。ある研究者の報告によると、1998年版『新華字典』掲載の412音節のうち、4声調がすべて発音されるのは176音節であるのに対し、3種類の声調しかもたないもの137音節、2種類の声調しかもたないもの61音節、1種類の声調しかもたないもの38音節、という割合になっているという。4声調が全部きちんと発音される音節の数は全体の半分以下にすぎないことが確認される。

表4-3

種類	音節	例字				
4声調全部が発音される音節の例	ju	居	局	举	句	
	guo	锅	国	果	过	
	xian	先	咸	险	现	
	feng	风	逢	讽	奉	
3声調が区別される音節の例	er	○	儿	耳	二	第1声を欠く
	duan	端	○	短	断	第2声を欠く
	hua	花	华	○	话	第3声を欠く
	cao	操	曹	草	○	第4声を欠く
2声調しか区別されない音節の例	qiu	秋	球	○	○	第3・4声を欠く
	nai	○	○	奶	耐	第1・2声を欠く
	dui	堆	○	○	对	第2・3声を欠く
	zhua	抓	○	爪	○	第2・4声を欠く
	huai	○	怀	○	坏	第1・3声を欠く
ひとつの声調でしか発音されない音節の例	zun	尊	○	○	○	第2・3・4声を欠く
	fo	○	佛	○	○	第1・3・4声を欠く
	leng	○	○	冷	○	第1・2・4声を欠く
	kuo	○	○	○	扩	第1・2・3声を欠く

5. ——— 日本漢字音音節と中国語音節の比較

はじめに、日本漢字音音節と中国語音節の構造図を示す。

<table>
<thead>
<tr><th rowspan="2">日本漢字音音節</th><th colspan="2">第1モーラ</th><th rowspan="2">第2モーラ</th></tr>
<tr><th>子音</th><th>母音</th></tr>
</thead>
<tbody>
<tr><td>（直音）カ・ガ・サ・ザ・タ・ダ・ナ・ハ・バ・マ・ヤ・ラ・ワ各行の子音
（拗音）キャ・ギャ・シャ・ジャ・チャ・ニャ・ヒャ・ビャ・ミャ・リャ各行の子音</td><td>ア、エ、イ、オ、ウ</td><td>ゼロ、イ、ウ、ン、ツ、チ、ク、キ</td></tr>
</tbody>
</table>

中国語音節	声母	韻母 （+声調）		
		介音	主母音	韻尾
	b、p、m、f、d、t、n、l、g、k、h など21子音	ゼロ、i、u、ü	a、e、i、o、u、ü など	ゼロ、i、o、u、n、ng

a) 日本漢字音の発音は声調がないかわりにモーラの要素がある。この点が中国語音節とおおきく異なる。ふたつのモーラからなっており、それをここでは第1モーラ、第2モーラとよぶことにする。第1モーラは自立モーラのみで構成される。第2モーラは後部要素として存在するもので、ゼロの場合と、特殊モーラ（－イ・－ウ・－ン）の場合と、自立モーラ（－ツ・－チ・－ク・－キ）の場合がある。それぞれ先述の§2で分類した第一の型、第二の型、第三の型に対応する。

b) 1音節1モーラの漢字音をA、1音節2モーラの漢字音をB、2音節2モーラの漢字音をC、とすると、現代日本語における二字一組の音よみ漢字語には、以下のような9種類の組み合わせがあることになる。

(ⅰ) 2モーラ（1 + 1）でよむもの
   AA：位置（イ / チ）、皮膚（ヒ / フ）、首都（シュ / ト）、鼓舞（コ / ブ）
(ⅱ) 3モーラ（1 + 2、2 + 1）でよむもの
   AB：姿勢（シ / セイ）、費用（ヒ / ヨウ）、批判（ヒ / ハン）
   AC：秘密（ヒ / ミツ）、記録（キ / ロク）、旅客（リョ / キャク）
   BA：禁止（キン / シ）、用途（ヨウ / ト）、排除（ハイ / ジョ）
   CA：宿舎（シュク / シャ）、覚悟（カク / ゴ）、秩序（チツ / ジョ）

(iii) 4モーラ（2 + 2）でよむもの

BB：財産（ザイ/サン）、感慨（カン/ガイ）、偶然（グウ/ゼン）
BC：選択（セン/タク）、貿易（ボウ/エキ）、衰弱（スイ/ジャク）
CB：色彩（シキ/サイ）、縮小（シュク/ショウ）、湿潤（シツ/ジュン）
CC：哲学（テツ/ガク）、目的（モク/テキ）、浴室（ヨク/シツ）

　ここにあげた漢字熟語はどれも現代中国語で使われているものばかりである。これらを日本語でよむと、2モーラ・3モーラ・4モーラという違う長さのよみ方があるのであるが、中国語で発音すると、そのような違いはなくなり、だいたいみな同じ時間的長さにそろえられる。その2音節のまとまりは日本語の4モーラの長さに匹敵するといってよい。ただし日本語と違うのは、各音節は声調という音調変化が加えられ、これが非常な重要性をもっているということである。

c) 日本漢字音で第2モーラがゼロという場合がある。これは第1モーラだけの、1音節1モーラの漢字音ということである。いっぽう、中国語音節で韻尾ゼロという場合がある。とくに〈ma〉〈fo〉〈ge〉といった主母音だけの構造の場合、これらは、韻尾の位置に何の音要素もないかというと、そうではない。そこには母音の引きのばし（日本語の長母音に似た、延長された部分）というものが観察されるのである。そこで、その引きのばし部分を記号 [ː] を用いて表現すると、〈ma〉は [maː]、〈fo〉は [foː] であるので、その [ː] の部分が韻尾に相当すると解釈されるわけである。したがって、〈ma〉は「マ」ではなく「マー」、〈fo〉は「フォ」ではなく「フォー」のように、日本語の2モーラほどの長さにして発音されなければならない。韻尾ゼロといっても、その部分は無音なのではなくて、発音運動がおこなわれているのである。

d) 中国語の主母音と韻尾は切り離されず、つねに不可分の単位として発音される。たとえば、「看」という字は日本語で「カン、kan」、中国語で〈kan〉と発音され、どちらも同じように聞こえるが、日本語では、ていねいな発音では、これを「ka（カ）+ n（ン）」と二つのモーラに区切って発音することが可能であるのに対し、中国語では〈k + an〉と分離されることはあっても、〈ka + n〉と分離されることはない。同様に、「開」の発音も、〈ka + i〉とは分割されない。英語の1音節単語 cat や can が、ca/t、ca/n のように区切られることがないのと同じと考えてよい。要

するに、中国語の韻尾は主母音から切り離されて独立した発音要素にはならないということである。

日本語			中国語		
漢字	開	看	漢字	开	看
ローマ字	kai	kan	ローマ字	kai	kan
仮名	カ＋イ	カ＋ン	注音字母	ㄎ＋ㄞ	ㄎ＋ㄢ
各仮名の特徴	カ ＝ 音節文字 イ、ン ＝ 単音文字		各字母の特徴	ㄎ ＝ 単音字母 ㄞ、ㄢ ＝ 音節字母	

[注] 注音字母「ㄎ」は声母〈k〉を、「ㄞ」「ㄢ」はそれぞれ韻母〈ai〉〈an〉をあらわす。主母音と韻尾を分けない点に注目されたい。注音字母については、第6章の《参考》の項参照。

e)　日本漢字音に「ン」で終わる音節がある。たとえば、サン（三）、キン（金）、ブン（文）、エン（縁）、ホン（本）など。これに対応するように、中国語にも鼻音の子音〈n〉〈ng〉で終わる音節がある：〈an / ang〉〈en / eng〉〈in / ing〉など。鼻音という点は共通するが、しかし両言語のその音の実態はおおきく異なる。まず日本語の「ン」であるが、調音に幅があり、流動的で、音価が明快でない。文字はひとつであるが、発音される音は、ときに[N]か[ŋ]、ときに[n]、ときに[m]と、いろいろな姿がある。ローマ字表記は「ン」＝nであるが、発音的には「ン」＝[n]というわけではない。これに対し、中国語の韻尾〈n〉〈ng〉の音は、性格が非常にはっきりしていて、整然と区別され混同されることはない。たとえば、中国語に、〈san（三）〉〈sang（桑）〉という音節があるが、中国語話者は両者をまったく違う音として聴ききれいに発音し分けるのに対し、日本語話者はこれを聴き分けられず、どちらも無差別に「サン」としかとらえられない。学習者は習得にさいして困難を覚えるわけである。

第 5 章

声母の発音

1. ──── 声母の種類と調音器官

1.1 調音点による声母の分類

　中国語の声母 (頭子音) は 21 個ある。それらは調音位置別に 7 つに分けることができ、次表のように配列される。この配列順序は、第 3 章の表 3-1、3-2 に従ったもので、1 から 7 までは、発音するときの位置 (調音点) が口の一番前 (唇) から口の奥に移っていくという流れになっている。

表 5-1

	声母の種類	下の調音器官　→　上の調音器官
1	b　p　m	下唇　→　上唇
2	f	下唇　→　上歯
3	z　c　s	舌尖・舌端　→　上・下前歯の裏
4	d　t　n　l	舌尖・舌端　→　歯茎前部
5	zh　ch　sh　r	舌尖 (裏)　→　歯茎後部
6	j　q　x	前舌面　→　硬口蓋前部
7	g　k　h	奥舌面　→　軟口蓋

　第 2 行を除くと、各行は、3 〜 4 種類の音がひとつの集まりをなしてグループをつくっている。第 1 行と第 2 行は唇を使う子音である。第 3 行から第 7 行までは口の内部、すなわち舌を使う子音である。中国語は舌尖の活動が活発な言語で、舌尖が関与する子音が多い。各子音群 (1 〜 7) の一般音声学上の名称は、1 両唇音、2 唇歯音、3 歯裏音、4 歯茎音、5 そり舌音、6 歯茎硬口蓋音、7 軟口蓋音、である。

　つぎの図 1 は、表 5-1 の各グループの調音位置の概略を示したものである。調音点は 7 か所ある。

図1

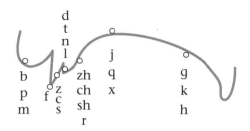

1.2　調音点によるもうひとつの分類名称とその配列法

(1)　中国語学習書で用いられる声母の分類名称

　日本で使用される中国語学習書によれば、声母に関して、1・2を「唇（しん）音」、3を「舌歯（ぜっし）音」、4を「舌尖（ぜっせん）音」、5を「そり舌音」あるいは「捲舌（けんぜつ）音」、6を「舌面（ぜつめん）音」、7を「舌根（ぜっこん）音」、という名称で教えられることが多い。ここでは〈b・p・m〉と〈f〉を区分しないで、まとめて唇音とよんでいる。この名称での配列は次表のようになっている。A欄は日本の中国語教育の分野で慣用される分類名、B欄は中国の音声学書あるいは漢語（＝中国語）学習書などで一般に使用される分類名である。

表 5-2

声母の種類	A（日本）	B（中国）
① b　p　m　f	唇音	唇音（双唇音・唇歯音）
② d　t　n　l	舌尖音	舌尖中音
③ g　k　h	舌根音	舌根音
④ j　q　x	舌面音	舌面音
⑤ zh　ch　sh　r	そり舌音	舌尖后音
⑥ z　c　s	舌歯音	舌尖前音

　A欄の声母名のうち、「舌尖音」「舌根音」「舌面音」は舌のどの部分がその音を形成するのに用いられるかという、その位置で区分した呼称である。それぞれの位置（舌尖・舌根・舌面）については、下の図2参照。「舌歯音」は舌を歯につけて（あるいは近づけて）発する音という意味で、下あごの可動器官の名と、上あごの不動器官の名を両方つなげて創作した名称である（「唇歯音」という呼称も同様）。A欄の声母のよび名は、もとは民国時代の中国でおこなわれていたのを導入したのであろう。1988

年に中国で出版された《中国大百科全書・語言文字巻》の「国語罗马字」の項に右の図（図3）がみえる。「翘舌音」というのは「そり舌音」に対する中国語名称である。

つぎにＢ欄の声母名称をみると、「舌尖」を調音点とする音が３種類もあり、それらを「前・中・後」という表現で分けている。この「前・中・後」という用語は、上あごの前歯から後部歯茎までの範囲内の３つの位置をさすものであろうから、各音は、それぞれ一般音声学の歯裏音・歯茎音・そり舌音（後部歯茎音）に対応しているといえよう。

(2) 声母文字のよび名と伝統的な配列法

個々の声母文字のよび名はつぎのようになっている。声母を列挙してよみ上げる場合、子音字を単音としてそれだけでよぶのは無理があるので、なにか母音をつけて、日本語のカナ文字のような、聞き取りやすいかたちにして、それをよび名としている。すなわち：

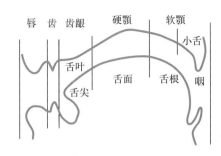

図2

図3

	唇音	ㄅ	ㄆ	ㄇ	ㄈ
声母	舌尖音	ㄉ	ㄊ	ㄋ	ㄌ
	舌根音	ㄍ	ㄎ	ㄏ	
	舌面音	ㄐ	ㄑ	ㄒ	
	翘舌音	ㄓ	ㄔ	ㄕ	ㄖ
	舌歯音	ㄗ	ㄘ	ㄙ	

(i) b・p・mとfは、うしろにoを添える → bo・po・mo・fo

(ii) d・t・n・lは、うしろにeを添える → de・te・ne・le

(iii) g・k・hは、うしろにeを添える → ge・ke・he

(iv) j・q・xは、うしろにiを添える → ji・qi・xi

(v) zh・ch・sh・rは、うしろにiを添える → zhi・chi・shi・ri

(vi) z・c・sは、うしろにiを添える → zi・ci・si

よび名に添える母音は、だいたいその子音にとっていちばん自然な、らくに調音できるものである。〈a〉のような口の開きのおおきい目立つ母音はよび名には選ばれにくいようである。iv) v) vi) では同じ母音字〈i〉を添えるのであるが、よみ方は異なる。

中国語の声母は、伝統的に i) ～ vi) の順に配列され記憶される。i―ii―iii は調

音点が口の前からうしろへ、iv—v—vi は調音点が口の真ん中から前へ、という順序になっている。この配列は、古代中国語の韻図『韻鏡』に用いられる声母の配列規則、すなわち「唇音」「舌音」「牙音」「歯音」という、伝統的なならべ方にのっとったものである（→ 第 14 章 §4.2）。

1.3 声母の発音法

調音位置で分類された、7 グループの声母の発音法はつぎのようである。（ ）内の漢字は各声母の代表字である。

① 〈b・p・m〉（玻・坡・摸）
両唇、すなわち上唇と下唇が中心になってつくる音。上下の唇をすき間なく閉じて発音するが、その閉じ方は日本語よりも強く、両唇のふれあう面積が広いとされる。

② 〈f〉（佛）
下唇は、外からみえる外唇（がいしん）と内側の内唇（ないしん）に分けられるが、この音は、内唇を上前歯にあててまさつさせる音である。上唇は調音に関係しない。

③ 〈d・t・n・l〉（得・特・納・勒）
舌尖・舌端を上の前歯から歯茎前部にかけて、平らにつけて発する音。調音点は、日本語の「タ・ダ・ナ」の子音とほぼ等しいと考えられる。

④ 〈g・k・h〉（哥・科・喝）
舌の後舌面（奥舌部分）と軟口蓋との間でつくる音。この 3 音を同じ軟口蓋音として分類するが、じっさいの調音点は〈h〉のほうがすこし奥である（口蓋垂も調音に参加することがある）。

⑤ 〈j・q・x〉（基・欺・希）
舌の前舌面と歯茎硬口蓋との間でつくる音。呼気を破擦させるのが〈j・q〉で、呼気を摩擦させるのが〈x〉である。舌尖を下の前歯の裏に付け、そこを支えにすると発音しやすい。舌尖が上がらないようにすることがポイント。日本語の「チ」や「シ」の音を発音する要領で、ただし、口を左右にややつよく引く。

⑥ 〈zh・ch・sh・r〉（知・痴・詩・日）
舌尖を上歯茎後部に向けて多少高くそり返らせてつくる音。舌は通常の位置より後ろにひっこめられ、舌尖（の下面）が調音をおこなうのが特徴で、舌全体が緊

張している。舌で仕切られた空間ができるため、これが特有の共鳴を起こし、声が口の中にこもったようなひびきを帯びる。英語の [ʧ・ʃ] とは、調音点は共通するが、舌尖がそりかえる点が異なる。

⑦ 〈z・c・s〉（資・雌・思）

〈z・c〉は、舌尖先端を上下前歯の裏側にふれさせ、同時に舌端を上歯茎前部に接触させて発する音（上下の歯を軽くかみ合わせたまま日本語の「ツ」を発音すれば、この音に近い）。〈s〉は、舌尖先端を下前歯の内側に置き、舌端を上前歯に近づけて発する。

2. ──── 調音様式による声母の細区分

ここまで調音位置による声母の分類をみてきたが、これだけではまだ「個々の音」の違いはよくわからない。〈b・p・m〉は両唇音と記述されるが、では〈b〉と〈p〉はどう違うのか、〈b〉と〈m〉はどう区別するのか、また歯茎音の〈n〉と〈l〉はどう発音し分けるのかなど、それぞれ調音のし方が異なるので、それについてのさらに細かい分類が必要となる。つぎの表は、調音様式、すなわち音のつくられ方がどのように違うかによって声母を分類したものである。

表 5-3（音声記号つき）

| | 無声子音 | | | | | 有声子音 | |
| | 破裂音 | | 破擦音 | | 摩擦音 | 鼻音 | 流音 |
	無気音	有気音	無気音	有気音			
1	b [p]	p [pʰ]				m [m]	
2					f [f]		
3	d [t]	t [tʰ]				n [n]	l [l]
4	g [k]	k [kʰ]			h [x]		
5			j [tɕ]	q [tɕʰ]	x [ɕ]		
6			zh [tʂ]	ch [tʂʰ]	sh [ʂ]	(r [ʐ])	r [ɻ]
7			z [ts]	c [tsʰ]	s [s]		

(1) 無声子音と有声子音

上表にみるように、中国語の音節頭子音は、全体として無声子音のほうが圧倒的に多く、有声子音は貧弱である。この点、英語や日本語と対照的である。英語は、

無声子音より有声子音のほうがずっと多い。特徴的なのは、破裂音・破擦音に属するものはすべて無声音であることで、英語や日本語にあるような無声・有声の対立は存在しない。したがって、ピンインで〈b・d・g〉と有声音文字で書かれるものは、日本語のローマ字よみにとらわれて「バ・ダ・ガ」と同じ子音で発音しないことである。むしろ「バ・ダ・ガ」を「パ・タ・カ」の子音に近づけるように発音するとよい。

(2) 破裂音と破擦音

破裂音ローマ字〈b・d・g〉〈p・t・k〉は、英語・日本語ではそれぞれ [b] [d] [g]（有声音）と [p] [t] [k]（無声音）という対立関係であるが、中国語のピンインシステムでは、〈b・d・g〉〈p・t・k〉はどちらも無声音文字で、無声音で発音する約束になっている。すなわち、それぞれ音声記号で [p] [t] [k]、[pʰ] [tʰ] [kʰ] と表記される。音声記号の右上の [ʰ] は有気音であることを示す記号で、これがないと無気音であることを意味する。

破擦音は〈j・q〉〈zh・ch〉〈z・c〉の三系列が区別される。これらも無声音文字で、音声記号は、それぞれ [tɕ] [tɕʰ]、[tʂ] [tʂʰ]、[ts] [tsʰ] である。破裂音に対してそれと同じ数の破擦音があり、しかも頻度は破裂音よりも高い、というのが中国語の特徴である。破擦音には、それぞれ無声の摩擦音〈x〉〈sh〉〈s〉が対応的に存在している。

(3) 無気音と有気音

無気音・有気音という一対の名称も、調音様式による分類の一種である。中国語の破裂音・破擦音は無声・有声という対立がないかわりに、〈無気〉対〈有気〉という、呼気の有無だけで区別される六とおりの音の対立がある：① biàn 変／ piàn 骗、② duō 多／ tuō 拖、③ gǎo 搞／ kǎo 考、④ jiǎo 脚／ qiǎo 巧、⑤ zhēng 蒸／ chēng 称、⑥ zū 租／ cū 粗。一般に、有気音では多量の呼気をともなわせるため調音点の閉鎖・破裂が強い。これに対し、無気音では呼気の流出があまりないため閉鎖・破裂の程度が比較的弱い。中国語の有気音を発するとき、呼気の吐き出しが弱いと、無気音と間違われやすくなる。単に強く発音するだけではだめなのである。中国語発音において、有気音と無気音の差は、それによって区別される単語が無数にあるというほど重要なものなので、学習者はその違いの重要性を十分認識して習熟する必要がある。

［注］呼気の流出にはさまざまな程度があり、日本語の場合、語頭の破裂音は中国語の有気音と無気音の中間ぐらいに発音されている。

3. ———— 調音様式による声母の発音

以下、破裂音、破擦音、摩擦音、鼻音、流音の順に、発音説明をおこなっていく。

3.1　破裂音〈b・d・g〉〈p・t・k〉

a)　呼気が口腔のある部分で完全に閉鎖された後、瞬間的に閉鎖が解かれることによってつくられる音。ここでは、「閉じる（閉鎖）」→「開ける（解放）」という動作が欠かせない。中国語の破裂音は3組6音あり、これを日本語・英語の破裂音と対照させると、次表のようである。

表 5-4

	両唇音			歯茎音			軟口蓋音		
	無声		有声	無声		有声	無声		有声
	有気	無気		有気	無気		有気	無気	
中	pʰ	p	—	tʰ	t	—	kʰ	k	—
日	p		b	t		d	k		g
英	pʰ〜p		b	tʰ〜t		d	kʰ〜k		g

b)　上表で注目されるのは、中国語にも英語にも、無声破裂音に二種類の音（すなわち有気音と無気音）があるということである。しかし、両言語におけるその機能・役割を考えると、中国語と英語ではまったく異なる現実がある。中国語の場合、有気音・無気音は、単語の意味を区別する働きがあるのに対し、英語ではそういう働きはなく、意味の区別には無関係である。英語の peak/speak、team/steam という一対の単語は、それぞれ [pʰ]／[p]、[tʰ]／[t] という音の違いを含んでいるが、中国語話者はその違いをはっきり識別できるのに対し、英語話者はその差異に気づかず、同じ音だと思って発音している。一般にひとは、その言語で意味の区別を生ずるような音の違いには敏感であるが、意味の区別に関係ない音の違いは無視するという習性を身につけているものである。

［注］英語における有気音・無気音という発音の差は意味の違いを生じさせないので、無視して発音し分けなくてもいいかというと、そうはいかない。英語の有声音 [b・d・g] の音声特徴は、息がまざらない無気音の発音だという。そのため、たとえば、town/down という一対の単語を、日本人が [t] と [d]、すなわち無声音と有声音の差（タウン／ダウン）として聴くのと異なり、英米人は [tʰ] と [t]、すなわち有気音と無気音

の差として聴き、もし town の t に「息の音」が聞かれなければ down という単語を聞いたと受けとめるという。

3.2 破擦音〈j・q〉〈zh・ch〉〈z・c〉

a) 破裂音と摩擦音とが同じ調音点でほぼ同時進行的に調音されてつくられる音。初めの閉鎖（たとえば［ts］でいえば［t］の部分）では、調音器官は「半閉鎖」の位置をとり、この状態で呼気が開放されるとすぐに摩擦音（［ts］でいえば［s］の部分）へ舌が移動する。破裂音が先行するかたちであるが、破裂と摩擦がほとんど同時に起こるので、全体としてひとつの調音でつくられる単一の子音とみなされる。記号は二つであるが、それは二音の連続を意味するものではない。要するに、［t］と［ts］、［s］と［ts］は、それぞれ別の単音であるということなのである。

b) 中国語では破擦音が積極的に使用され、種類も豊富で頻繁にあらわれる。この点は、ほかの言語と異なる中国語の個性であり、独特の「ひびき」をつくっていると感じられる。英語・日本語では破擦音の使用はすくなく、フランス語はこれをまったく使用しないという（ただし新しい外来語はべつ）。中国語の破擦音3組6音を、日本語・英語の破擦音と対照させたのが表5-5である。

表 5-5

	歯音・歯茎音				そり舌音		歯茎硬口蓋音		
	無声		有声	無声	有声	無声		無声		有声
	有気	無気				有気	無気	有気	無気	
中	tsʰ	ts	—			tʂʰ	tʂ	tɕʰ	tɕ	—
日	ts		dz						tɕ	dʑ
英	(ts)		(dz)	tʃ	dʒ					

c) 英語を母語とするひとにとって、中国語の〈j・q・x〉と〈zh・ch・sh〉を正確に区別することは難しいようで、そのどちらに対しても後部歯茎音［tʃ］［tʃʰ］［ʃ］（cheese や she の語頭子音）を転用する傾向があるという。

d) 〈z・c〉は、日本語の「ツ」の子音［ts］と類似するが、調音位置はそれより前である。〈j・q〉は日本語の「チ」の子音［tɕ］と同類で、調音点はほぼ同じと考えてよい。ただし、中国語のほうが舌の面をより広く使っている。

［注］破擦音の有気音について、「その摩擦音部を長く強く発音した音とみなせる」という指摘が神山 1995 にみえる。これは、たとえば［tsʰ］は［t］＋［sʰ］と分析され、気息は

後ろの s に包含されるということである。この場合の［sʰ］は、ふつうの［s］に比べて息を強く長く発することを意味している。

3.3　摩擦音〈f〉〈h〉〈x〉〈sh・(r)〉〈s〉

a)　摩擦音は、呼気（息）の流れが口腔のある場所で細いせばめをうけ、その位置でまさつを起こすことによってつくられる音である。まさつによる噪音のひびきが多いことと音に持続性がある（まさつの調音を長く引き伸ばせる）という特徴がある。中国語の場合、せばめの箇所は五か所あり、それで分類すると〈f・s・sh・(r)・x・h〉の 6 種の摩擦音があることになる。それらを日本語・英語の摩擦音と対照させたのが、表 5-6a、5-6b である。一見すると、中国語の摩擦音は少なく、英語の摩擦音が多いようであるが、無声音だけで比べると、三言語とも 5 種類で同数である。

表 5-6a

	両唇音		唇歯音		歯音		歯茎音		後部歯茎音	
	無声	有声	無声	有声	無声	有声	無声	有声	無声	有声
中			f	—			s	—		
日	ɸ	—					s	z		
英			f	v	θ	ð	s	z	ʃ	ʒ

表 5-6b（つづき）

	そり舌音		歯茎硬口蓋音		硬口蓋音		軟口蓋音		声門音	
	無声	有声	無声	有声	無声	有声	無声	有声	無声	有声
中	ʂ	(ʐ)	ɕ	—			x	—		
日			ɕ	ʑ	ç	—			h	—
英									h	—

　以下、摩擦音を個別にみていく。

b)　唇歯摩擦音〈f〉は、日本語にはないが英語にあるので、英語で習得した発音をそのまま使える。下唇を持ち上げその内側を上前歯に押し当てた状態で、そのすき間から呼気を押し出して［ffff::::］と吹き出す。日本語の「フ」すなわち［ɸɯ］は上下の唇を使う（しかし唇と歯は離れている）ので、日本人が中国語の〈fu〉を発音するときは、この音で代用しないように注意しなければならない。

c) 歯（歯茎）摩擦音〈s〉の音は、舌の両端を軽く上の奥歯につけ、舌の面中央の前後方向に細いみぞ（くぼみ）をつくり、そこから呼気を勢いよく押し出してまさつをつくる。舌尖は上前歯の裏側に位置し、舌端は歯茎に接近する。

d) そり舌摩擦音〈sh〉は、〈zh・ch〉の調音と同じ位置、すなわち、舌尖と後部歯茎との間で狭いすき間をつくり、その舌尖の上を呼気がまさつを起こしながら外に出ていくという音である。

e) そり舌音〈r〉は、中国語テキストなどでは、無声音〈sh〉と対（つい）になる有声摩擦音（記号は[ʐ]）としてあつかわれることが多い。しかしこの音は分類がやっかいである。なぜなら、摩擦音とも接近音ともとらえられる二とおりの調音様式を持ち合わせていて、どの性質を強調するかによって分類のし方が分かれるからである。表5-3において、声母のなかで唯一「無声・有声」のペアをなすものとして、〈sh〉と〈r〉が配置されている。しかし、じっさいのところ、無声〈sh〉に比べると、有声〈r〉の音は、口腔でのせばめは弱く、呼気のまさつもそれほど著しくない。〈a〉のような広母音の後ろでは摩擦噪音が生じないとされる。そのため有声の「そり舌接近音」としてあつかうことも可能となり、記号としては[ɻ]が採用されることになる。この音は、アメリカ英語のred、rightのrの音と同等かそれに近いもので、日本語の「ラ行」子音（はじき音）とは舌の運動がまったく異なる音である。〈r〉を接近音とした場合、「流音」という系列にまとめられることになり、そうすると、中国語に有声摩擦音はひとつも存在しないことになる。

［注］北京大学中国語言文学系現代漢語教研室編『現代中国語総説』（松岡榮志・古川裕監訳、三省堂）につぎのような記述がみえる：有声そり舌摩擦音"r[ʐ]"は、厳密に言うと無声そり舌摩擦音"sh[ʂ]"に対応する有声音ではない。この二つの子音を比べてみるに、"r[ʐ]"の摩擦の程度は"sh[ʂ]"ほど強くなく、広母音と結びつくとき摩擦はさらに弱くなり、聴覚的には接近音のように聞こえる。つまり実際は、共通語には純粋な有声摩擦音は存在しないと言える。

f) 歯茎硬口蓋摩擦音〈x〉の調音は、舌の両側面を上のわき歯に向けながら、舌面を幅広く硬口蓋に接近させ、そのせまいすき間から呼気を送り出して「シー」（[ɕɕɕ::::]）と続ける。日本語の静粛を促すときの「シー！」の音とほぼ同じと考えてよい。

g) 軟口蓋摩擦音〈h〉（音声記号[x]）は、軟口蓋（[k]を発音する場所）をせばめてわずかなすき間をつくり、その位置で息をつよくこすらせてまさつをひびかせる。

まさつを起こす場所は後続母音によって前後し、奥舌母音がつづくときは口蓋垂音 [χ] が発せられる。たとえば、〈hao〉、〈hong〉など（馮蘊澤 2007）。日本語の声門摩擦音 [h] とはだいぶ異なるが、日本人の中にも個人差があり、「ハ・ヘ・ホ」の子音を軟口蓋摩擦音 [x] で発音するひともいるという（福盛 2010）。日本語で「ホホー」と強く発音した場合の「ホ」がこの音であるという。

3.4　鼻音〈m〉〈n〉

a) 口蓋垂が下がって鼻腔への通路が開かれると、呼気は鼻腔を通って鼻孔（鼻のあな）から外へ放出される。このとき生じるのが鼻音で、鼻にかかった独特のひびきの音がつくられる。つぎの表 5-7 は、中国語の鼻音を、日本語・英語の鼻音と対照させたものである。

表 5-7

	両唇音	歯茎音	歯茎硬口蓋音	軟口蓋音	口蓋垂音
	有声	有声	有声	有声	有声
中	m	n		(ŋ)	
日	m	n（ナ行）	ȵ（ニャ行）		ɴ（ン）
英	m	n		(ŋ)	

b) 中国語の〈m〉〈n〉は、それぞれ日本語のマ行とナ行「ナ・ヌ・ネ・ノ」の子音と同類。中国語の〈ni〉と日本語の ni（ニ）は、ローマ字表記は同一であるが、調音点が異なる。日本語の ni を発するときの n は正しくは [ɲi] と表記されるもので、その子音は歯茎硬口蓋音（舌面音）である。それに対し、中国語の〈ni〉の子音は歯茎音（舌先音）である。母音〈i〉〈ü〉の前でも子音〈n〉はつねに [n] なので、〈na〉を発音するときと同じ舌の位置を保つべきである。英語の need の語頭子音と日本語の「ニーズ」のニの子音を比べると、この場合も、前者は歯茎音、後者は歯茎硬口蓋音という違いになっている。

3.5　流音〈l〉〈r〉

中国語の〈l〉は、英語の l（エル）と同じもので、舌尖・舌端を上歯茎前部につけるが、しかし舌の両サイドはどこにもつけない。呼気はほほの内側と舌の側面との間のすき間から流出される。日本人はこの子音をラ行はじき音（舌尖で歯茎を軽くはじく）で発音しがちなので、そうならないように、舌尖を確実に歯茎に密着させ発音中

にその舌を動かさないことが重要である。中国語の〈l〉と〈r〉を対比すると、前者は舌尖をしっかり歯茎におしつけるのに対し、後者は舌尖を口腔内のどこにもふれさせないという違いがある。

表 5-8

	歯茎音	後部歯茎音	そり舌音
	有声	有声	有声
中	l（側面音）	ʐ（摩擦音）～ ɻ（接近音）	
日	ɾ（はじき音）		
英	l（側面音）	ɹ（接近音）	ɻ（接近音）

[注1] 英語の red、right などの語頭子音 r は、イギリス発音では［ɹ］（後部歯茎接近音）、アメリカ発音では［ɻ］（そり舌接近音）が発せられるという。前者の調音では、舌尖は上歯茎の後部に接触することなく接近し、舌尖がすこしそり返り、舌の中央部が押し下げられてくぼみを形成する。後者の場合は、舌尖が前者の場合よりもさらに後方に丸められ、そり舌がとくに強いという。

[注2] 中国語の〈r〉は、せばめの多少（強いか弱いか）に応じて摩擦音になったり接近音になったりする、調音に「幅」がある音である。それを［ʐ］や［ɻ］といった記号で書きあらわしているわけであるが、表 5-3、表 5-6b では、［ʐ］のほうをカッコに入れて分類している。つまり、［ɻ］の音を基本とみなすという立場である。

3.6 〈w〉〈y〉

いわゆるゼロ声母の音節で、韻母が〈i〉〈u〉〈ü〉、あるいは介音〈i〉〈u〉〈ü〉ではじまるものをピンインで書くときは、はじめに y・w の文字を用いるというきまりがある（→第 6 章 §3.2）。その目的は、二つ以上の音節を続け書きしたときにあいまいさが生じないように、音節と音節の境目を明確にするためである。たとえば、ある単語を〈heian〉とつづった場合、その単語は「黒暗」を意味するのか、「河沿」を意味するのか、はっきりしない。そこで、両者を区別するために、後者については i を y に代えて〈heyan〉とつづり、前者については「＇」を用いて〈hei'an〉つづるのである。この場合の y の文字は、「隔音」（音節を隔てる）という役割をなすだけであって、子音としての働きはない。ピンインローマ字の y・w は子音音価をもっていない。

[注] ゼロ声母音節で〈i〉〈u〉〈ü〉ではじまるものは、発音の出だしのところで軽微な摩擦的ひびきが感じられることがある。音声学ではこのような音を半母音（接近音の一種）

とよび、[j] [w] [ɥ] の記号を用いる。ところで、英語にも半母音 [j] [w] があり、この音をことばの意味を区別するのにも用いている。たとえば、year [jiə] と ear [iə] という二つの単語は [j] の有無のみで発音と意味が区別される。しかし中国語の半母音にはそのような意味区別の働きはなく、発音上も決まって起こるわけではない。

4. ──── ピンインのよみ違いやすい声母文字

　ピンインローマ字は、一部の特殊な文字を除き英語の文字と同じであるが、そのよみ方が英語とかなり異なるものがあるというのが問題なのである。長年英語教育を受け英語発音の知識をもつ学習者は、慣れ親しんできた発音と異なるピンイン表記になかなかなじめず、つい英語の音でよんでしまうという間違いをすることがある。下の表は、英語と音価がおおきく異なる声母の子音字 5 個を取りあげ、中・日・英三言語の発音を対比し、その違いを示したものである。表には、英語・日本語ローマ字に存在しない独特の文字〈zh〉も加えた。

表 5-9

ローマ字	j	q	x	z	c	zh
中国語としての発音	[tɕ]	[tɕʰ]	[ɕ]	[ts]	[tsʰ]	[tʂ]
日本語としての発音	[dʑ]	—	—	[dz]	—	—
英語としての発音	[dʒ]	[kʷ]	[ks]	[z]	[k] [s]	—

　表中の子音字のうち日本語ローマ字で用いるのは〈j〉〈z〉だけである。〈q〉〈x〉〈c〉は用いない。まず j であるが、これは、ヘボン式で「ヂ（＝ジ）」および「ヂャ・ヂュ・ヂョ（＝ジャ・ジュ・ジョ）」を表記するのに用いられ、その音価は有声破擦音 [dʑ]（語頭の場合）である（ji = [dʑi]、ja = [dʑa]）。つぎに z であるが、これは、ヘボン式で「ヅ（＝ズ）」と「ザ・ゼ・ゾ」を表記するのに用いられる。その音価は有声破擦音 [dz]（語頭の場合）である（zu = [dzu]、za = [dza]）。[dʑ] および [dz] に対応する無声音がそれぞれ [tɕ] [ts] であるから、日本語の「ヂ（濁音）」を「チ（清音）」に、「ヅ（濁音）」を「ツ（清音）」に置き換えると、それぞれ中国語の〈j〉[tɕ] と〈z〉[ts] に近い音が得られる、ということである。

英語では〈j〉から〈c〉までの5字が用いられるが、j以外は、だいたいラテン語式のよみ方をうけついでいる。すなわち、qは［qu ＋母音］という組み合わせで［kʷ］音を（quick、quite など。その語頭子音は［k］ではなくて［kʷ］）、xは1字でふたつの子音が結合した［ks］を（next、box、explain など）、zは有声摩擦音［z］を（zoo、zone、razor など）、それぞれ音価としている。英語のcは、多数の単語では［k］の音価（cold、can、Coca-Cola など）を、少数の単語では［s］の音価（decide、city、face など）をもつ。ラテン語では、［k］音をあらわす文字にcとkがあったが、つねに用いられるのはcのほうで、kはほとんど目にすることがなかった。英語でcの文字を［s］の音価でよむ例はフランス語の影響で生じたようである（フランス語で、［k］は、前舌母音の前で［k］→［ts］→［s］と変遷した）。jはラテン語で半母音［j］をあらわすためにつくられた。この文字の［j］という音価はドイツ語で現代もそのまま保有されるが（Japan ＝ヤーパン「日本」、Jahr ＝ヤール「年」）、フランス語ではこれを有声摩擦音［ʒ］に、英語では有声破擦音［dʒ］（just、enjoy など）に音の姿を変えている。

　ラテン語は母音字を含めて23文字（ローマ字）で書きあらわされていたが、これを中国語の発音と比べてみるとおおきな違いがある。それは、ラテン語は破擦音をひとつももたなかった（したがって、対応する文字もなかった）のに対し、現代の中国語は破擦音を6種類ももつ（舌面音2種・舌歯音2種・そり舌音2種）という点である。したがって、中国語の発音をローマ字化するにあたり、この6種の破擦音をどういう文字で表現するかということが、当初からたいへんややこしい問題として議論されてきた。これについて学者間で多くの検討と修訂をかさねた結果、ピンインでは〈j・q〉〈z・c〉〈zh・ch〉の6種が破擦音文字として選定されたというわけである。これらのうち、〈j〉と〈ch〉については、英語のj［dʒ］とch［tʃ］にならったといえるかもしれない。英語におけるその文字の音価は中国語と同じではないが近いとはいえる。ただし学習者は混同してはいけない。zとcの文字を、本来のラテン語のよみ方からはなれて、中国語と同じ破擦音でよむ例はドイツ語およびチェコ語・ポーランド語にみえる。すなわち、ドイツ語ではzを［ts］とよみ（文字のよび名は「ツェット［tsɛt］」）、チェコ語・ポーランド語ではcを［ts］とよんでいる（文字のよび名はチェコ語「ツェー」、ポーランド語「ツェ」）。〈zh〉という二重字は、〈z・c・s ＝? ・ch・sh〉の連想で、zとhを組み合わせてつくった文字である。中国語以外で用いる例がほとんどないが、唯一東欧のアルバニア語で使用されているという。ただしその音価は破擦音ではなくて摩擦音

[ʒ]である。最後に残ったのが〈q〉である。これを本来の音価 [kʷ] とまったく異なる破擦音 [tɕʰ] の文字に採用したのは中国語だけである。ほかに使える文字がないのであるから、この場合の〈q〉の使用はやむをえない選択といえよう。ピンインの摩擦音文字として使われる〈x〉も特異である。これに似たよみ方をする例がポルトガル語にあり、ポルトガル語ではこれを [ʃ]（英語の ship の sh 音）とよむという。ラテン語に存在しない [ʃ] の音に対し「x」の文字を当てたということである。この音は中国語の [ɕ] とおなじではないが音は似ている。

（声母発音の区別練習）

1) b — p   d — t   g — k   z — c   zh — ch   j — q

| báiqiú 白球 | gànwán 干完 | dùzi 肚子 | gèrén 个人 | dúshū 读书 |
| páiqiú 排球 | kànwán 看完 | tùzi 兔子 | kèrén 客人 | túshū 图书 |

| zuòwù 作物 | zìshù 字数 | jīqì 机器 | jíkuài 急快 | zhǎnpǐn 展品 |
| cuòwù 错误 | cìshù 次数 | qīqì 漆器 | qíguài 奇怪 | chǎnpǐn 产品 |

2) f — h   l — r

| fángkōng 防空 | fúdù 幅度 | fèihuà 废话 | lìzi 例子 | chūlù 出路 |
| hángkōng 航空 | húdù 弧度 | huìhuà 会话 | rìzi 日子 | chūrù 出入 |

第 6 章

韻母の分類とピンイン表記

1. ── 中国語の韻母の音と韻母の分類

1.1 中国語の韻母に用いられる音

　中国語の韻母はいろいろな音の結合があり、種類も多い。介音・主母音・韻尾とよばれる3つの構成要素があり、それぞれに用いられる音をローマ字で示すと、つぎのようである。

韻母 38		
介音3種	主母音　9種	韻尾（＝尾音）　5種
i, u, ü	a, o, e, ê, i, u, ü (-i), er	母音 i, o, u, 鼻音 n, ng

　〈i, u, ü〉は介音になる場合と主母音になる場合とがある。また、〈i, o, u〉は、主母音になる場合と韻尾になる場合がある。韻母の3つの構成要素のうち、単独で音節を構成できるのは主母音だけである。ただし〈-i〉は例外で、〈z〉や〈zh〉などの後ろについてしか存在できず、それだけでは独立した音にならない。それで、上の図では（　）にいれている。主母音のうち、〈a（阿）〉〈e（餓）〉〈i（衣）〉〈u（五）〉〈ü（雨）〉〈er（二）〉は、1母音だけで音節をなし、それぞれ意味のある単語（一音節語）として使われている（カッコ内は例字）。〈o〉と〈ê〉は、単独では感嘆詞の発音としてしか使われないものなので、ふつうの単語として使われるものと区別して特殊音節とする（→第8章　§4）。介音と韻尾は主母音と組み合わさってはじめて音節を結成するものである。韻母に用いられるのは主として母音であるが、韻尾に関しては、母音だけでなく子音も用いられる。標準語では二種類の鼻音子音が韻尾として使われる。〈n〉と〈ng〉である。〈n〉は声母としても使われるが、〈ng〉には声母としての使い方はない。

1.2 中国語の韻母の分類

　はじめに、韻母表を掲げる。

表 6-1

	第1列 （介音なし）	第2列 （介音 i）	第3列 （介音 u）	第4列 （介音 ü）
韻尾なしの韻母	-i	i　衣	u　屋	ü　鱼
	a　啊	ia　押	ua　蛙	
	o　喔		uo　窝	
	e　鹅			
	ê　欸	ie　也		üe　约
	er　儿			
母音韻尾の韻母	ai　哀		uai　歪	
	ei		uei　威	
	ao　熬	iao　腰		
	ou　欧	iou　优		
鼻音韻尾の韻母	an　安	ian　烟	uan　湾	üan　园
	en　恩	in　因	uen　温	ün　晕
	ang　昂	iang　央	uang　王	
	eng	ing　英	ueng　翁	
	ong	iong　雍		

⑴ 介音による分類

「介音」とは、頭子音と主母音との間にあって両者の仲立ちをする音という意味で、このような音を、音声学では「わたり音」とよんでいる。中国語では「介母」とよぶこともあり、〈i、u、ü〉の 3 種がある。そこで、韻母を介音の有無およびその種類によって 4 つのグループに分けるということがおこなわれている。表 6-1 のタテの欄を「列」とよぶと、左の第 1 列から右の第 4 列までが、その介音によって分類したものである。すなわち、

（ⅰ）　介音なしの韻母（主母音 a・o・e およびそれらを最初にもつ韻母）

（ⅱ）　介音 i をもつ韻母（母音 i および i を最初にもつ韻母）

（ⅲ）　介音 u をもつ韻母（母音 u および u を最初にもつ韻母）

（ⅳ）　介音 ü をもつ韻母（母音 ü および ü を最初にもつ韻母）

介音は、音節内部で、声母から主母音へ移るさいの橋渡しの役割をするもので、

したがって、その性質は主母音ほどの強さや長さをもたないものである。〈in、ing〉は主母音 i をもつものであるが、便宜上、第 2 列のなかに含めている。〈ün〉は主母音 ü をもつものであるが、便宜上、第 4 列に含めている。

(2) 韻尾（尾音）による分類

韻尾とは主母音の後ろに付随する音ということで、母音の場合と鼻音の場合とがある。そこで、韻尾の有無およびその種類によって韻母を分けることができる。表 6-1 のヨコの欄を「段」とよぶとすると、表に 16 段にわたって韻母が並べられるが、それらはおおきく 3 つのグループに分けられている。すなわち、

(i) 韻尾なしの韻母（韻尾ゼロの韻母ともよばれる）

(ii) 母音を韻尾とする韻母（母音には i・o・u の 3 種がある）

(iii) 鼻音を韻尾とする韻母（鼻音には n・ng の 2 種がある）

(i)の韻母では、主母音をいくらでも長く引きのばして発音することができるが、(ii)と(iii)の韻母では、主母音を長く引きのばすことは可能であるが、韻尾を切り離して、それだけを引きのばすことはできない。

(3) 主母音の口の開き（広いか、狭いか）による分類

表 6-1 の各段をヨコに見ると、主として、同じ主母音をもつ韻母が並べられている。その主母音に注目すると、韻母は、〈a〉をもつものとそれ以外（〈e〉〈o〉〈ê〉および〈i〉〈ü〉をもつもの）とにおおきく二分することができる。そうすると、次表に整理されるような 14 とおりの、主母音が広い・狭い（あるいはやや狭い）というコントラストの関係にある韻母のペアがつくられる。上段の A 群は主母音が広いグループ、下段の B 群は主母音がそれより狭いグループである。

表 6-2

A	a	ai	ao	ia	iao	ua	uai
B	e/o	ei	ou	ie	iou	uo	uei

A	an	ang	ian	iang	uan	uang	üan
B	en	eng	in	ing	uen	ueng	ün

A	—	—	—
B	üe	ong	iong

B群にはA群とペアを組まない韻母が3個含まれる。そのなかの〈ong〉は、後述するように、同じB群の〈ueng〉と合併させることができる（→§3.1）。残りふたつはペアを組める相手をもたない。すなわち、〈üe〉には対応すべき〈üa〉がなく、〈iong〉（=〈üeng〉、[注]参照）には対応すべき〈üang〉がない。

[注]　本章《参考》の注音字母（注音符号）の項を参照すると、鼻音韻尾をもつ韻母の表に〈üeng〉と表現されるものがある。これは、こんにちピンインで書かれる〈iong〉に相当するものである。このことは、〈iong〉は〈üeng〉とも書きかえられる可能性を示している。〈üeng〉と表記した場合、この韻母は、表6-1の第4列、すなわち、〈ueng〉のとなりに位置づけられるので、表の体系性がいっそう整うことになる。

2. ——— 母音字だけの韻母と母音字＋子音字の韻母

(1) 1個の母音字で書かれる韻母

　介音も韻尾もない主母音だけの韻母で、そういう韻母は8個ある。〈a〉〈o〉〈e〉〈ê〉〈i〉〈u〉〈ü〉〈-i〉である。

(2) 2個の母音字で書かれる韻母

　内容的に、介音と主母音からなる韻母と、主母音と韻尾からなる韻母に分けられる。前者には〈ia〉〈ua〉〈uo〉〈ie〉〈üe〉があり、後者には〈ai〉〈ao〉〈ei〉〈ou〉がある。

(3) 3個の母音字で書かれる韻母

　3個の母音字で書かれる韻母は4個ある。〈uai〉〈uei〉〈iao〉〈iou〉で、これらは介音と韻尾が、主母音を中にはさんで対峙するというかたちになっている。つぎの表は、1韻母内での介音と韻尾の組み合わせパターンを示したものである。

	介音 — 韻尾	狭—広—狭	狭—半狭—狭
許される組み合わせ	u — i	uai	uei
	i — u	iau	iou
許されない組み合わせ	*u — u	*uau	*uou
	*i — i	*iai	*iei

同一韻母内での介音と韻尾の組み合わせは〈u ― i〉か〈i ― u〉のどちらかである。それに対し、介音と韻尾がどちらも u、あるいはどちらも i というかたちは標準語には存在せず許容されないものである（表中の ＊ のしるしは許容されないことを意味する）。1韻母（あるいは1音節）の内部では、同じ性質の二つの母音は共存しにくい（つまりそういう発音は避けたい）という制約があるのである。この制約によって、3母音の韻母は音節とよぶにふさわしい安定的なまとまりを得ることになる。同じ理由で、〈ü ― i〉〈ü ― u〉という組み合わせも許容されない。ü と i はともに前舌母音であり、ü と u はともに円唇母音だからである。

[注] 上の図では、ピンインで〈iao〉と書く韻母を〈iau〉として示している。これは、韻母〈iou〉と韻尾をそろえて整然とさせるためである。じつは、〈iao〉は〈iau〉と書いても差しつかえないもので、じっさいの発音はその表記のほうが近い。

(4) 母音字＋〈n〉、母音字＋〈ng〉の韻母

　主母音の後ろに鼻音の〈n（エヌ）〉、〈ng（エヌジー）〉をともなうものをいう。ここでの鼻音は韻尾として用いられる。各種主母音と二種の鼻音韻尾との組み合わせは、つぎのようである。

主母音	a	e	i	ü	o	u
韻尾 n	an	en	in	ün	―	(un)
韻尾 ng	ang	eng	ing	―	ong	―

[注] 〈un〉は、§3.1でのべられるように、声母をともなわないときの〈uen〉の書き方が本来のかたちである。したがって、この韻母の u は主母音ではなく、介音としてあつかうべきである。なおピンインでは、〈ü＋ng〉〈o＋n〉という組み合わせはない。

　韻尾〈n〉は一文字、韻尾〈ng〉は二文字であるが、音の内容はどちらも単一の子音、すなわち [n]、[ŋ] である。〈ng〉というつづり字は、[ŋ] という音に相当する一字のローマ字がなかったために二字を組み合わせてつくられたものである。[ŋ] という記号は、[n] と [g] を合成したもので（よび名は「エング」）、あらわす音は [n] とも [g] とも異なる子音である。したがって、韻尾〈ng〉を発音するときは、あくまでひとつの子音 [ŋ] を発音するのだと考えて、後ろにさらに破裂音 [g] の音をともなわせないようにしたい。なお音声記号としては、g でなく ɡ の字形が使われる。

⑸ 母音字〈e〉＋子音字〈r〉の韻母

　ローマ字で〈er〉と書かれる韻母がある。漢字「儿・耳・二」がこの音で発音され、たとえば、「十二」は〈shi'er〉とつづられる。二文字で書かれるが、e（主母音）＋r（韻尾）、あるいは e（母音）＋r（子音）というような二つの単音の組み合わせではなく、〈er〉全体でひとつの主母音に相当するものと認識すべきである（したがって、この韻母の〈r〉にはふつうの子音としての実体はない）。いつも一音節としてこのかたちだけで用いられ、そのまえに声母をもつことはない。

　〈r〉は、単独では声母として用いられる子音字であるが、この〈er〉という二字の結合ではひとつの韻母として機能している。なお後述するように（→第12章）、〈r〉は韻尾（この場合は接尾辞としての音）としても用いられるから、結局、〈r〉の使用は3つの分野（声母、主母音、韻尾）にまたがっているといえる。

音節	声母	介音	主母音	韻尾
ri（日）	r			
er（二）			er	
huar（花儿）				r

3. ── ピンインで音節表記するときの特別なつづり字法

3.1　二つの書き方をもつ韻母

声母がないときの書き方（完全形）	声母があるときの書き方（省略形）
iou（＝you）（有 you）	-iu　（六 liu、休 xiu）
uei（＝wei）（危 wei）	-ui　（貴 gui、水 shui）
uen（＝wen）（問 wen）	-un　（春 chun、混 hun）

a)　上の図の3つの韻母は、声母があるときとないときとで表記を異にする。これは、声母がないとき主母音（o、e）を書き、声母があるときそれを書かない（表記から消える）、というつづり分けのきまりである。ここでは、〈o、e〉をきちんと書くほうを「完全形」とよび、それを書かないシンプルなほうを「省略形」とよぶことにする。じっさい〈o、e〉という母音は、〈a〉と比べると、口の開きが小さくひびきも弱い。その調音の弱さと「聞こえ」の小ささのために、ピンインではこれを省

いたのである。その結果つづりは縮小された。

b) 同じ三重母音の〈iao〉と〈uai〉は、声母があっても表記に変更はない。〈a〉という母音は、口の開きがおおきく、つよい抵抗力があるため、前後の音の影響をうけることが少ないのである。

c) 〈ueng〉と〈ong〉は、上表の〈uen〉と〈-un〉の関係と似たところがある。すなわち、前者はどの声母とも結合しないのに対し、後者はかならず声母を伴わなければならないものだからである。よって、つぎのように示すことができる。

声母がないときの書き方	声母があるときの書き方
ueng（翁 weng）	-ong （東 dong、紅 hong）

声母のつかない〈iu〉〈ui〉〈un〉というつづりが実在しないのと同様、声母のつかない〈ong〉というつづりも実在しない。つまり、〈ueng〉と〈-ong〉は同一韻母の別々の姿であって、前者は完全形、後者は省略形に相当すると考えられるわけである。前者は「介音＋主母音＋韻尾」という完全な構造であるのに対し、後者は「主母音＋韻尾」という短縮された構造とみなされる。ところで、〈ong〉という韻母は、〈ung〉と書いても差しつかえないもので、音質的にはその表記の方がふさわしい。

[注1] ゼロ声母という環境において、〈ong〉は、その構造を〈ueng〉に変えたのだと理解される。すなわち、〈ong〉の主母音が崩れて二重母音化し介音 [u] と母音（[ə]→）[ɤ] が二次的につくり出された、と推察されるわけである。しかし、〈weng〉への転換には、既存の〈wen〉という韻母の存在も影響しているかもしれない。

[注2] 表6-1では、〈ong〉と〈ueng〉は第1列と第3列に所属が分かれるが、〈ueng〉≒〈ong〉という関係およびその調音特徴からすれば、〈ong〉は第3列の所属が適当ということになる。いっぽう、ピンインの文字システムからいうと、〈ong〉は、主母音が o と書かれるほかの韻母〈o〉〈ou〉と同じ系列という扱いを受けることになり、そうすると、じっさいの発音と関係なく第1列にならぶのが当然ということになる。同様に、〈iong〉は、〈iou〉と整合させるため第2列に入ったのであろう。

[注3] 中国語の韻母で文字 u が書かれる韻母は14個ある（u、ou、iu、ua、uo、uai、ui、uan、un、uang、yu、yue、yuan、yun）。これに対し、文字 o が書かれる韻母は7個である（o、uo、ao、iao、ou、ong、iong）。使用文字としては圧倒的に u が多く o が少ない。〈ao、iao〉〈ong、iong〉をそれぞれ〈au、iau〉〈ung、iung〉とつづることも可能であるが、そうしなかったのは、つづり字としての u の負

担を軽減し、o を利用できるところはなるべく多く利用しようという判断があったのである。文字 o が好まれる理由はまだある。それは手書きした場合、〈u〉は〈n〉と形が似ていて、隣り合わせになったときは混同しやすく判別しにくいという欠点があるが、〈o〉にはそういう（よみまちがえられるという）不安はない。o という文字は、つづりをはっきり示せるという利点があるのである。

3.2 〈y・w〉の文字使用のきまり

いわゆるゼロ声母の音節で、〈i〉、および〈i〉を最初にもつもの、〈u〉、および〈u〉を最初にもつもの、〈ü〉、および〈ü〉を最初にもつもの、をピンインでつづるときは、y か w を用いなければならない。次表は、〈i・u・ü〉が主母音である場合と介音である場合とに分けて、その y・w がどのように用いられるかを示したものである。

表 6-3

〈i・u・ü〉が主母音の場合		
i 列の韻母	u 列の韻母	ü 列の韻母
i　　→ yi in　→ yin ing → ying ［i の前に y を加える］	u → wu ［u の前に w を加える］	ü　→ yü　→ yu ün → yün → yun ［ü の前に y を加え、 ついで ü を u に代える］
〈i・u・ü〉が介音の場合		
i 列の韻母	u 列の韻母	ü 列の韻母
ia　　→ ya ie　　→ ye iou　 → you ian　 → yan iang → yang iong → yong ［i を y に代える］	ua　　→ wa uo　　→ wo uai　 → wai uei　 → wei uan　 → wan uen　 → wen uang → wang ueng → weng ［u を w に代える］	üe → yüe → yue üan → yüan → yuan ［ü の前に y を加え、 ついで ü を u に代える］

yíwèn（疑问），yǔyán（语言），yuányě（原野），wényì（文艺），yèwù（业务），
wàiwén（外文），yuányuè（元月）

〈i、in、ing〉の場合、iは主母音なので、これをyに代えるとそれぞれy、yn、yngとなり、これでは主母音としての文字がなくなって音節のかたちをなさなくなる。主母音〈i〉の文字は残さなければならないので、iをyに代えるのではなく、iの前にyを加えるのである。u→wuの場合も同様である。〈ia、ie、ua、uo〉などは、i、uは主母音ではなく介音なので、それはそのままy、wに代えられる。この場合、y・wは母音字として用いられているということになる。

文字〈y、w〉を用いることにより、ひとつの音節かふたつの音節の連続かを判断することが容易になる。たとえば、①〈dai（代）〉と〈dayi（大意）〉、②〈gui（貴）〉と〈guyi（故意）〉、③〈liu（六）〉と〈liwu（礼物）〉を対比すると、y・wを用いることによって、それぞれ前者が一字1音節、後者が二字2音節であることがはっきり判別できる。また別の2音節の単語、④〈danu（大怒）〉と〈danwu（耽誤）〉、⑤〈jinian（几年）〉と〈jinyan（謹严）〉の場合は、nが前の音節の韻尾なのか、後ろの音節の声母なのかまぎらしい。そこで、音節の境界を明確にするためにy、wが使用されるのである。ピンインでは〈nw-〉、〈ny-〉ではじまる音節は存在しないので、その文字の並びをみれば、nは前の音節の韻尾の文字、w、yは後ろの音節の初頭の文字であることが自然に分かるのである。

3.3　母音文字〈ü〉およびそれを含む韻母の表記法

母音文字〈ü〉およびそれを含む韻母は4種類あり（〈ü〉〈üe〉〈üan〉〈ün〉）、その表記は三とおりに分かれる。すなわち、①声母が〈n・l〉のときはそのまま〈ü〉を用いる（ただし韻母は〈ü〉〈üe〉に限られる）。②声母が〈j・q・x〉のときは〈u〉を用いる（つまりüの文字をuに代える）。③ゼロ声母のときは、表6-3で述べたように〈yu〉を用いる。各韻母のつづりとそれぞれに対応する音節を整理すると、次表のようである。ピンインの文字〈ü〉はいつでもüとしかよまれないが、〈u〉には、uとよむ場合とüとよむ場合の両方があることに注意しなければならない。

表6-4

つづり字の種類	対応する音節
① ü	nü（女）、lü（旅）
② (ü →) u	ju（居）、qu（屈）、xu（虚）
③ (ü →) yu	ゼロ声母のとき。　yu（雨）

① üe	nüe（虐）、lüe（略）
② ue	jue（绝）、que（缺）、xue（雪）
③ yue	ゼロ声母のとき。　yue（月）
① üan	声母〈n・l〉との結合例なし。
② uan	juan（卷）、quan（全）、xuan（宣）
③ yuan	ゼロ声母のとき。　yuan（院）
① ün	声母〈n・l〉との結合例なし。
② un	jun（君）、qun（群）、xun（训）
③ yun	ゼロ声母のとき。　yun（韵）

［注］いまの標準語では、声母〈n・l〉が結びつく韻母は〈ü〉と〈üe〉に限られる。しかし、古い発音には、声母〈l〉が韻母〈üan〉〈ün〉と結びつく例はある。1930年出版の趙元任編集『国語羅馬字常用字表』は〈lüan〉〈lün〉という音節を認めており、前者には「攣・孿・戀」という漢字が、後者には「掄・淋」という漢字が示されている（なお、「戀」には〈lian〉という音もある）。1963年出版の『岩波中国語辞典』にも〈lüan〉〈lün〉という音節がみえる。

　声母〈j・q・x〉および〈y〉に後続するとき ü という文字を避けるというのは、ü は u の上に二つの点を加えるという手間（時間）のかかる文字であるからであるが、それだけでなく、nǚ・nǜ のように、ひとつの文字の上に符号がふたつ積み重ねられるという、見た目にもわずらわしく書くのも不便な文字表記であるという理由もあるのである。

4. ─── ピンインの特殊文字〈ê〉〈-i〉〈ü〉

(1)〈ê〉について

　〈e〉と区別される〈ê〉がある。この山形符号を冠した文字はフランス語に用いられているものと同じもので、音価もフランス語と同じ [ɛ] である。当然、符号のつかない〈e〉とは音価を異にする（音価については、第7章参照）。〈ê〉という音は、単語としては、呼びかけや同意などをあらわす感嘆詞に使われるだけで（漢字は「欸」）、それ以外はどの声母とも結びつかない特殊な韻母である。通常は無視されることが多い。しかし、この母音は、介音〈i, ü〉と組み合わされるかたちでその存在を明確に保つ。

すなわち〈ie、üe〉という二韻母の主母音がこのêで、それぞれ [iɛ][yɛ] と発音される。その主母音は本来山形符号をのせた〈ê〉が書かれるものであるが、ピンインではその符号が省かれるのである (iê → ie、üê → üe)。

(2) 〈-i〉について

〈i〉と区別される〈-i〉がある。どちらもiが書かれるが、音の内容は異なる。後者の短い横線「-」は、前者とは別物だということを知らせるしるし（マーク）である。すなわち、〈-i〉は、〈zhi、chi、shi、ri〉および〈zi、ci、si〉という音節を成立させるための韻母文字であって、それ以外の声母とは結びつかないものである。ほかの母音字とちがって、この〈-i〉はそれだけで書かれることはなく、具体的な音声としてよめない。したがって、機能としては一種の符号と考えるのがよいであろう。「-」のつかないふつうの〈i〉は、日本語の「イ」と同じような口つきで単独母音としても発音できるが、〈-i〉は、それとは異なるきわめて特殊な母音であるので、したがって、これを日本語の「イ」と同じと思ってはならず、そのイメージを断ち切らなければならない。発音については第7章参照。

[注1] 声母が破擦音・摩擦音である場合、破裂音と違って「まさつ」部分は調音を持続させることが可能で、その持続が一音節分の長さを占めるが、そのさい発せられる有声の母音を〈-i〉という文字であらわすのである。この横線つきのiの音は、一部、日本語の促音符号「ッ」と似ているところがあるといえなくもない。「ッ」も独立の音としては発音されない（[tsɯ] とよまない）が、1モーラの長さ（一音節に相当）を持続させるものだからである。ところで、ふつうの中国語（標準語）母語話者であれば、ピンインの〈zi・ci・si〉を「イ」の母音を用いて「ヅイ・ツイ・スイ」とよむひとはひとりもいないであろう。それは、ちょうど、日本語話者が「きって（切手）」「きっぷ（切符）」という単語を、けっして「キツテ」「キツプ」とはよまないのと同じことである。

[注2] 本章《参考》の項で紹介する注音字母では、ピンインの〈-i〉にあたる部分は字母がない。つまり韻母の部分はなにも表記されず、声母の字母だけが書かれるのである。中国語の発音をローマ字を用いて表音的に書きあらわす方法は、過去において（日本語ローマ字にヘボン式と訓令式の二式があるように）、いろいろなシステムが考案され使われた歴史がある。ウェード式ローマ字（1867）、国語ローマ字（1928）、ラテン化新文字（1931）、イェール式ローマ字（1948）などの方式があった。

⑶ 〈ü〉について

　〈ü〉という文字は、ドイツ語に用いられる同じ音価の文字をそのまま借用したものである。〈u〉とは音価を異にするので、たとえば〈nu（努）〉と〈nü（女）〉、〈lu（魯）〉と〈lü（呂）〉といった音節では、当然正確に区別しなければならない。なお§3.3で論じたように、üの文字が使用されるのは声母〈n・l〉のときだけで、それ以外ではüでなくuが用いられる。つまり、発音はそのままでuに代えられるのである（ü → u：ju、qu、xu、yu）。ドイツ語にウムラウト文字とよばれる二つの点（dot）を冠した母音字が3つあり、üはそのなかのひとつである。この文字を「ウー・ウムラウト」とよぶ。ウムラウトとは「変母音」あるいは「母音が変異する」という意味の言語学用語で、ドイツ語のüはuから派生した（分かれてできた）二次的母音であることを意味している。中国語の場合も同様で、中国語の〈ü〉は〈u〉から変化して生まれた派生母音である。

[注] 過去の中国語に［iu］、すなわち［i］（介音）＋［u］（主母音）という組み合わせの韻母があった。この韻母では、［i］という前舌母音と［u］という奥舌母音が隣り合っていたことにより、後者の母音に、舌位置を［i］に近づけみずからを前舌化させるという変化（円唇はそのまま）が起こった。すなわち、iu → iü → ü という変化があった。こんにちのüはこのようにして誕生したのである。

5. ──── ローマ字〈i〉〈u〉〈e〉の「一字数音」現象

　ここで取り上げるのは、ひとつの文字を、声母との組み合わせによって、あるいは韻母の種類によって複数の音によみ分けるという、ピンイン独特のローマ字のあつかい、すなわち、「一字数音」の表記のしくみと発音のきまりである。

⑴ 文字〈i〉の場合

　〈i〉は、本来の音価は舌面母音［i］であり、〈bi、pi、mi、di、ti、ni、li、ji、qi、xi〉ではその音でよむ。しかし、〈zhi、chi、shi、ri〉および〈zi、ci、si〉の音節ではその音ではよまず、舌尖母音の音（音声記号［ʅ］［ɿ］が専門的に用いられる）に変えなければならない。そり舌音声母と舌歯音声母がそれぞれ舌面母音iと両立しにくいのは、口中での舌構えが相互にまったく異なり調音的に接続が困難であるからである。ローマ字〈i〉と三つの発音［i］［ʅ］［ɿ］との関係、および対応する音節を整理すると、次表のようである。

ローマ字	発音（よみ方）	対応する音節
i	[i]	bi, pi, mi, di, ti, ni, li, ji, qi, xi
	[ʅ]（= -i）	zhi, chi, shi, ri
	[ɿ]（= -i）	zi, ci, si

(2) 文字〈u〉の場合

　〈u〉は、本来の音価は奥舌母音 [u] であり、〈bu、pu、mu、fu、du、tu、nu、lu、gu、ku、hu〉などではその音でよむ。しかし、声母が〈j、q、x〉および〈yu〉のときはその音ではよめず、前舌母音〈ü〉（音声記号 [y]）に変えなければならない。舌面音〈j、q、x〉と奥舌母音〈u〉とが組み合わされない理由は、もし組み合わされた場合、それは、舌を〈j、q、x〉の前舌の位置から母音〈u〉の奥舌の位置へきわめて敏速に瞬間移動させるということであり、そういう調音動作は非常に忙しい努力を必要とし不自然で無理があるから、と説明されよう。ローマ字〈u〉と二つの発音 [u] [y] との関係、および対応する音節を整理すると、次表のようである。

ローマ字	発音（よみ方）	対応する音節
u	[u]	bu, pu, mu, fu, du, tu, nu, lu, gu, ku, hu, zhu, chu, shu, ru, zu, cu, su
	[y]（= ü）	ju, qu, xu, yu

(3) 文字〈e〉の場合

　〈e〉と〈ê〉は、歴史的にみても来源を異にするので、現代においても異なるふたつの文字として区別するのがよいと考えられる。その相違点は、〈e〉の場合、発音がいろいろあって、韻母によってその発音を変えなければならないという特徴があるのに対し（発音の説明は第 7 章でおこなう）、〈ê〉の場合はそのような現象はなく、発音はひとつだけでいつも同じよみ方しかされない、ということである。《参考》の注音字母の項を参照すると、〈e〉と〈ê〉にはそれぞれ別々の文字（字母）が当てられているのが注目される。

ローマ字	発音（よみ方）	対応する韻母
e	[ɤ / ə / e]	e・eng のとき [ɤ]、en のとき [ə]、ei のとき [e]
	[ɛ]（= ê）	ie・üe のとき

　以上、三種のローマ字の使い方、すなわち、i) ひとつの文字〈i〉に、〈i〉と〈-i〉の両方を兼任させる、ii) ひとつの文字〈u〉に、〈u〉と〈ü〉の両方を兼任させる、iii) ひとつの文字〈e〉に、〈e〉と〈ê〉の両方を兼任させる、という「一字二役」の活用法は、特殊な文字はなるべく使わず、ふつうの文字を使うことによって文字の数を少なくするという、表記の経済化を優先させたということにほかならない。

6. ──── 隔音符号「'」

　たとえば、「票」「皮袄」という単語をピンインで書くと、それぞれ〈piao〉〈pi'ao〉である。前者は 1 音節、後者は 2 音節という違いがあるが、後者のつづりでは、音節の切れ目（すなわちつづりの切れ目）を示すために音節区分符号「'」が用いられるのである。これを中国語で「隔音符号」という。この符号を用いなければならないのはつぎの場合である。

a)　前字がゼロ韻尾もしくは母音韻尾をもち、後字がゼロ声母の〈a、o、e〉ではじまる場合、その境界に「'」をいれる。
　　i) 前字がゼロ韻尾の例：可爱 ke'ai、西安 xi'an、差額 cha'e
　　ii) 前字が母音韻尾の例：黒暗 hei'an、海鸥 hai'ou
b)　前字が韻尾〈n〉〈ng〉をもち、後字がゼロ声母の〈a、o、e〉ではじまる場合、その境界に「'」をいれる。
　　i) 前字が n 韻尾の例：天安 tian'an、然而 ran'er、棉袄 mian'ao
　　ii) 前字が ng 韻尾の例：平安 ping'an、东欧 dong'ou

《参考》　注音字母（あるいは注音符号）
　中国で最も広く使われているポケット・サイズの字典『新華字典』（商務印書館）における漢字の注音をみると、ピンインローマ字と並んで「注音字母（ちゅうおんじぼ）」

が記されている。これは、日本のカタカナに似た漢字筆画式の字母で、1913 年に制定されたものである。当初「注音字母」と称し、1930 年に「注音符号」と改称されたが、その後ふたたび「注音字母」の名にもどってこんにちに至っている。現行のピンイン字母が制定されるまでは、中国ではもっぱらこれによって発音表記がなされていた。現代では台湾で「注音符号」の名でひきつづき使用されている。注音字母表は、声母・介母・韻母 3 種から構成される。声母の字母は 21 個、介母（＝介音）の字母は 3 個、韻母の字母は 13 個で、合計 37 個の字母から成り立っている。介音としての字母は、そのまま韻母のなかでも用いられる。

声母	ㄅ (b) ㄆ (p) ㄇ (m) ㄈ (f) ㄉ (d) ㄊ (t) ㄋ (n) ㄌ (l) ㄍ (g) ㄎ (k) ㄏ (h) ㄐ (j) ㄑ (q) ㄒ (x) ㄓ (zh) ㄔ (ch) ㄕ (sh) ㄖ (r) ㄗ (z) ㄘ (c) ㄙ (s)
介母	ㄧ (i) ㄨ (u) ㄩ (ü)
韻母	ㄚ (a) ㄛ (o) ㄜ (e) ㄝ (ê) ㄞ (ai) ㄟ (ei) ㄠ (ao) ㄡ (ou) ㄢ (an) ㄣ (en) ㄤ (ang) ㄥ (eng/ong) ㄦ (er)

おもな特徴：

a) ピンインの母音字〈e〉と〈ê〉に当てられる注音字母はそれぞれ「ㄜ」と「ㄝ」である。したがって、韻母〈ie、ü e〉は「ㄧㄝ」「ㄩㄝ」と書かれ、「ㄜ」は用いない。

b) 韻母は、ピンイン表記の場合と異なって、主母音と韻尾を分けず、一体のものとして表わされる。声母の字母は、ピンインと同じ単音文字方式でつくられるのに対し、韻母は音節文字方式でつくられている。たとえば、主母音 a をもつ韻母 a・ai・ao・an・ang は、それぞれ「ㄚ」「ㄞ」「ㄠ」「ㄢ」「ㄤ」、主母音 e をもつ韻母 e・ei・en・eng は、それぞれ「ㄜ」「ㄟ」「ㄣ」「ㄥ」、といずれも単一の字母で書かれる。第 4 章 §5. d) において、「主母音と韻尾は決して切り離されず、つねに一体不可分のものとして発音される」と記したが、そのことを明快に表現したのが注音字母だといえる。

c) ピンインと違って、介母は韻母の一部としてではなくて、韻母から独立した存在としてあつかわれる。すなわち、中国語の音節は、〈声母〉＋〈介母〉＋〈韻母〉という三つの部分で構成されるという考え方である。そのため、韻母〈in〉〈ing〉〈ün〉は、それぞれ「介母＋韻母」のかたちにばらされ、〈in〉は「ㄧㄣ」（i +

en）、〈ing〉は「｜ㄥ」(i + eng)、〈ün〉は「ㄩㄣ」(ü + en) と表現されるのである。また、〈ong〉は「ㄨㄥ」(u + eng)、〈iong〉は「ㄩㄥ」(ü + eng) と、それぞれふたつの要素にばらされ、そのようにつづられる。じっさいの発音どおりに書くとすれば、〈in〉〈ün〉〈ing〉という書き方は妥当なものであるが、これを表 6-2 にあてはめてみると、韻母の表記方式としては注音字母のほうが合理的なようにみえる。つぎの表は、鼻音韻尾をもつ韻母について、注音字母表記をピンインローマ字に一対一的に換算した場合の、A 群・B 群の韻母の対照を示したものである。

n 韻尾をもつ韻母	A	an	ian	uan	üan
	B	en	ien	uen	üen

ng 韻尾をもつ韻母	A	ang	iang	uang	
	B	eng	ieng	ueng	üeng

d) ピンインの〈zi・ci・si〉、〈zhi・chi・shi・ri〉は「声母＋韻母」のかたちをなしているが、注音字母は、これらを「ㄗ・ㄘ・ㄙ」、「ㄓ・ㄔ・ㄕ・ㄖ」と声母の文字だけで書いている。つまり、韻母部分は書きあらわさない。してみると、注音字母の「ㄗ・ㄘ・ㄙ」と「ㄓ・ㄔ・ㄕ・ㄖ」は、声母として用いられる場合と音節として用いられる場合の両方があることになる。

第 7 章

韻母の発音

1. ──── 中国語の主母音の種類

1.1 舌面母音・舌尖母音・そり舌母音

a) 中国語の韻母のうち、「単母音韻母」は母音字一個で書かれるものであるが、中国の音声学書では、それらをおおきく「舌面母音」と「舌尖母音」とに分ける。前者には〈a, o, e, ê〉および〈i, u, ü〉の文字で書かれる母音が、後者には〈zi・ci・si〉〈zhi・chi・shi・ri〉と書かれる音節の〈-i〉が含まれる。母音に関するこのような区分とその名称は中国では標準的な概念になっているが、中国以外ではあまりおこなわれないものである（北京大学中国語言文学系現代漢語教研室編『現代中国語総説』第 2 章参照）。

b) 舌尖母音は「舌尖点」で調音される母音である。舌面は関与しない。〈z・c・s〉および〈zh・ch・sh・r〉と一体的に発せられ、二種類の音価が区別される。音節の後半に位置し便宜上母音と称してはいるが、しかし一般母音と違ってそれだけを分離して発音することはない。つまり文字としては書かれるが、それは［声母＋韻母］というかたちに整えるために利用されているだけで、独立した音として一人歩きできないものである。この〈-i〉があらわすものは、本来舌面母音［i］であったものであるが、のちに舌尖を用いる声母の調音に合わせるように、舌尖をそれぞれの位置（調音点）に押し出して発せられるようになった、いわば母音［i］の変種である（→第 8 章 §2.4）。

c) そり舌母音とは〈er〉のことである。これも、はじめはやはり舌面母音［i］だったのであるが、独自の発展を進めて、現在のような発音になったのである（→第 8 章 §2.4）。

1.2 ピンインの母音字と母音音声の種類

　中国語の母音は、口の開閉の程度、舌の前後の位置、唇の状態によって、つぎのように分類される。舌面母音の表と舌尖母音・そり舌母音の表とに分けて示す。舌面母音の表は、第 3 章 §4 の IPA 母音図に照らして作成したものである。［　］内は

音声記号。表 7-1 からわかるように、個々の母音字と発音の関係は複雑で、母音の文字数が 7 であるのに対し、音声としての母音は 15 もある。今後は、中国語の各母音がどの位置に表示され、相互にどう対立しどう区別されるかを、適宜この表を参照して確認すべきである。

表 7-1　舌面母音

舌の前後	前舌		中舌	奥舌 (後舌)	
唇の形	非円唇	円唇	非円唇	非円唇	円唇
狭母音 (高母音)	① i [i]	② ü [y]			③ u [u]
	④ i [ɪ]				⑤ o [ʊ]
半狭母音 (中高母音)	⑥ e [e]		⑦ e [ə]	⑧ e [ɤ]	⑨ o [o]
半広母音 (中低母音)	⑩ a/ê [ɛ]		⑪ e [ɐ]		⑫ o [ɔ]
広母音 (低母音)	⑬ a [a]		⑭ a [ʌ]	⑮ a [ɑ]	

中国語の舌面「単母音」の特徴として、つぎのことが指摘できる。

(ⅰ)　前舌母音・中舌母音・奥舌 (後舌) 母音という 3 つの系列がある。

(ⅱ)　前舌母音の系列では、非円唇の [i] と円唇の [y] のペアがある。

(ⅲ)　奥舌母音の系列では、円唇の [o] と非円唇の [ɤ] のペアがある。

(ⅳ)　同じ広母音 (低母音) に、前舌の [a] と奥舌の [ɑ] のペアがある。両者はことばの意味区別にかかわらないが、発音上区別したほうがいい。

　　　[注] a と ɑ は書体の違い (印刷体と筆記体) であって、アルファベット文字としては同一とみなされる。しかし音声記号では、その字形の違いによって別記号としてあつかわれる。

(ⅴ)　[y] と [ɤ] は、日本語母語話者には縁のない音で発音はむずかしいが、中国語母音のなかでは重要な一部分を占めている。

表7-2　舌尖母音・そり舌母音

舌尖の前後位置		前		後ろ
唇の形		非円唇	非円唇	非円唇
舌尖母音	高	⑯ -i　[ɿ] z・c・sの後ろ		⑰ -i　[ʅ] zh・ch・sh・rの後ろ
そり舌母音	中		⑱ er　[ɚ]	
	低		⑲ er　[ɐ˞]	

［注］第3章§4に掲げる IPA 母音図は舌面母音の図であるので、舌尖母音はそこには含まれず、その枠の外に置かれることになる。

2. ——— 各種韻母の発音

2.1　音声環境による主母音の発音変化

　言語音としての子音・母音は、言語活動においては単独で現れることはなく、いくつかが結合し連続した流れのなかにあるのが普通である。その場合、ある音が隣接するとなりの音の影響をうけて、物理的にその音に近いかまたは同じ音になることがある。この現象を音の「同化」という。

　ここで、中国語の4つの韻母〈ai、an、ao、ang〉における「a」の発音を比べてみよう。一見するとaの発音は変わらないと思えるが、よく観察すると、〈ai、an〉のaと〈ao、ang〉のaはすこし違うと気づくかもしれない。その違いは中国人も意識しないものであるが、音声学の視点で観察すると、この二つの「a」はたしかに異なっている。これを音声学者は［a］と［ɑ］で記述している。つまり、単音〈a〉は、後続の韻尾を調音する過程で修正をうけ、無意識に、〈ai、an〉のときは舌を口腔の前方に移動させ、〈ao、ang〉のときは舌を口腔の後方に移動させるのである。このように、個々の音は、音の連続体のなかでは前後の隣接音（これを言語学で「音声環境」という）と影響しあって、舌の位置をすこしずつ変化させ、その結果本来の音と異なった音がつくられるのである。中国語韻母における母音字の発音は、日本語の母音発音と比べると音価が浮動して、その変化の範囲が広く、日本語のように、ローマ字を単純に1字1音式に発音すればよいというのとは異なっている。

2.2　主母音〈a〉の発音の音声的変化

　主母音〈a〉を含む韻母は 14 個あり、これらには [ʌ] [a] [ɑ] [ɛ]という 4 種類の記号が使用される。〈a〉が、それだけで (単独で)発音される場合を代表音価とすると、[ʌ]がそれにあたる。

a)　[ʌ]について。

　　韻母〈a、ia、ua〉では、前舌 [a] でも奥舌 [ɑ] でもない、その中間に位置する[ʌ] (表 7-1 の⑭の母音)が用いられる。これは広母音「ア」の一種で、舌面をいちばん低い位置に置いて平らにし、その口の真ん中あたりで発音される。記号は [a] [ɑ] と区別するために設けられたものである (ただし IPA 母音図には含まれない)。日本語の「ア」に近いが、それより口の開きがすこしおおきい。

b)　[a]について。

　　韻母〈ai、uai〉、〈an、uan〉では、前舌・広母音 [a] (表 7-1 の⑬の母音)が用いられる。おおきな開口度で唇を横に広げ、舌全体を前に出すようにして明るく「ア」と発する。舌尖は下前歯の裏に接している。

c)　[ɑ]について。

　　韻母〈ao、iao〉、〈ang、iang、uang〉では、奥舌・広母音 [ɑ] (表 7-1 の⑮の母音)が用いられる。口を最大の開口度までおおきくあけると、舌全体は自然に後方へずれる。のどの奥を下げるような気持ちで「ア」と発する。[a] と比べると、暗い音色にきこえる「ア」である。英語の father [fɑːðə] の [ɑ] に近い。

d)　[ɛ]について。

　　韻母〈ian、üan〉では、前舌・半広母音 [ɛ] (表 7-1 の⑩の母音)が用いられる。もとの前舌の [a] と異なって、口の開きが広い「エ」である。韻母〈an〉のa は [a] であるが、これに介音 i・ü がつくと、それに牽引されて舌の位置が高められ、[a]→[æ]→[ɛ]の順で口腔が狭くなり半広母音 [ɛ]がつくられるのである。

　　[注] 中国語学習書をみると、〈üan〉の発音を、仮名で「ユアン」とするものと「ユエン」とするものがあり、一定しない。遠藤光暁『中国語のエッセンス』(白帝社)という著書では、「中国人でも一律に「ユエン」と発音する派と、子音がついていない時は「ユアン」、ついている時は「ユエン」のように発音する派があります」と記されている。〈üan〉の発音にはいろいろな種類があるようで、音声表記としては、[yɛn]のほか、[yan]、[yæn]、[yɐn]も見受けられる。

以上述べたところをまとめると、次表のようになる。主母音〈a〉には、広母音[A]を中心に4つの母音変種があることになる。これらは、[ɑ]→[A]→[a]→[ε]の順で変異するひとつの連続体をなしていると理解される。これが文字〈a〉の発音領域である。

表 7-3

文字	発音	出現条件	韻母
a	[A]	無韻尾のとき（＝[Aː]）	a、ia、ua
	[a]	①韻尾 i の前 ②韻尾 n の前	ai、uai an、uan
	[ɑ]	①韻尾 o の前 ②韻尾 ng の前	ao、iao ang、iang、uang
	[ε]	介音 i・ü と韻尾 n の間	ian、üan

2.3 主母音〈e〉の発音の音声的変化

主母音〈e〉を含む韻母は7個あり、これらには[ɤ][ə][e][ɐ]の4種類の記号が使用される。母音字〈e〉が、それだけで（単独で）発音される場合を代表音価とすると、[ɤ]がそれにあたる。

a) [ɤ]について。

韻母〈e〉（ge・ke・he など）、および〈eng、ueng〉では、奥舌・半狭母音[ɤ]（表 7-1 の⑧の母音）が用いられる。これは中国語独特の母音で、英語にも日本語にも同類のものがなく、日本人にとって音価を知るのがむずかしい。発音のし方を説明するのもむずかしい。口の中の舌の高さは日本語の「オ」と同じだが、唇は丸くせず、口を左右に半開きの状態にし（そのかたちを崩さず）、舌をやや後ろに引いて「アー」と「オー」（あるいは「エー」と「オー」）を混ぜ合わせたような濁った声を発する。口の開きが足りないと日本語の「ウ」のようになってしまう。下あごを前に突き出し気味にするとよい。

b) [ə]について。

韻母〈en、uen〉では中舌・半狭母音[ə]（表 7-1 の⑦の母音）が用いられる。この音は、口を軽く半開きにし、舌を口腔の中ほどにおいて発する。ただし、〈en〉の場合は韻尾の調音位置に引かれて多少前舌的になり[e]に近づく。⑦[ə]と⑥[e]の中間音のようになるため日本人には「エ」に近く聞こえるが、日本語の「エ」

音をそのまま用いるべきではない。この母音については、⑥ [e]と細かく区別して[ë]という記号を考案したひともいる(那須1983)。この記号の2つの点は「中央寄り」を意味する補助記号で、ウムラウト符号ではない。この[ë]と表現される母音は、中央よりで発音される[e]、すなわち[ə]と[e]の中間に位置する母音と定義されよう。

c)　[e]について。

韻母〈ei, uei〉では、前舌・半狭母音[e]（表7-1の⑥の母音）が用いられる。口の開きの狭い「エ」で、口を平たく開けて舌の前舌部分を高めて発音する。

d)　[ɐ]について。

韻母〈e〉が無声調（軽声の場合）で発音されるとき、奥舌の[ɤ]は変形されて中舌の[ɐ]（表7-1の⑪の母音）になる。たとえば、「什么」の「么」、「我的」の「的」、「来了」の「了」はそれぞれ〈me〉、〈de〉、〈le〉であるが、その母音が[ɐ]である。口をあまり開けないで軽くひかえ目に「ア」と発音する。[a]と[ə]の中間の高さの母音で、「閉じたa」とよぶひともいる。

　以上述べたところをまとめると、次表のようになる。主母音〈e〉の場合は、半狭母音[ɤ]を中心とした4つの母音変種があり、二とおりの連続体をなしていると理解される。すなわち、[ɤ]→[ə]→[e]と[ɤ]→[ə]→[ɐ]である。これが、文字〈e〉の発音領域である。

表7-4

文字	発音	出現条件	韻母
e	[ɤ]	①単独のとき（=[ɤː]） ②韻尾ngの前	e (ge, ke, he など) eng, ueng
	[ə]	韻尾nの前（=[ë]）	en, uen
	[e]	韻尾iの前	ei, uei
	[ɐ]	単独で無声調のとき	e (me, de, le など)

〈uen〉〈uei〉の主母音に関する発音変化については、第9章§4.3(2)参照。

2.4　主母音〈ê〉〈i〉〈ü〉〈u〉〈o〉の発音

(1)　主母音〈ê〉について

　この主母音をもつ韻母は3個で、〈ê〉〈ie〉〈üe〉がある。これらの韻母では、前舌・半広母音[ɛ]（表7-1の⑩の母音）が用いられる。[e]よりも口をひろく開け舌を

下げて発音するはっきりした「エ」(驚いて「えーっ」と叫ぶときの音)である。じつは韻母〈ian〉のaと、文字は異なるが発音は同じである。

[注] 中国語の前舌母音 [e] と [ε] は日本語の「エ」とほぼ同じ領域でつくられるが、舌の高さや口の開きが異なる。[e]は舌の両側面が上の奥歯の内側に軽く触れているのに対し、[ε]は触れていないという違いもある。そこで詳しくよび分けて、[e]を「狭いエ」、[ε]を「広いエ」ということがある。

音声記号	音の名称	ピンイン	韻母
[ε]	前舌・半広母音	ê	ie, üe
		a	ian, üan
[e]	前舌・半狭母音	e	ei, uei

(2) 主母音〈i〉について

この主母音をもつ韻母は3個である。

(i) 韻母〈i〉および〈in〉のi(表7-1の①の母音)は、日本語の「イ」とほぼ同じと考えてよいが、それよりも唇を横に長くし舌に力をいれてするどく発音する。前舌面を硬口蓋に向かって持ち上げるが、そのさい舌の両側が口蓋に接触している。しかし舌尖は下に下がっていて調音には加わらない。

(ii) 〈ing〉の場合は、韻尾の影響で主母音iの音価は [ɪ] (表7-1の④の母音)である。舌の高さは日本語の「イ」よりも低く、かつすこし中央寄りである。[i]と[e]の中間のようなゆるいのんびりしたひびきをもつ。なお、第3声では主母音の後ろに母音 [ə] がかすかに感じられ、「イォン」のように聞こえることがある。

(3) 主母音〈ü〉について

この主母音をもつ韻母は〈ü〉と〈ün〉だけである。この母音は、円唇・前舌・狭母音で、表7-1の②の母音である(音声記号は [y])。日本語にない音で、これも習得しにくい音である。舌尖を下前歯の裏におき、前舌面をもり上げて、ゆっくりと唇を両側から引き寄せる。唇は強く突き出さなくてもよい。日本語の「ユ」の口のかたちを保ちつつ「イ」を発音すると [y] に近い音になる。口の前方で発音するので「イ」の音をすこし強めに出すとよい。単母音(一音のみで発音する母音)なので、舌の位置は途中で変わることはない。したがって、「ユイ」のように二母音に崩してはならない。

⑷ 主母音〈u〉について

　この主母音をもつ韻母は〈u〉ひとつだけである。この母音は、円唇・奥舌・狭母音（表7-1の③の母音 [u]）で、舌を緊張させて口の奥深くに引き唇をつき出して「ウー」と発する。これに対し、日本語の「ウ」は中国語にはない音で、唇は力が入らず丸くもならない。舌も口の奥に引っ込んだりしない。したがって、中国語の〈u〉を発するときは、⑴奥舌面を軟口蓋に向かって持ち上げる（こちらの調音が優先される）、⑾唇に強い丸めを加える、というふたつの動作が必要で、日本人にとっては習得に努力を要する音である。これを守らないで日本語式の「ウ」にすると、中国語の〈u〉に聞き取られない可能性がある。

⑸ 主母音〈o〉について

　この主母音をもつ韻母は6個である。

　⑴　韻母〈o〉の主母音は、円唇・奥舌・半狭母音（表7-1の⑨の母音）である。日本語の「オ」とほぼ同じと考えられるが、この母音は唇音声母としか結合しない。この環境で、声母の後ろに弱いわたり音 [ᵘ] が観察されるという。したがって、じっさいの音価は [ᵘo] である。

　⑾　韻母〈uo〉の音価については [uɔ] と記述する文献があり、ここではそれにしたがう。この場合の [ɔ]（表7-1の⑫の母音）は半広母音で、⑨の [o] に比し開口的である。すなわち、唇の丸めが弱い。

　⑾⑾　韻母〈ou、iou〉の主母音は「オ」である。この主母音については、単母音としての o ほどには唇を丸めず、舌の位置が中舌寄りになっているという観察もあり、非円唇の記号 [ə] をあてるひともいる。そこで、この主母音については記号を複数示すことにし、[ə] 〜 [o] の範囲の音としておく。

　⑾⑿　韻母〈ong、iong〉の o は、日本語の「オ」の口をつくりながら [u] に近づけ、唇をすこしだけつきだして発音する（あまり丸めすぎないこと）。じっさいの音価は [o] と [u] の中間に位置する [ʊ]（表7-1の⑤の母音）で、すなわち [ʊŋ]、[yʊŋ]（後者は [iʊŋ] が [yʊŋ] となったもの）である。なお、日本人学習者にとって〈ong〉と〈eng〉の区別も難しいもののひとつで、混同しないことを心がける。

　以上をまとめて表にすると、次表のようである。

表 7-5

文字	音価	韻母
ê	[ɛ]	ê, ie, üe
i	[i]	i, in
	[ɪ]	ing
ü	[y]	ü (nü, lü, ju, qu など), ün
u	[u]	u (gu, ku, hu など)
o	[o] (=[ᵘo])	o (bo, po, mo, fo)
	[ɔ]	uo
	[ə] ～ [o]	ou, iou
	[ʊ]	ong, iong

　[i] と [ɪ]、[u] と [ʊ] という母音ペアには注意が必要である。記号は似ているが、あらわす音は同じではない。[ɪ] [ʊ] は、英語では [i] [u] と異なる別の音として意識されるもので、[i] [u] に比して口の開きを心もちおおきくし、舌や唇の力をゆるめてゆったりした気持ちで発せられる。中国語の [ɪ] [ʊ] も同様である。〈iou〉の主母音に関する発音変化については、第 9 章 §4.3（1）参照。

2.5　〈-i〉、〈er〉の発音

(1)　〈-i〉について

　舌面母音とは反対に、舌尖母音は、「舌尖」が調音の主体をなして、その部分に力点がある。〈zi・ci・si〉では、舌尖を前に進めて上の前歯の裏に位置づけて発せられる。いっぽう〈zhi・chi・shi・ri〉では、舌尖を上の歯茎部からさらに若干後ろ向きにそらせたその位置で発せられる。〈si〉と〈shi〉の発音では、舌尖の位置するそのせまい空間（すき間）から呼気が放出されるのが感じられる。

[注] 舌尖母音の音声記号としては、（i のイタリック体の）タテ線の先を左に円く曲げたかたち [ɿ] と、その記号に対し「そり舌」のための変形を加えた [ʅ] が使用されている。[ɿ] [ʅ] という記号は IPA 母音図にはないが、中国の音声学書ではもっぱらこの記号が使われている。スウェーデンの中国語学者カールグレンが使用して以来慣用されるようになったもので、スウエーデン方言字母から借用したといわれる。

⑵ 〈er〉について

　韻母〈er〉の発音は、[ə]を発する口の状態はそのままで、舌尖のみ軽く持ち上げわずかに後ろにそらせるというもの（上あごとの接触はない）。第二成分としての〈r〉は摩擦をともなわずに発せられ、母音のようにひびかせられる。つまり、文字 r は、母音 [ə]にそり舌動作が加わることを指示するしるしと考える。この韻母の特徴は、声調により開口度に差があることで、第２声・第３声では口を中くらいに開けた半狭母音の [ər]だが、第４声では口の開きをより大きくした広母音の [ar]もしくは [ɐr]となる（[ɐr]は [ar]を精密表記したもの）。

[注] 伊地智善継ほか著『東方中国語講座①、総合基礎篇』（東方書店）において、この〈er〉について、「国際音声記号では [ər]とかきますが、[ə]の後ろに [r]という子音がつづくというよりも、r 的色彩をもった [ə]であるといえるでしょう。」と記述している。韻母〈er〉は、一般に、[ɚ]（あるいは [ɹ]）と表記されるが、これだと [ə]のあとに [r]（＝[ɹ]）が子音として発音されるようでまぎらわしいので、かわりにアメリカ英語で用いられるそり舌母音記号の [ɚ]（bird [bɚːd]の母音で「カギ付きシュワー」とよばれる）を使うほうが適切かもしれない。この記号は、[ə]の母音段階から「そり舌化」が始まってその音質を変えることを明示したものである。[ə]の右上に小さな r の文字をつけ、それを簡略にしたのが [ɚ]という記号である。

2.6　介音としての 〈i〉〈u〉〈ü〉とその音声表記

　介音とは声母と主母音に挟まれて現れる音ということで、その特徴はわたり音化した母音であり、しかしすぐ後ろにある主母音のように強くは発音されないものである。介音は三種類あり、いずれも後続母音より口の開きが小さく狭いという特徴をもっている。韻母のなかで主母音の前に位置するという理由で半母音（＝接近音）として扱われ、音声記号として [j]［w]［ɥ]が使われることがある。いっぽうこれらを音節主音に対する音節副音とみなして、それを意味する補助符号を添加して [i̯]［u̯]［y̯]と表記するという考え方もある。中国語の介音は、日本語の「や行」や「わ」の半母音 [j]［w]と比べると、発音時間は日本語のそれらほど短くなくひびきも弱くないので、半母音というより母音とみなすことが適当かもしれない。介音としての [i̯]［u̯]は、後続の母音（主として [a]の場合）の影響をうけてより舌位置の低い [e̯]［o̯]で発音されることもある。

3. ━━━ 複母音（二重母音・三重母音）韻母の発音

3.1 単母音と複母音

　母音は構成の上から単母音と複母音に分けられる。単母音は、発音している間舌がひとつの位置にじっととどまっていて、初めから終わりまで音色が変わらない、いわば「動かない母音」である。韻母としては〈a、e、o、i、u、ü、-i〉がある。これに対し、複母音（二重母音の場合と三重母音の場合とがある）は、発音している間に、ある母音からべつの母音へなめらかに渡って音色が変化する、「動く母音」である。母音字2個ないし3個で書かれるが、あくまでも同じ音節に属し、結びつきの強いかたまりなので一息で発音しなければならない。複母音韻母としては、つぎの3グループがある。

⑴ 〈ai、ei〉〈ao、ou〉

　主母音のあとに韻尾が続くグループで、第1字の主母音を長めに発音し、第2字の韻尾は軽くそえるだけである。ふたつの母音の間は絶対に切り離さず、「アーィ」「エーィ」「アーゥ」「オーゥ」となだらかに流れ下るように発音する（「アーィ」「アーゥ」はそれぞれ「アーェ」「アーォ」とも聞こえる）。発音時間は、主母音7に対し韻尾3の割合か。中国語の「愛〈ai〉」と日本語の「愛〈ai〉（アイ）」を比べると、文字の上ではどちらも二つの母音字で書きあらわされるが、重要な違いがある。中国語の〈ai〉は、[a]と[i]が「強・弱」の組み合わせ（[a]が強で、[i]が弱）で切れ目なく発音されるのに対し、日本語の〈ai〉（アイ）は、同じ強さの2母音の連続として（ただし高低差をつけて）発音する。日本語の「はい！（応答の語）」と中国語の〈hai（害）〉を比べてみても舌の動きの違いがよくわかる。英語にも同様の二重母音があるが（例：[ai] eye、[ei] cake、[au] now、[ou] know、[ɔi] boy）、発音法はだいたい中国語と同じである。

⑵ 〈ia・ie〉〈ua・uo〉〈üe〉

　主母音の前に介音が加わるグループで、狭い母音ではじまり、すぐうしろの主母音〈a、o、ê〉に移るというもの。この場合も主母音は長く明瞭に発音される。ここでの介音〈i・u・ü〉は、前述したように（→ §2.6）、日本語「ヤ」や「ワ」における半母音と異なり、とくに声母の後ろではふつうの母音に近くやや長めに発音される。すなわち、〈ia〉は「ヤー」ではなく「ィアー」、〈ua〉は「ワー」ではなく「ゥアー」、〈ie〉は「ィエー」、

〈uo〉は「ゥオー」のように。なお、〈ie〉を「イ+エ（家）」、〈uo〉を「ウ+オ（魚）」のように発音すると、二つの母音が並列したかたちの2音節になってしまう。

[注] 日本語に「や（矢）」と「いや（否）」ということばがあるが、これを中国語の〈ya（芽・雅）〉という発音と比べると、中国語の〈ya〉の出だしの音の長さは、日本語の「や」と「いや」の中間ぐらいと思われる。

(3) 〈iao・uai・iou・uei〉

狭い母音（介音）にはじまり、核となる母音〈a・o・e〉をへて、そして狭い母音（韻尾）でおわるというグループ。〈iou〉と〈uei〉の場合、母音 o と e は前後音からの影響をうけやすく、声母があると、まん中の主母音は口の開きがさらに小さくなり脱落に近い状態になる。しかし主母音は消えるわけではなく、声調が第3声・第4声のとき o と e はわりあい明瞭に聞こえる（→第9章 §4.3 (1)(2)）。初期の中国語学習者にとっては、〈-iu〉〈-ui〉の発音は（習得が難しいので）、主母音 o・e を脱落させない学習法が望ましいと思われる。

3.2 二重母音における母音の舌位変化図

母音図で二重母音を示す場合は、出発点からの音の移動を矢印→で示すことになっている。

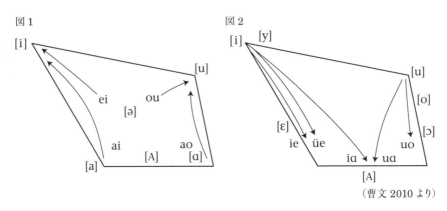

図1

図2

（曹文 2010 より）

二重母音に関しては、a) 舌位の移動方向による分類と、b) 舌位の移動距離による分類がありうる。a) についていえば、舌が上向きの二重母音と下向きの二重母音という区別ができる。舌が韻尾 i の位置に向かって動く〈ai・ei〉と、韻尾 o・u の位置

に向かって動く〈ao、ou〉が、上向きの二重母音である（図1参照）。そして、舌が主母音に向かって動く〈ia、ie、üe〉と〈ua、uo〉が、下向きの二重母音である（図2参照）。つぎに b) についていえば、舌の移動距離が比較的長い〈ai、ao、ia、ua〉と、比較的短い〈ei、ou、ie、üe、uo〉、という区分が可能である。舌の移動距離が短い〈ei、ou〉の場合、〈ai、ao〉にくらべ二重母音としての性格がよわい。ふたつの母音の調音位置が近く舌の動きもすくないため、舌位が平均化されて日本語の「エー」「オー」のような長母音になりやすい。そうならないように「イ」の音をひびかせることを意識するようにしたい。

[注] a) の項に関しては、調音の強さという観点から、〈ai・ao〉などを漸弱的二重母音、〈ia・ua〉などを漸強的二重母音とよぶこともある。前者は調音の強度が弱まっていくものであり、後者は調音の強度が強まっていくものである。

3.3　韻尾〈i、o、u〉の発音特徴

韻母〈ai〉〈ei〉〈ao〉〈ou〉は、2字一組の典型的な二重母音である。これらを音声表記する場合、韻尾の音を [i] [u] ではなく [ɪ] [ʊ] を用いるのが一般的である。すなわち、それぞれ [aːɪ] [eːɪ] [aːʊ] [oːʊ] と表記される（この場合、韻尾として書かれるピンインの o と u はほとんどおなじ音価で、[ʊ] である）。前述のように、これらの韻母では、最初の第1母音は強く長く発音され、第2母音は力を抜いて軽く添えられるだけの弱母音である。「軽く添えられる」というのは、第2母音へは向かうだけであり、その位置に至りつくのではない（至らないのがふつう）ということである。二重母音の発音はこの点が重要であって、日本人が第2母音を、単母音のときと同じようにていねいに発音するのは、かえって不自然ということになる。よって、第2母音の特徴をより正確に記号に反映させるために、記号は [i] [u] なく [ɪ] [ʊ] を用いるべきなのである。記号 [ɪ] [ʊ] の発音特徴については §2.4 参照。

4.　──── 音節を閉じる韻尾〈n・ng〉の発音

4.1　開音節と閉音節

日本語では子音は音節のはじめにだけあり、音節は、撥音「ン」を除けばかならず母音で終わる。このような音節は、口を開いたまま終わるかたちなので「開音節」とよばれている。これに対し、英語では子音で音節を閉じるものが圧倒的に多く、これを

「閉音節」という。日本人は習慣上［子音＋母音］の音節を中心に発音するので、そういう音ははっきり聞き取れるが、その反対の［母音＋子音］の音節は、口も耳もまったく慣れていないので、発音するには特別の困難がある。つぎの図は、広東語の、〈a〉を主母音にもつ２つのタイプの音節を示したものである。左側は、日本人は〈パ・タ・カ〉〈マ・ナ・ンガ〉と問題なく発音できるが（「ンガ」という音節は日本語にはないが、発音することは容易である。鼻濁音で発音すればよい）、右側の音節になると、発音し分けることも聞き分けることも難しい。

［子音＋母音］	pa, ta, ka	［母音＋子音］	ap, at, ak
の開音節	ma, na, nga	の閉音節	am, an, ang

　英語の、たとえば map、not、look といった単語の［p・t・k］は、閉鎖したあとそれを開放して息を出してもよいし無開放にして息を出さなくてもよい（通常は後者のほうが多い）。しかし広東語の韻尾の［p・t・k］は閉鎖するだけで解放はされず、それぞれの口の状態にして息の流れを断つ（すなわち息を外に出さない）ように発音される。開放されなければ音声としては聞こえず、無音の状態が続くことになる。このような発音は日本語では経験することのないもので、したがって日本語話者としては、閉鎖のままで終わる子音の発音法を特別に練習する必要がある。広東語では、閉鎖音韻尾三種に対応するかたちで鼻音韻尾三種［m・n・ŋ］がある。両唇の閉鎖をともなう［p・m］の調音は比較的聞き取られやすいが、口腔内部でつくられる［t］と［k］、［n］と［ŋ］の場合は違いが識別されにくく、聞きとりが難しい。これらを安定的に区別できるようにするには、閉鎖のまえの母音段階（この段階で舌は子音に向かって動いている）からの聞きとりを確実にする訓練が有効である。子音の閉鎖の位置の違いが直前の母音の音質に微妙な影響を与え、その音質が聞き手に認知されるのである。

4.2　日本語の「ン」音と中国語の鼻音韻尾

　日本語の「ン」はやや長めに調音される鼻音であるが、単語の中では、環境に応じていろいろな音（変種）が実現される。たとえば、「かんぱい（乾杯）」「かんめい（感銘）」の「ん」は［m］、「かんどう（感動）」「かんたい（歓待）」の「ん」は［n］、「かんこう（観光）」「かんがい（灌漑）」の「ん」は［ŋ］、である。しかしふつうの日本人は「ン」の発音におけるこのような違いをまったく意識していないし、「ン」の音価はひとつだけだと思っている。そのため日本人は、「ン」音に似た中国語の鼻音韻尾〈n〉〈ng〉を、

どうしても同じ音のように聞き取ってしまうのである。しかし、中国語のこのふたつの韻尾は、意味の違いを生じさせてしまう重要な音要素なので、学習者はこれをきちんと聞き分け、発音し分けなければならない。しっかりと習熟するためには、かなり意識的な練習が必要となるが、その第一歩として、まず日本語の「ン」音を発音するときの舌のはたらき、すなわち、「ン」音の調音運動についてよく理解することが必要である。

日本語に「タンナ（丹那）」「タンガ（旦過）」という地名がある。丹那は静岡県の地名、旦過は福岡県北九州市の地名である。それぞれをローマ字表記すると、tanna、tangaであるが、そこからtaの部分を除くと、nna（ンナ）とnga（ンガ）という開音節の音がのこる。そこで、つぎにそれぞれの音節のaをnの前に転位させると、ann、angという閉音節構造が得られるが、その発音がすなわち［an］、［aŋ］である。この説明で、閉音節をなす母音の後ろの［n］と［ŋ］のつくり方がある程度理解されたと思われるが、英語にも son［sʌn］と sung［sʌŋ］、win［win］と wing［wiŋ］のように、母音が同じで［n］と［ŋ］の部分だけで意味が区別される単語の例があることを指摘しておく。

4.3 韻尾〈n〉〈ng〉の口蓋図

図3

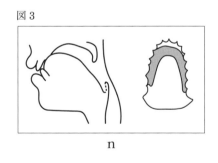

n

図4

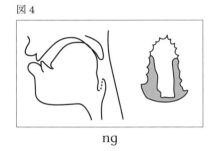

ng

（曹文 2010 より）

〈n〉の調音（図3）では、舌尖および舌の両側面をすべて上歯茎に沿って接触させ、口腔から息がもれないようにし、有声の呼気を鼻から流出させる。これに対し、〈ng〉の調音（図4）では、奥舌面をもちあげて軟口蓋にあて同時に奥舌の両側面も上あごにつける。これによって、呼気は口腔から出るのが抑えられ鼻のほうへ向けられる。なお、〈ng〉の調音の場合、奥舌面は軟口蓋に軽く触れるぐらいにして強く押しつけることはしないので、破裂音［g］の音はともなわない。［ŋ＋g］という2音のつながりでなくて［ŋ］という1音で発音するのである（中国語には、［mb］［nd］という音

連続は存在しないので、[ŋg]（ング）という音連続もありえない）。

　ところで、日本語の「案内」「案外」という単語における「アン」はそれぞれ[an][aŋ]であるということで、その違いはよく中国語の〈an〉〈ang〉と対比される。しかし日本語の「アン」は2モーラで、「ア」と「ン」の間を、声門を閉じて区切って発音することが可能であるのに対し、中国語の〈an〉〈ang〉は決して途中で区切られることはなく、あくまで一体に発音される。そのため、主母音は、自然な調音では、韻尾の調音位置に連動するように舌の位置が動きやすい。一般に、韻尾〈n〉の前では舌は前に進められ、韻尾〈ng〉の前では舌はうしろに引かれるという傾向があり、そのため、〈an〉〈ang〉の場合は前舌の[a]と奥舌の[ɑ]が、〈en〉〈eng〉の場合は中舌の[ə]と奥舌の[ɤ]が、〈in〉〈ing〉の場合は狭い[i]と広めの[ɪ]（[ɪ]は[i]よりも舌位置をすこし下げてやや後ろに引く）が、それぞれ実現されるのである。これに対し日本語では、母音も「ン」も各1モーラで発音するよう意図されるためか、その母音は「ン」の影響をうけることが少なく、したがって中国語のような音の変動は起きにくいと考えられる。

[注]　たとえば、「三个」「办公」という2音節語において、「三」と「办」は、韻尾が後続音節の声母gの影響をうけて同じ調音点のngに発音されることがある（[n]→[ŋ]）。その結果、「三」sānは「桑」sāngと、「办」bànは「傍」bàngと同音になるかというと、同音にはならない。なぜなら、「三」が[san]→[saŋ]となっても、前舌の[a]はそのままなので、奥舌の[ɑ]をもつ「桑」とは、主母音で区別が保たれるからである。

5. ──── 日本語と中国語の母音の比較

5.1　日本語母音と中国語母音の違い

　日本語の母音と中国語の母音を比較した場合の、相互の舌の位置関係を整理すると、概略、図5のようである。中国語の母音は、表7-1で示した記号をそのまま掲げ、日本語母音はカタカナで記している。

図5

	高母音	中母音	低母音
前舌（非円唇） 前舌（円唇）	［i］—「イ」—［ɪ］ ［y］	［e］—「エ」—［ɛ］	［a］
中舌（非円唇）	「ウ［ü］」	［ə］（=［ë］）	［ɐ］—「ア」—［ʌ］
奥舌（非円唇） 奥舌（円唇）	「ウ［ɯ］」 ［u］—［ʊ］	［ɤ］ ［o］—「オ」—［ɔ］	［ɑ］

　この図をみると、日本語は母音を5種類にしか分けないが、中国語はもっと多くの種類を分けていることがわかる。日本語母音の各個別音は、「ア」は［ɐ］と［ʌ］の中間（どちらかといえば［ɐ］に近い）、「イ」は［i］と［ɪ］の間、「エ」は［e］と［ɛ］の間、「オ」は［o］と［ɔ］の間、ととらえてその位置に配置した。「ウ（［ɯ］）」は舌の高さは［u］—［ʊ］のあたりであるが非円唇である。もうひとつの「ウ（［ü］）」は「ツ・ヅ、ス・ズ」の場合で、これは中舌母音である。日本語と中国語の母音は、厳密にいえば、完全に同じものはないといって過言ではない。音のつくり方（舌の動き、口の開け方、唇のかたちなど）において種々の程度の異なりがあると考えられるからである。音節構造の違いもおおきい。日本語発音における唇の不活発さについてはなんどかふれた。

　日本語母音と中国語母音の違いでもうひとつ顕著なのは、子音と母音との結合規則がたいへん違っているということである。日本語母音は原則として子音との組み合わせが自由であるのに対し、中国語母音は子音（声母）との組み合わせは自由ではなく、結びつく相手が決まっているのである。その結合規則は次表のようである。○は結合があるしるし、—は結合がないしるしである。

	唇音	舌尖音	舌根音	舌面音	そり舌音	舌歯音
a	○	○	○	—	○	○
e	—	○	○	—	○	○
o	○	—	—	—	—	—
i	○	○	—	○	—	—
u	○	○	○	—	○	○
ü	—	○（n lのみ）	—	○	—	—

5.2 日本語と中国語の母音対照表

つぎに、日本語と中国語の母音対照表をかかげる。この表では、中国語カタカナ表記の例をいっしょに掲げた。これは、池田巧著《現代中国語音節カタカナ発音表記（2014年版）》（庄司博史編『世界の文字事典』丸善出版所載）によるものである。

表7-6

日本語	中国語		中国語音節カタカナ発音表記の例
ア	[A]	a, ia, ua	ba バァ、ta タァ、za ヅァア、jia ジア、xia シア、ya ヤ、gua グワ、zhua ヂユワ
	[a]	① ai, uai ② an, uan	gai ガイ、hai ハイ、zhai ヂャイ、sai サイ pan パン、tan タン、ran ロァン、can ツァン
	[ɑ]	① ao, iao ② ang, iang, uang	ao アオ、mao マオ、lao ラオ、hao ハオ ang アァン、fang ファァン、nang ナァン、 shang シャァン、cang ツァァン
	[ɐ]	e	（軽声のときの me マ、de ダ、ne ナ、le ラ）
イ	[i]	① i ② in	yi イ、bi ビィ、di ディー、ni ニィ、ji ジィ yin イン、lin リン、xin シン
	[ɪ]	ing	ying イィン、ting ティン、jing ジィン
	[ɿ]	-i	zhi ヂー、chi チー、shi シー、ri リー
ウ	[u]	① u ② un	wu ウ、mu ムゥ、nu ヌゥ、ru ロゥ、su スゥ dun ドゥン、gun グン、zhun ヂユン
	[ʊ]	ong, iong	nong ノォン、zhong ヂォン、jiong ジオン
	[ʅ]	-i	zi ヅー、ci ツー、si スー
エ	[e]	ei, uei	fei フェイ、shei シェイ、wei ウェイ
	[ə]	（= [ë]） en, uen	en エン、ken ケン、shen シェン、wen ウェン、 gun グン、shun シュン、sun スン
	[ɛ]	① ê, ie, üe ② ian, üan	ye イエ、die ディエ、yue ユエ、nüe ニュエ yan イエン、mian ミエン、yuan ユエン
オ	[o]	① o ② ou, iou	bo ボォ、mo モォ、fo フォ dou ドウ、hou ホウ、rou ロォウ、niu ニウ
	[ɔ]	uo	wo ウオ、duo ドゥオ、kuo クゥオ、ruo ロゥオ
—	[y]	① ü ② ün	yu ユィ、nü ニュィ/ニュ、ju ジュィ/ジュ yun ユィン/ユン、jun ジュィン/ジュン

—	[ɤ] ① e ② eng, ueng	e ヲァ、de ドヲ、ge ゴヲ、zhe ヂヲ、ze ヅヲ eng ヲン、beng ボヲン、geng ゲヲン、 neng ネヲン、sheng ション、ceng ツヲン
—	[ə ～ ɐr] er	er アル

[注1]〈ong·iong〉は、〈ung·iung〉と書いてもいいものであることは前章の§3で述べた。その主母音について、声母〈zh·ch·r〉のときは「オ」に近く、それ以外の声母のときは「ウ」に近く発音されるという観察がある（平井2012）。

[注2]中国語の [y] と [ɤ] の場合は、日本語のなかに相応する音声がない。したがって、カナでピッタリ書きあらわす方法はない。

(1) 中国語の主母音の発音特徴

　上の表は、日本語の5母音「ア」「イ」「ウ」「エ」「オ」それぞれの調音域に該当すると考えられる中国語の母音を対照したものである。たとえば、日本語の「ア」の範疇に類別される（すなわち、日本人が「ア」と聞く）中国語母音は4種（[A] [a] [ɑ] [ɐ]）あることを示している。これは、言い換えれば、「ア」は中国語では4つの音に細分されるということである。同様に、日本人が「イ」と聞く母音には [i] [ɪ] の2種があり（舌尖母音はのぞく）、「ウ」と聞く母音には [u] [ʊ] の2種があり、「エ」と聞く母音には [e] [ë] [ɛ] の3種があり、「オ」と聞く母音には [o] [ɔ] の2種があることを示している。中国語の主母音の音価がこのように多様で煩雑なのは、前後に接する音の環境に応じて少しずつ発音しやすいかたちに変異（推移）するからである。とりわけ韻尾の存在が、主母音の発音に影響するところがおおきい。日本語の5母音はいつでもどこででもほぼ同じ音色を保って安定しているので、そういう習性に慣れた日本語話者は、主母音の発音（音価）を変える中国語の音節調音の流儀にはなかなかなじめないと感じるわけである。

(2) 音素と異音

　表中の母音記号の種類が多いが、それは、少しでも違う音と観察されればそれを詳細に記述するように記号を区別して用いているからである。ところで、現代言語学の必須の概念として「音素（おんそ）」（phoneme）というものがある。言語音声がコミュニケーションの役割をなすのは意味との結びつきがあるからであるが、さまざまに異なる音を「意味の区別に役立つかどうか」という観点から抽出した音の最小単位を音素という。たとえば、中国語の一字の単語「bǎ（把）」「bǐ（比）」「bǔ（捕）」は子

音が同じで母音部分で意味が区別されるので、/a/・/i/・/u/は別々の音素とされ、「bǎ（把）」「mǎ（马）」「fǎ（法）」は母音が同じで子音部分で意味が区別されるので、/p/・/m/・/f/は別々の音素と認定される（音素に対する記号は斜線かっこに入れられる。ピンインbの音素表記は/p/である）。これに対し、意味の区別に役立っていない音の区別は音素とみなさない。たとえば、ピンインで〈a〉と書かれる文字の発音は［A］［a］［ɑ］［ɛ］四とおりあるが（→§2.2の表7-3）、これらは音質上の違いはあるものの意味の区別をもたらすものでないので音素とはよばない。この場合は、音素/a/を構成する（あるいは音素/a/にまとめられる）四つの「異音（いおん）」があるという解釈になる。同様に、［i］［ɪ］は音素/i/にまとめられるふたつの異音、［u］［ʊ］は音素/u/にまとめられるふたつの異音、と説かれる。一般に外国語学習では、意味の区別に必要な音素についてはきちんと発音しわけられるよう意識的に習得されるが、意味区別をはたさない異音の違いは無視されがちである。しかしより自然な母語話者らしい発音を身につけたいと望むならば、異音のような細部の発音差にも（音素以上に）注意をむけたいものである。どの外国語を学ぶにあたっても、発話される母音・子音のひとつひとつが音素であるのかそれとも（ある音素の）異音であるのかを知ることはたいへん必要なことである。ちなみに、現行のピンインローマ字は中国語の「音素」の相違をもとに定められた文字体系である。すなわち、音素と文字とが一対一に対応するのが基本となっている（一部対応しないものもある）。

(3) 日本語の「ツ・ズ（ヅ）・ス」と中国語の〈zi・ci・si〉

　日本語の「ツ・ズ（ヅ）・ス」と中国語の〈zi・ci・si〉は音色がよく似ている。両者共通の特徴として、その母音（日本語は［ɯ̈］、中国語は［ɿ］）は、どちらも［ts・dz・s］といった舌尖歯裏音とのみ結合し、それ以外の子音とはいっしょに用いられないということがある。ではその違いはなにかというと、日本語の［ɯ̈］は舌面母音の一種で、中舌面を高め舌尖は下がっているのに対し、中国語の［ɿ］は、舌尖は上下の前歯の方向にまっすぐ向かっており、その舌位置で［s］の摩擦音を音節のおわりまで声を伴ってひびかせる。したがって子音と母音の境界がはっきりしない。日本語の［ɯ̈］と中国語の［ɿ］は、口中の舌構えがおおきく異なるので区別する必要があるのである。

（韻母発音の区別練習）

つぎの各種の対立音を発音しなさい。

1) zi ci si — zhi chi shi

 zīyuán 资源 **zì**zào 自造 **cí**xù 词序 **sī**rén 私人

 zhīyuán 支援 **zhì**zào 制造 **chí**xù 持续 **shī**rén 诗人

2) zhi chi shi — ji qi xi

 zhìxù 秩序 zá**zhì** 杂志 **chǐ**yīn 齿音 **shī**wàng 失望 jiǔ**shí** 九十

 jìxù 继续 zá**jì** 杂技 **qǐ**yīn 起因 **xī**wàng 希望 jiǔ**xí** 酒席

3) zi ci si — ji qi xi

 zīběn 资本 **cí**diǎn 词典 **cì**hòu 伺候 **sì**yuàn 寺院 mò**sī**kē 莫斯科

 jīběn 基本 **qǐ**diǎn 起点 **qì**hòu 气候 **xì**yuàn 戏院 mò**xī**gē 墨西哥

4) i — ü

 yímín 移民 **jì**jié 季节 **dì**qī 第七 **xì**qǔ 戏曲 **lǐ**yóu 理由

 yúmín 渔民 **jù**jué 拒绝 **dì**qū 地区 **xù**qǔ 序曲 **lǚ**yóu 旅游

5) u — ü

 xià**wǔ** 下午 jì**lù** 纪录 shǒu**shù** 手术 **shù**mù 树木 **zhǔ**lì 主力

 xià**yǔ** 下雨 jì**lǜ** 纪律 shǒu**xù** 手续 **xù**mù 畜牧 **jǔ**lì 举例

6) i — e

 yí **cì** 一次 **shí**tou 石头 **zhí**xiàn 直线

 yí **cè** 一册 **shé**tou 舌头 **zhé**xiàn 折线

7) e — u eng — ong

 gèguó 各国 **hé**nán 河南 yán**sè** 颜色 **dēng**jì 登记 **néng**lì 能力

gùguó 故国　húnán 湖南　yánsù 严肃　dōngjì 冬季　nónglì 农历

8) en — eng

gēnjù 根据　shēnmíng 申明　zhěnzhì 诊治　mùpén 木盆　guāfēn 瓜分
gēngjù 耕具　shēngmíng 声明　zhěngzhì 整治　mùpéng 木棚　guāfēng 刮风

9) in — ing

jīnyú 金鱼　pínfán 频繁　rénmín 人民　jìnzhǐ 禁止　jīnyín 金银
jīngyú 鲸鱼　píngfán 平凡　rénmíng 人名　jìngzhǐ 静止　jīngyíng 经营

10) an — ang

fǎnwèn 反问　tiāntán 天坛　mùchuán 木船　jīguān 机关
fǎngwèn 访问　tiāntáng 天堂　mùchuáng 木床　jīguāng 激光

第 8 章

中国語の音節表

1. ——— 声母と韻母の組み合わせ関係

1.1 中国語の基本音節表

　中国語の学習書・参考書には、たいてい1枚刷りの音節一覧表が収載されている。この表は、ヨコ方向に同じ声母の音節を、タテ方向に同じ韻母の音節を配置し、現代中国語に用いられる400個あまりの、声調の区別を抜きにした音節を網羅したものである。その発音は左端の声母のローマ字と最上欄の韻母のローマ字との組み合わせでつづられるが、どういう組み合わせが可能で、どういう組み合わせが可能でないかが、一見してわかるようになっている。

表 8-1

韻母＼声母	1													
	a	o	e	-i	er	ai	ei	ao	ou	an	en	ang	eng	ong
b	ba	bo				bai	bei	bao		ban	ben	bang	beng	
p	pa	po				pai	pei	pao	pou	pan	pen	pang	peng	
m	ma	mo	me			mai	mei	mao	mou	man	men	mang	meng	
f	fa	fo					fei		fou	fan	fen	fang	feng	
d	da		de			dai	dei	dao	dou	dan		dang	deng	dong
t	ta		te			tai		tao	tou	tan		tang	teng	tong
n	na		ne			nai	nei	nao		nan	nen	nang	neng	nong
l	la		le			lai	lei	lao	lou	lan		lang	leng	long
g	ga		ge			gai	gei	gao	gou	gan	gen	gang	geng	gong
k	ka		ke			kai		kao	kou	kan	ken	kang	keng	kong
h	ha		he			hai	hei	hao	hou	han	hen	hang	heng	hong
j														
q														
x														
zh	zha		zhe	zhi		zhai	zhei	zhao	zhou	zhan	zhen	zhang	zheng	zhong
ch	cha		che	chi		chai		chao	chou	chan	chen	chang	cheng	chong

sh	sha		she	shi		shai	shei	shao	shou	shan	shen	shang	sheng	
r			re	ri				rao	rou	ran	ren	rang	reng	rong
z	za		ze	zi		zai	zei	zao	zou	zan	zen	zang	zeng	zong
c	ca		ce	ci		cai		cao	cou	can	cen	cang	ceng	cong
s	sa		se	si		sai		sao	sou	san	sen	sang	seng	song
	a	o	e		er	ai	ei	ao	ou	an	en	ang		

表 8-2

韻母〉声母	2									
	i	ia	iao	ie	iou	ian	in	iang	ing	iong
b	bi		biao	bie		bian	bin		bing	
p	pi		piao	pie		pian	pin		ping	
m	mi		miao	mie	miu	mian	min		ming	
f										
d	di		diao	die	diu	dian			ding	
t	ti		tiao	tie		tian			ting	
n	ni		niao	nie	niu	nian	nin	niang	ning	
l	li	lia	liao	lie	liu	lian	lin	liang	ling	
g										
k										
h										
j	ji	jia	jiao	jie	jiu	jian	jin	jiang	jing	jiong
q	qi	qia	qiao	qie	qiu	qian	qin	qiang	qing	qiong
x	xi	xia	xiao	xie	xiu	xian	xin	xiang	xing	xiong
zh										
ch										
sh										
r										
z										
c										
s										
	yi	ya	yao	ye	you	yan	yin	yang	ying	yong

表 8-3

韵母／声母	3									4			
	u	ua	uo	uai	uei	uan	uen	uang	ueng	ü	üe	üan	ün
b	bu												
p	pu												
m	mu												
f	fu												
d	du		duo		dui	duan	dun						
t	tu		tuo		tui	tuan	tun						
n	nu		nuo			nuan				nü	nüe		
l	lu		luo			luan	lun			lü	lüe		
g	gu	gua	guo	guai	gui	guan	gun	guang					
k	ku	kua	kuo	kuai	kui	kuan	kun	kuang					
h	hu	hua	huo	huai	hui	huan	hun	huang					
j													
q										ju	jue	juan	jun
x										qu	que	quan	qun
zh	zhu	zhua	zhuo	zhuai	zhui	zhuan	zhun	zhuang		xu	xue	xuan	xun
ch	chu		chuo	chuai	chui	chuan	chun	chuang					
sh	shu	shua	shuo	shuai	shui	shuan	shun	shuang					
r	ru		ruo		rui	ruan	run						
z	zu		zuo		zui	zuan	zun						
c	cu		cuo		cui	cuan	cun						
s	su		suo		sui	suan	sun						
	wu	wa	wo	wai	wei	wan	wen	wang	weng	yu	yue	yuan	yun

　いうまでもなく、中国語の発音は音節単位でおこなわれる。すなわち、「声母＋韻母」の結合体をひとかたまりとしてそれを一続きに発音する。それが具体的な発音の単位であり、発音の基礎である。この音節一覧表は、全体として中国語音声のしくみを明快に示しており、音声教育の資料として、あるいは発音教育の教材として、有効に活用できるものとなっている。

1.2　声母・韻母の結合の種類

　声母と韻母を組み合わせるという場合、機械的にどのように組み合わせてもよいと

いうわけではない。そこにはさまざまな制限があり、そのため生成される音節の種類や数は限られている。じっさい、許容されない組み合わせもたくさんあるので、音節一覧表にはあちこちに多くのブランク（空白部分）が観察されるわけである。声母・韻母の組み合わせには一定のきまりがあり、それは次表のように整理されている。

表 8-4　声母・韻母の結合関係表

声母の分類	韻母の分類			
	a 類韻母 （開口呼）	i 類韻母 （斉歯呼）	u 類韻母 （合口呼）	ü 類韻母 （撮口呼）
b，p，m	○	○	○（u），×（u 以外）	×
f	○	×	○（u），×（u 以外）	×
d，t	○	○	○	×
n，l	○	○	○	○
g，k，h	○	×	○	×
j，q，x	×	○	×	○
zh，ch，sh，r	○	×	○	×
z，c，s	○	×	○	×

　上の表では、韻母は介音の存在によって四つのグループに分けられ、それぞれに「開口（かいこう）呼」「斉歯（せいし）呼」「合口（ごうこう）呼」「撮口（さっこう）呼」という名称が書かれている。これらは中国音韻学（伝統的な中国式の音声学）で慣用されている専門用語から取ったものであるが、中国語音節の特徴をよく表現して便利だということで、現代音を説明する場合でもよく利用されている。この四つの「呼」をまとめて「四呼（しこ）」という。四呼による韻母の分類については、すでに第 6 章で、表 6-1 として掲げてあるので、ここでは取り上げない。声母は八つの種類に分けている。〈d・t〉と〈n・l〉を分けたのは、前者は「ü 類韻母」との結合がないのに対し、後者にはその結合があるからである。

　表内の○印はその結合が可能であることを示し、×印は可能でないことを示している。×印のものとしては、つぎのようなものがある。
（ⅰ）〈b・p・m〉は、韻母 u 以外の u 類（合口呼）韻母とは結合しない。
（ⅱ）〈b・p・m〉は、ü 類（撮口呼）韻母とも結合しない。

(iii) 〈f〉は、i 類（斉歯呼）韻母とも、u 類韻母（韻母 u を除く）とも、ü 類韻母とも結合しない。

(iv) 〈d・t〉は、ü 類韻母と結合しない。

(v) 〈g・k・h〉は、i 類・ü 類の韻母と結合しない。

(vi) 〈j・q・x〉は、a 類・u 類の韻母と結合しない。

(vii) 〈z・c・s〉は、i 類・ü 類の韻母と結合しない。

(viii) 〈zh・ch・sh・r〉は、i 類・ü 類韻母と結合しない。

　こうしたきまりの多くは、中国語の長年にわたる発展の結果生まれたもので、長い歴史のなかのさまざまな音変化と関係があるものである。韻母のなかには、声母との組み合わせがまったくないものもある。それは、〈ê〉〈er〉〈ueng〉の三韻母である。これらはつねにそれだけで発音され、それぞれ独立した一音節をなしている。

［注］子音と母音を組み合わせて音節をつくる場合、その結合が許されるか許されないかについては、当然、言語間で相違がありうる。たとえば、中国語では〈g・k・h〉と母音〈i〉は結びつかず、したがって〈gi・ki・hi〉という音節はないが、日本語では「キ・ギ・ヒ」という音節があり、英語でも king・give・hit という単語がある。いっぽう、日本語では英語などからの外来語を除けば〈d・t〉と〈i・u〉との組み合わせはないが、英語・中国語はその組み合わせを豊富にもっている。また、〈s＋i〉（この i は舌面母音）という組み合わせは英語にあるが（sit、sing、see など）、日本語・中国語にはない。

2. ──── 声母・韻母の特徴的な結合制限

2.1 〈b・p・m・f〉と結合する韻母

　第 6 章の表 6-1 から知られるように、中国語には、〈a/ua〉、〈o/uo〉、〈ai/uai〉、〈ei/uei (-ui)〉、〈an/uan〉、〈en/uen (-un)〉、〈ang/uang〉、〈eng/ueng (-ong)〉という、同じ主母音をもつ八つの対をなす韻母の組が存在する。各組の左が開口呼韻母、右が合口呼韻母である。唇音声母はこのうち開口呼韻母とだけ結合し、合口呼韻母とは結合しない。その状況の一部を、表 8-5 に示す。

表 8-5

	b p m f	d t n l	g k h	zh ch sh r	z c s
〔開〕 an	搬潘蛮翻	单摊南兰	干刊汉	战产山然	咱餐散
〔合〕uan	———	端团暖乱	关宽换	专川拴软	钻窜酸
〔開〕 en	奔喷闷分	扽—嫩—	根肯痕	真陈伸人	怎参森
〔合〕un	———	蹲吞—轮	滚昆婚	准春顺润	尊村孙
〔開〕eng	崩朋盟风	登疼能冷	更坑哼	争称生扔	增层僧
〔合〕ong	———	东通农龙	工空红	中充—荣	宗聪松

　唇音声母が合口呼韻母（〈u〉を除く）と結合しないということは、唇音声母は u 介音と接触しない、それを排除する、ということである。その理由について、一般に「異化作用」という言語学用語で説明されている。「異化」とは、類似のあるいは同種の音が同一単語（あるいは音節）のなかで連続して現れた場合、同様の調音をくり返す煩わしさを避ける努力として、一方の音をほかの音に換えるかあるいは消失させるという現象をいう。中国語発音において、唇音声母と合口介音（u）という唇を使うふたつの調音が連続するのは話し手の口に合わないものだったようで、それを回避したいために介音 u が省略された（それで唇音声母は開口呼韻母だけと結合することとなった）、と推論されるのである。

　〈eng/-ong〉の組では、〈b・p・m・f〉と結合するのは〈eng〉である。〈-ong〉ではなくて〈eng〉であるという点はほかの開口呼韻母と共通するところであり、このことは、〈ong〉はたしかに合口呼所属であると判断できることを支持するひとつの根拠になる。

　〈o/uo〉の組は例外的である。すなわち、〈o〉は〈b・p・m・f〉とのみ結合しそれ以外の声母とは結合しない（〈do・to・no・lo、go・ko・ho〉という音節はない）のに対し、〈uo〉は〈b・p・m・f〉以外の声母とだけ結合する。つまり、両者は相補的な関係になっていて、真の意味での対立を形成するものではない。つぎの図参照。

	b p m f	d t n l	g k h	zh ch sh r	z c s
〔開〕 o	菠坡模佛	———	———	———	———
〔合〕uo	———	多脱挪锣	锅扩火	桌戳说若	昨错所

韻母〈o〉と〈uo〉が対立しないということは、「菠・坡・模・佛」の音節を合口呼としてあつかうこともあり得るということである。じっさいの発音もそれに適するような形になっている（→第7章§2.4、（5）の項参照）。ピンインでは唇音声母は合口呼韻母と結合しないという表記のきまりがあるので、〈buo・puo・muo・fuo〉でなく〈bo・po・mo・fo〉としたのは、それにしたがったということである。

開口呼韻母〈e〉も特殊である。「么」（「什么」「怎么」の接尾辞）を例外として除けば、〈e〉は〈b・p・m・f〉とは結合せず、結合するのはそれ以外の声母とだけである。ということは、〈b・p・m・f〉としか結合しないもうひとつの韻母〈o〉とは相補的な関係をなし、両韻母は対立しないことになる。しかし、〈me（么）〉という音節があるため、これを正式な音節と認めれば、〈e〉と〈o〉は対立することになる。〈me〉は、もとは〈mo（麼）〉だったもので、これだけが声調を失い〈me〉へ転じたのである（什么［ʂənmo］→［ʂənmə]）。

		b p m f	d t n l	g k h	zh ch sh r	z c s
〔開〕	e	——（么）	得特讷勒	哥科喝	遮车舌热	则策色
〔開〕	o	菠坡模佛	——	——	——	——

2.2 〈g・k・h〉〈z・c・s〉および〈j・q・x〉と結合する韻母

つぎの表は、3組の声母〈g・k・h〉〈j・q・x〉〈z・c・s〉と〔開〕〔斉〕〔合〕〔撮〕四つの呼の韻母とが結合した場合の、音節の存在状況を示したものである。

表8-6

	①g k h	②j q x	③j q x	④z c s
〔開〕 an	干看寒	—	—	赞餐伞
〔斉〕 ian	—→	建遣显	煎千先	←—
〔合〕 uan	官宽欢	—	—	钻窜酸
〔撮〕 üan	—→	绢圈悬	镌泉宣	←—
日本漢字音	カン	ケン	セン	サン

この表では〈j・q・x〉の音節を②と③に分けている。こうするのは、②の音節はもと①に所属し、③の音節はもと④に所属していたという、それぞれの源流を示すためである。歴史的にいうと、①と②、③と④はそれぞれ同声母だったのである。しかし、

ある時期に斉歯呼・撮口呼韻母の前で声母が舌面音に変わってしまったため、それぞれ声母を異にすることになったのである。こうして、①と④には斉歯呼と撮口呼の音節がなく、②と③には開口呼と合口呼の音節がないという現在の状態ができあがった。〈gian → jian〉、〈güan → juan〉、〈zian → jian〉、〈züan → juan〉という発音変化は音声学で「同化」とよばれるもので、世界の諸言語によくみられる現象である。この場合は、〈g・k・h〉と〈z・c・s〉が、後続の母音〈i・ü〉に導かれてその調音位置を硬口蓋に移した結果、どちらも〈j・q・x〉になった、ということである。前舌母音〈i・ü〉の調音域が硬口蓋なので、このような音変化を「口蓋化」と称している（「口蓋」は狭い意味では「硬口蓋」のみをさすことがある）。表8-6では〈-ian/-üan〉の例しかあげていないが、ほかに〈-i/-ü〉、〈-ie/-üe〉、〈-iao〉、〈-iu〉、〈-in/-ün〉、〈-ing〉、〈-iang〉にもそれに準じた口蓋化の変化があったことはいうまでもない。

②と③が区別されることは、日本漢字音のよみ方からも知ることができる。①と②がカ行音、④と③がサ行音でよまれているからである。なお現代の日本漢字音は、中国語音節の特徴である開口呼と合口呼、斉歯呼と撮口呼の区別を伝えていない（干＝官カン、建＝絹ケン、先＝宣セン、傘＝酸サン）。

2.3　〈zh・ch・sh・r〉と結合する韻母

現代の中国語では、声母〈zh・ch・sh・r〉は開口呼韻母と合口呼韻母とだけ結合し、斉歯呼・撮口呼韻母とは結合しない。次表参照。

表8-7

開口呼	斉歯呼	合口呼		撮口呼
zhi/chi/shi/ri 之　齿　诗　日	——	zhu/chu/shu/ru 珠　初　书　如		——
zhai/chai/shai 窄　拆　筛	——	zhuai/chuai/shuai 拽　揣　衰		——
zhan/chan/shan/ran 氈　蝉　煽　然	——	zhuan/chuan/shuan/ruan 专　船　闩　软		——
zhen/chen/shen/ren 真　陈　伸　人	——	zhun/chun/shun/run 准　春　顺　润		——

ところで、そり舌音音節におけるいまのような状態はいつごろから始まりそれ以前はどのようであったのか。それについて、歴史的にさかのぼって概観してみることにする。

つぎの表 8-8 は、宋・元・明（11 世紀〜15 世紀）時代の中国語の発音を示したものである。これによれば、現代のそり舌音は当時 2 種類の声母 [tʂ・tʂʰ・ʂ] と [tʃ・tʃʰ・ʃ・ʒ] に分かれており、前者は開口呼・合口呼韻母の前だけで発音され、後者は斉歯呼・撮口呼韻母の前だけで発音されるというしくみだった。つまり、両者は同じ韻母環境にあらわれることはなく、使い分けられ共存していたようなのである。この表に記す発音は、藤堂明保編『学研漢和大字典』（1978 年初版）に記載されているものを参考にした。ただし韻母の音価は筆者が推定したものである。

[注]　『学研漢和大字典』では、おもな親字に対し上古音（周・秦・漢）―中古音（隋・唐）―中世音（『中原音韻』の音）―現代音（北京音）という 4 とおりの発音（現代音以外は復原音）を掲げるかたちで、各字の音の変遷を記している。『中原音韻』は 1324 年に著わされた字音字典で、この時代を代表する音韻資料としておおきな価値をもつものである。その音は、かなりの程度までこんにちの北京語音の祖と考えられるもので、北京語音が標準語の地位に向かって抬頭していく過程のはじまりをなすものとして重要視されている。

表 8-8

開口呼		斉歯呼		合口呼		撮口呼	
[tʂï]支	[ʂï]施	[tʃi]制	[ʃi]世	[tʂʰu]初	[ʂu]數	[tʃiu]諸	[ʃiu]書
———		[tʃiɛ]者	[ʃiɛ]社	[tʂuo]卓	[ʂuo]朔	[tʃiuɛ]拙	[ʃiuɛ]説
[tʂʰau]抄	[ʂau]梢	[tʃiɛu]招	[ʃiɛu]少	———		———	
[tʂʰəu]愁	[ʂəu]瘦	[tʃiəu]周	[ʃiəu]手	———		———	
[tʂʰam]懺	[ʂam]杉	[tʃiɛm]占	[ʃiɛm]閃				
[tʂəm]岑	[ʂəm]森	[tʃiəm]針	[ʃiəm]深				
[tʂan]盞	[ʂan]山	[tʃiɛn]戰	[ʃiɛn]善	[tʂuan]撰		[tʃiuɛn]專	
[tʂʰan]襯		[tʃiən]真	[ʃiən]身			[tʃiuən]準	
———		[tʃiaŋ]張	[ʃiaŋ]商	[tʂʰuaŋ]窗			
[tʂəŋ]爭	[ʂəŋ]生	[tʃiəŋ]蒸	[ʃiəŋ]昇	[tʂʰuŋ]崇		[tʃiuŋ]終	

　この四呼状態が変化をうけて崩れはじめるのは明代（1368 〜 1644）の後期からで、それまで主要な位置を占めていた声母 [tʃ・tʃʰ・ʃ・ʒ] は、そり舌音化を進め明代末期までにすべて [tʂ・tʂʰ・ʂ・ʐ] に転じてしまった。同時に介音 [i] はなくなり、それをもっていた音節は全面的に開口呼・合口呼に集約され、斉歯呼・撮口呼の欄は空所になってしまった。現代の表 8-7 の状態は、このようにして成しとげられたのである。中国

語のそり舌音は、元代まではそれほど優勢ではなかったが、明代後期に激増し、そ
れ以後北方を中心に広く盛んに愛用されることとなった。

2.4 〈-i〉〈er〉をもつ音節と〈i〉をもつ音節の分化

　現代音では〈-i〉を韻母にもつ音節は7個あり、これらは開口呼に属す。〈er〉もゼ
ロ声母の音節で開口呼である。これに対し、〈i〉を韻母とする音節はゼロ声母をふく
めると11個あり、斉歯呼に属す。これら19音節を二呼に分け声母別にならべると、
次表のようである。

表8-9

	b p m	d t n l	j q x	zh ch sh r	z c s	ゼロ
開口呼				zhi/chi/shi/ri	zi/ci/si	er
斉歯呼	bi/pi/mi	di/ti/ni/li	ji/qi/xi			yi

　この表は、韻母〈-i〉と〈i〉が相互に出現のしかたが重ならないことを示すものであ
るが、このような状態は現代音だけのものなのか、それとも中国語が歴史的にもってい
たものなのか。以下、このことについて、すこし考察を加えてみることにする。つぎ
の表8-10は、①現代音、②中世音、③中古音、という三つの時代の中国語音を一
覧にして比較したものである。④として、③の中古音と関係の深い（つまりこの時期に
日本に移植された）日本漢字音の「漢音」の音よみを加えた。漢音は、遣唐使あるい
は入唐留学僧が唐のみやこ長安の発音を伝えたとされるものである。表の例字Aは
現代音で韻母〈-i〉〈er〉をもつもの、例字Bは現代音で韻母〈i〉をもつものである。
比較の便宜上例字は①～④共通となっている。現代音はピンインで記されるが、ほ
かの二者は音声記号で記される。中世音は藤堂明保編『学研漢和大字典』によるが、
中古音は筆者の推定による（→第14章§5、§6）。

表8-10

発音の時代区分		例字A・例字Bの発音
①現代音	開口呼	A 脂 zhī 侈 chǐ 尸 shī/資 zī 次 cì 私 sī/儿 ér 二 èr
	斉歯呼	B 比 bǐ 屁 pì/地 dì 尼 ní 梨 lí/饥 jī 弃 qì 戏 xì/伊 yī
②中世音	支思韻	A 脂 tʂï 侈 tʂʰï 屍 ʂï/資 tsï 次 tsʰï 私 sï/兒 ʝï 二 ʝï
	斉微韻	B 比 pi 屁 pʰi/地 ti 尼 ni 梨 li/飢 ki 棄 kʰi 戲 xi/伊 i
③中古音		A 脂 tɕi 侈 tɕʰiě 屍 ɕi/資 tsi 次 tsʰi 私 si/兒 ȵziě 二 ȵzi
		B 比 pi 屁 pʰi/地 di 尼 ȵi 梨 li/飢 ki 棄 kʰi 戲 xiě/伊 i

④日本漢字音 （漢音）	A 脂シ侈シ屍シ / 資シ次シ私シ / 児ジ二ジ
	B 比ヒ屁ヒ / 地チ尼ジ梨リ / 飢キ棄キ戯キ / 伊イ

　この表によれば、A・Bの発音の区別は中世音ではたしかに存在したことが了解される。『中原音韻』をみると、例字Aは「支思韻」に属し、例字Bは「斉微韻」に属すというように韻が異なっているので、AとBとで韻母が異なっていたことがわかるのである。表ではその韻母の違いを記号 [ï] と [i] で区別している。いっぽう中古音をみると、Aの「脂・資・二」とBの「比・地・棄・伊」は同じ [i] をもち、区別が認められない（[i] と [iě] という違う表記がみえるが、ここでの議論に関係がないので無視してよい。ちなみに唐代標準音では [iě] は [i] に統合された）。この状況は日本漢音の発音からも確認することができる。A・Bともに「イ」の母音で一貫しているからである。

　中古音・中世音・現代音を見比べてみると、例字Bはつねに同じ [i] を保ち変化を受けなかったのに対し、例字Aは中世では舌尖母音 [ï] になっている。言い換えれば、A・Bはひとつのまとまりであったのであるが、中世の時期までに発音の差を生じ分離するに至ったということである。支思韻韻母の記号[ï]は舌尖母音の音価[ɿ][ʅ]のふたつを一括したものである。

　表8-10の現代音をみると、例字Aでもうひとつ別の発音変化があったことが知られる。それは「児・二」の場合で、これらは中世の舌尖母音から現代のそり舌母音に発音が移っていった。その変化の推移（順序）については、第14章 §2.2で述べられているので、参照されたい。

　現代音の〈zi・ci・si〉音節は、〈zhi・chi・shi〉音節と違って（下の [注] 参照）、『中原音韻』ではほぼ全部が支思韻所属になっているので、韻母 [ɿ] に関しては、中世から現代まで無変化のままであったということがいえる。

[注] 表8-10について一言説明を加える。§2.3で述べたように、また表8-8でも示されるように、現代音の〈zhi・chi・shi〉音節は、中世音では、そり舌音音節（例字：脂侈尸のほかに支之纸止志至・齿翅・施诗师时史是市事など）と舌葉音音節（例字：知直質制治・池持耻尺・十实石失室世势など）に分かれる。『中原音韻』では、前者は支思韻に属し、後者は斉微韻に属している。

3. ─── 声母・韻母の可能な組み合わせのなかの空白

表 8-4 において、○印はその組み合わせが存在することを示すのであるが、しかしその「○」は、その「呼」に属するすべての韻母と結合できるということを意味するものではない。声母によっては、結合できる韻母があるいっぽう、結合できない韻母があるからである。以下、その不規則な結合関係に目を向けることとする。

(1) 斉歯呼に関するもの

斉歯呼には 10 個の韻母が含まれ、それらは 4 組の声母と結合する。

(i) 〈j・q・x〉は、斉歯呼のすべての韻母と結合し、例外はない。

これに対し、

(ii) 〈b・p・m〉は、〈i・ie・iao・ian・in・ing〉と結合するが、〈ia・iu・iang・iong〉とは結合しない。なお〈iu〉の場合、〈miu〉はあるが、〈biu〉〈piu〉はない。

(iii) 〈d・t〉は、〈i・ie・iao・iu・ian・ing〉と結合するが、〈ia・in・iang・iong〉とは結合しない。ただし〈iu〉の場合、〈diu〉はあるが〈tiu〉はない。

(iv) 〈n・l〉はほとんどの韻母と結合するが、〈iong〉とは結合しない。なお〈ia〉の場合、〈lia〉はあるが〈nia〉はない。

(2) 合口呼に関するもの

合口呼には 9 個の韻母が含まれ、それらは 5 組の声母と結合する（唇音声母 2 組を含めれば 7 組であるが、ここではそれらを除く）。

(i) 〈g・k・h〉と〈zh・ch・sh〉は、合口呼の〈ueng〉を除くすべての韻母と結合する。〈r〉については後述。

これに対し、

(ii) 〈d・t〉は、〈u・uo・ui・uan・un〉と結合するが、〈ua・uai・uang〉とは結合しない。

(iii) 〈n・l〉は、〈u・uo・uan・un〉と結合するが、〈ua・uai・ui・uang〉とは結合しない。ただし〈un〉の場合、〈lun〉はあるが〈nun〉はない。

(iv) 〈z・c・s〉は、〈u・uo・ui・uan・un〉と結合するが、〈ua・uai・uang〉とは結合しない。

(3) 撮口呼に関するもの

撮口呼には 4 個の韻母が含まれる。それらは 2 組の声母と結合する。

(i) 〈j・q・x〉は、撮口呼のすべての韻母と結合する。

これに対し、

(ii) 〈n・l〉は〈ü・üe〉と結合するだけで、〈üan・ün〉とは結合しない。

(4) 声母〈zh・ch・sh〉と〈r〉に関するもの

〈zh・ch・sh〉は開口呼・合口呼のほとんどの韻母と結合するが、〈r〉には結合しない韻母がある。それは、開口呼の〈a・ai・ei〉と合口呼の〈ua・uai・uang〉である。

(5) その他

中国語音節表には、〈bou〉〈tiu〉〈nun〉〈shong〉といった音節は見えず、その位置は空白になっている。これらは、中国語として発音可能な音結合であるが、現実の発音においてたまたま欠けているというものである。このような欠落箇所は言語学で「偶然のあきま」といわれる。そしてこれ以外の多くは「体系的あきま」といわれる。

——	pou (剖)	mou (某)	fou (否)
diu (丢)	——	niu (牛)	liu (留)
dun (頓)	tun (吞)	——	lun (轮)
zhong (中)	chong (充)	——	rong (容)

《参考》 中国語音節がふぞろいであることについての説明

以下の記述を理解するには、「中古音」についてのやや専門的な知識が必要である。中古音の発音については、第 14 章で詳しくあつかわれる。

(1) 〈b・p・m〉が〈iu・iang・iong〉と結合しないことについて

中古音に [piəu]（例字：否）・[piuɑŋ]（例字：方・放）[piuŋ]（例字：風・諷）という音節があったが、それらの音節では [p] → [f] という声母の変化があって、それにともなって介音 i がなくなり、こんにちの発音〈fou〉〈fang〉〈feng〉が形づくられた（中世音ではそれぞれ [fəu] [faŋ] [fuŋ] と発音されていた）。もし「否」「方」

「風」にこの変化が起こらずずっと［p］声母をもちつづけて介音 i が保たれていたならば、こんにちそれぞれ〈biu〉〈biang〉〈biong〉と発音されていたはずである。なお〈miu（謬）〉という音節があるが、これには声母の変化は起こらなかった（中古音で「否」とは韻母が異なっていた）。

(2) 〈ia〉韻母の音節が多く空欄になっていることについて

中古音に［ia］という韻母があった（例字：寫・謝・邪・者・車・蛇・野・夜など。日本の漢音で「シャ」「ジャ」「ヤ」とよまれる）。この韻母は中古から中世に移行する間に［iɛ］に変化した。この変化で中古韻母［ia］は姿を消したが、その後別の韻母［a］が［ia］になるという変化が生じた。こうして、中世音にあらたな韻母［ia］が加わったわけであるが、ただしこの変化は舌根音の音節とゼロ声母の音節（例字：家・加・下・夏・牙・雅・亞など）に限られ、それ以外の声母（例字：巴・爬・麻・馬・拿・茶・叉・沙など、これに中古韻母［ɑ］から転じた大・他・那が加わる）では生起しなかった。たとえば家・下・牙・亞はそれぞれ［ka → kia］、［xa → xia］、［ŋa → ŋia → ia］、［a → ia］と変化したが、巴・馬・大・那は、［pa → pia］、［ma → mia］、［ta → tia］、［na → nia］とは変化しなかった。よって、現代音に〈bia〉〈mia〉〈dia〉〈nia〉といった音節が存在しないのは、中世の時代に韻母［a］→［ia］の変化がなかったからと説明されよう。なお現代音に〈lia（俩）〉という音節があるが、これは「两个」からつくられたもので例外。

(3) 〈d・t〉〈n・l〉〈z・c・s〉が〈ua・uai・uang〉と結合しないことについて

現代韻母〈ua〉〈uai〉であるが、これらに対応する中古韻母は［ua］（麻韻合口）、［uai］（夬韻合口）、［uäi］（皆韻合口）である。第 14 章 §6.1 の表 14-1 を参照すると、麻韻と夬・皆韻は洪音第Ⅱ種に所属する。つぎに第 14 章 §7.1 (2) 第Ⅱ種の図をみると、それらは β 型に属していることが知られる。ところで、この β 型が結合する中古声母は「舌音・牙音・歯音・喉音」であるが、そのなかの「舌音・歯音」は洪音第Ⅰ種・第Ⅲ種の「舌音・歯音」とは音価が異なる。現代音声母〈d・t〉〈n・l〉〈z・c・s〉に対応する中古声母は、洪音第Ⅱ種の「舌音・歯音」ではなくて、洪音第Ⅰ・第Ⅲ種の「舌音・歯音」なのである。したがって、現代音に〈dua・tua〉〈nua・lua〉〈zua・cua・sua〉の音節や〈duai・tuai〉〈nuai・luai〉〈zuai・cuai・suai〉の音節がないのは、これらの声母と直接対応する中古音節がなかったからと説明されよう。現代韻母〈uang〉であるが、これに対応する中古韻母は［uɑŋ］（唐

韻合口）である。表 14-1 によればこの韻母は洪音第Ⅰ種に属し、§7.1 の(1)第Ⅰ種の図をみると γ 型である。この型は「舌音・歯音」とは結合しないのであるから、よって、現代音に〈duang・tuang〉〈nuang・luang〉〈zuang・cuang・suang〉という音節はありえないのである。

(4) 〈d・t〉が〈in・iang・iong〉と結合しないことについて

現代韻母〈in・iang・iong〉が対応する中古韻母は、それぞれ [iěn]（真韻開口）、[iɑŋ]（陽韻開口）、および [iuŋ]（東韻）・[ioŋ]（鐘韻）である。第 14 章 §6.1 の表 14-1 によれば、それらは細音第Ⅱ種ないし第Ⅲ種の所属である。そして第 14 章 §7.2 (2)(3)の図をみると、それらが結合する「舌音」は [ʈ・ʈʰ・ɖ] であって [t・tʰ・d] ではない。中古の [ʈ・ʈʰ・ɖ] 声母が対応する現代音声母は [tʂ・tʂʰ] であるので、よって、現代音に〈din・tin〉〈diang・tiang〉〈diong・tiong〉といった音節はありえないのである。

(5) 〈d・t〉声母の音節に撮口呼がないことについて

中古音の「舌音」[t・tʰ・d] という声母は、第 14 章 §7.1 の図を参照すると、洪音第Ⅰ種韻母と洪音第Ⅲ種韻母とだけ結合するものであったが、後者は、中古後期に主母音 [ɛ]→[iɛ] の変化を起こして細音韻母となった。（例：低 tɛi → tiɛi → ti、釘 tɛŋ → tiɛŋ → tiŋ）。こんにち声母〈d・t〉が斉歯呼韻母とも結合する状態はこのようにして成立したのである。ところで、中古の洪音第Ⅲ種の場合、その合口韻母は γ 型で「舌音」との結合がなかった。「牙音・喉音」の場合は、開口側の [ɛ]→[iɛ] と並行するかたちで合口でも [uɛ]→（[uⁱɛ]→）[yɛ] という音変化があったが、[t・tʰ・d] 声母の場合は、合口音節がなかったので、そのような音変化は起こりえなかった。それで、現代音の〈d・t〉声母に撮口呼音節がないのである。

(6) 〈f〉の音節に斉歯呼・合口呼・撮口呼がないことについて（〈fu〉は例外）

〈f〉声母はもともと中国語になかったもので、これは、中古後期に声母 [p・pʰ・b] から分化して形成されたものである。この両唇音から唇歯音への変化は、中古音の細音第Ⅰ種・第Ⅱ種の韻母（介音 [i] ないし [iu] をもつ）が続く場合にのみ生起した（第 14 章 §7.2 (1)(2)参照）。この変化の過程で音節は介音 [i] を失い、その後介音 [u]（もしあれば）を失い、こんにちの開口呼の発音となった（例：飛 piuɛi → pfuɛi → pfəi → fəi → fei）。なお中古音の細音第Ⅰ種・第Ⅱ種韻母は中舌 [ə・ɐ] な

いし奥舌 [ɑ·o·u] の主母音をもつものであったので（第14章 §6.1 の表 14-1 参照）、現代音に〈fai〉〈fao〉という音節がない理由は、それによって説明される。

⑺ 〈zh·ch·sh〉と結合するが、〈r〉とは結合しない韻母があることについて

　現代音でそり舌音声母〈zh、ch、sh〉をもつ音節は〈-i〉から〈ong〉まで 20 種あるが、その中古音の由来源は 3 組の声母、すなわち「舌音」の [ʈ·ʈʰ·ɖ] と「歯音」の [tʂ·tʂʰ·dʐ·ʂ] [tɕ·tɕʰ·dʑ·ɕ·ʑ] である。第14章 §7.1 ⑵の図および §7.2 ⑵⑶の図をみると、それらは 2 等欄と 3 等欄に配置されている。いっぽう〈r〉をもつ音節は 14 種で、その中古音の由来源は大部分声母 [ȵʑ]（「半歯音」）で、その音節は上記 §7.2 の⑵⑶の図の 3 等欄に置かれている。現代音で〈r〉と結合しないが〈zh·ch·sh〉とは結合する〈a〉〈ai〉〈ua〉〈uai〉の韻母は、中古音では §7.1 ⑵の図に所属するものであるから、当然 [ȵʑ] との結合はなかった。現代音の〈ei〉〈uang〉の場合も、対応する中古韻母は [ȵʑ] と結合しない。同じそり舌音でありながら〈zh·ch·sh〉と〈r〉とでは結合する韻母に差があるのはこのようなわけがあるのである。なお中古声母 [ȵʑ] は、現代までに [ȵʑ]→[ʑ]→[ʐ]→[ɻ] と変遷した。

⑻ その他

a)　「内・雷」「嫩」の中古音はそれぞれ [nuʌi·luʌi]、[nuən] で、合口で発音されていた。これらはその後 [u] 介音を落とし開口呼化したため（たとえば、「内」は nuʌi→nuəi→nuei→nei と変遷した）、こんにち、音節表で〈nui·lui〉〈nun〉が欠けることとなったのである。

b)　「恋」「輪」の中古音はそれぞれ [liuæn] [liuěn] であって、その発音はそれぞれ撮口呼 [lyɛn] [lyən] として存続したが、こんにちでは、前者は〈lian〉、後者は〈lun〉と発音されて、ともに撮口呼ではなくなっている。

4. ──── 特殊音節

　音節表 8-1 ～ 表 8-3 には全部で 401 の音節が配列されているが、現行の中国語辞典（『現代漢語詞典』など）をみると、これ以外にもつぎのような音節があることを認めている。これらも中国語を組み立てる音節体系の一部であるが、周辺的な存在で、

特殊語が多い。ここでは基本音節と区別して、特殊音節とする。

a) 感嘆詞音節： o（噢・哦），ê（欸・诶），m（呣），n（嗯），ng（嗯），yo（唷），
　　　　　　　hm（噷），hng（哼）

b) 方言字音節： cei（瓸），kei（剋），tei（忒），dia（嗲），m（呒）

c) 語気助詞音節：lo（咯），yo（哟）

d) その他：　　　eng（鞥）

　感嘆詞音節の〈m〉〈n〉〈ng〉（音声記号は［mː］［nː］［ŋː］）は、中国語とし
ては例外的な構造である。これらは後ろに韻母を伴わずに、それだけで母音のように
長く発音することができるので、音声学では「音節構成子音」とよんでいる。それぞれ
声調をともなってもいるので、たとえば、〈mu（母）〉と〈m（呒）〉、〈ne（呢）〉と〈n
（嗯）〉は、それぞれ別の音節として区別しなければならない。〈hm〉〈hng〉という
つづりは、呼気をともなった〈m〉〈ng〉で、h は、本来有声音である鼻音を無声音
として発音するということを指示している。日本語で感嘆の表現に用いる「ふむ」「ふ
うん」と同じものである。鼻音を無声音で発音するときは、鼻から無声の息をたくさん
出すようにすればよい。

第 9 章

声調の発音

1. ──── 中国語は声調言語（tone language）である

1.1　声調という発音要素

　中国語では、ひとつの音節の内部で声の高さが変化し、その変化の型（高・低、昇・降、あるいはその複合したもの）が社会習慣的に定まっている。これを「声調」といい、意味の違いを表現するうえで重要な手段となっている。声調がひとつひとつの音節について定まっているという点で、文のイントネーションや日本語の「高さアクセント」とは区別される。日本語のアクセントというのは、たとえば「箸（はし）」と「橋（はし）」、あるいは「先生」と「宣誓」、「厚い」と「暑い」にみられるように、単語ごとに備わる、複数の音節（仮名一字）のどれを高くどれを低く発音するかという、高・低の配置のきまりである。いっぽう中国語は、音節内部で高低・昇降の変化を生じる「単音節声調」を基礎とする言語である。

　声調は、個々の声母・韻母結合体（ゼロ声母の場合は韻母）をベースにして、その上にのせて発声されるもので、その結合体がなければ成立しえないものである。声調が実現されてはじめてその音節は意味を有し、ふつうの単語として整えられるということである。言い換えれば、中国語の音節は、①声母・韻母のつらなり、②声調という音調成分、という二つの側面の総和で完成され、つぎのような構造図をなしているといえる。これが、漢字一字分の発音の様式であり、意味を表示する最小の音声単位である。

音節	具体的な単語の例			
声調	【ー】	【ˊ】	【ˇ】	【ˋ】
声母＋韻母	ma（妈）	ma（麻）	ma（马）	ma（骂）

　声母・韻母の結合体はその各々を口から発することができるが、声調はそれだけを切り離して口から発することはできない。たとえば、バイオリン・二胡といった楽器で第1声から第4声までを正確に弾き分けることは可能であるが、しかし、その楽器音

としての「オト」は、意味をあらわさず人間のどんな特定のことばにも対応しないものである。声調を人間のことば音として表出させるには、音節（声母・韻母の集合したもの）という基盤がなければならないのである。中国語は音節の輪郭がはっきりしていて、どこでひとつの音節がおわりどこでつぎの音節が始まるかを知るのは容易であるが、その判定は、声調というものの存在に依存するところがおおきい。声調は音節という境界を超えないからである。

　声調という音の高低は音楽の高低と異なり、音階のように決まった一定の高さ、一定の低さが要求されるわけではない。隣り合う音節の声調と比較して相対的に区別されればよいのである。男性も女性も、大人も子供も、各人ひとりひとり声を出せる高さの幅が異なる（この一番低い声から一番高い声までの範囲を、その人の「声域」という）。声の高さに個人差があっても、同一人の発音において互いに明瞭に区別されればそれでよいのである。女性が soprano の声域で「好 hǎo」と発しても、男性が tenor の声域で「好 hǎo」と発しても、意味はなんら変わりがない。そしてこの声域の幅は、その場その場でのはなし方によっても変わる可能性がある。

1.2　声調の区別とその発音表示

　声調数は言語（あるいは方言）によって決まっており、標準語の場合4つの声調が区別される。すなわち、第1声は音節全体を高い位置で横に平らに（なんの昇降もなしに）発音する声調、第2声は中位の高さからさらに高い位置に向かってするどく上昇する（いわゆる尻あがりの）声調、第3声は低い下降と中位までの上昇との組み合わせ（中間に低い平らな音調が含まれる）で発音する声調、第4声は高い位置から急速に下降する声調、と定義される。中国語は、この4種の声調のうちどれをもつかによって意味がまったく異なる単語が生じてしまうという言語なのである。したがって、学習者は声調の区別をおろそかにせず、その重要性を十分認識して正しく発音できるようにしなければならない。

mai	第3声	＝	买（かう）	yan	第1声	＝	烟（たばこ）
	第4声	＝	卖（うる）		第2声	＝	盐（しお）
li	第2声	＝	梨（ナシ）	huan	第2声	＝	还（かえす）
	第4声	＝	栗（クリ）		第4声	＝	换（とりかえる）

　一部の単語に限られるが、声調を変えることによって品詞が変わるという例もある（動詞→名詞、形容詞→動詞、など）。

shu	第3声	=	数（数える）	hao	第3声	=	好（よい）
	第4声	=	数（かず）		第4声	=	好（好む）

[**注1**] 中国語の「声母＋韻母」という部分は、日本語のカナ書きでもある程度近似的に記述できるが、声調は、それを声に出して再現できるようには、紙上にカナ文字などでは再現できない。それは「口伝え」などの音声によって、聴覚でしか伝えられないものである。学習者は（CD などの音声教材で）ネイティブの生の発音を聞いて習得するしか方法がないということである。

[**注2**] 日本語には中国語にあるような声調という概念はないが、例外がある。阿辻哲次『近くて遠い中国語』（中公新書）第5章によれば、関西方言では、カナ1字で書かれる1音節の単語に声調があるという（ただしその単語は長音化される）：「関西では「目（めぇ）」「手（てぇ）」「酢（すぅ）」「火（ひぃ）」などの単語は第2声にあたる右上がりのトーンをもち、「歯（はぁ）」「胃（いぃ）」「毛（けぇ）」「背（せぇ）」は第4声にあたるトーンで発音される。「血（ちぃ）」「蚊（かぁ）」「戸（とぉ）」「詩（しぃ）」は第1声だ。（以下略）」と述べている。

音節にともなう声調発音は、まず①声の高さが同じ高さにとどまりつづけ動きがないタイプ、②声の高さが上下に動いて変化するタイプ、の2種類に大別することができる。標準語の第1声は①のタイプ、そのほかは②のタイプということができる。つぎに、②の場合は、声の高さの方向が途中で変わるものと途中で変わらないものとに分けることができる。そうすると、「降って昇る」あるいは「曲折（カーブ）する」という特徴を有する第3声は前者に属し、上昇するだけの第2声と下降するだけの第4声は後者に属すということになる。

1.3　5度制声調表記法

声調の発音法を表示する方法として「5度制声調表記法」というものがある。言語学者趙元任が1920年代に考案したとされるものである。この方法では、発話に用いられる声の高さを5段階に区別しそれを数字1〜5で表記する。すなわち、ふつうに話すときの自然な声の高さを3度とし、これを基準として、もっとも低い段階を1度、もっとも高い段階を5度として、声の高低・昇降のかたちを1〜5の数字記号の組み合わせであらわすのである。そこで、各学習者は、この5段階（あるいは高・中・低の3段階でもよい）の高さ組織を練習によって自分の声域にあてはめ、その高低差

異を安定的に識別できるようになることが望ましい。

	5度	高音 （ふつうより2段階高い音）
———	4度	半高音（ふつうより1段階高い音）
———	3度	中間音（個々人の、出しやすいふつうの高さの音）
———	2度	半低音（ふつうより1段階低い音）
———	1度	低音 （ふつうより2段階低い音）

　標準語の場合、一般に第1声は［55］、第2声は［35］、第3声は［214］、第4声は［51］と記述される。各数値のはじめの数字ははじまりの高さを、うしろの数字はおわりの高さを意味している。声調の昇降についていうと、たとえば、第2声の［3］から［5］への移行、第4声の［5］から［1］への移行は、跳び移るのではなく、流れていく（あるいは、スライドする）という発音法である。なお、「高」から「低」、「低」から「高」への変化の幅は下降調のほうが広く（［5→1］）、上昇調のほうが狭い（［1→5］ではなく［3→5］）。標準語は4声調あるが、そのうち3つの声調（第1声・第2声・第4声）が最高の「5度」の音を含んでいるので、全体として、高音域の成分が多い声調体系となっている。

声調調形図

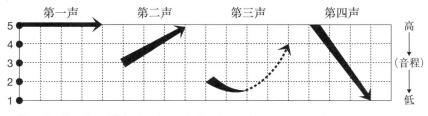

（第1声〜第4声の「第」を省略して、直接1声〜4声とよんでもよい。）

　中国語の平均的発話における各声調の時間的長さは、カイモグラフで測定した場合つぎのような数値になるという：第1声 436/1000秒、第2声 455/1000秒、第3声 483/1000秒、第4声 425/1000秒。これによると、第3声がもっとも長く、第4声がもっとも短い。日本語の1モーラは時間的長さが 150〜225/1000秒ということなので、中国語の1音節は日本語の2モーラ程度かそれ以上の長さに相当することがわかる。野沢素子「中国語の片仮名表記」『講座 日本語と日本語教育9』（明治書院）参照。

1.4 調型・調値・調号・調類表

表9-1

	声調の分類と名称			
順序	第1声	第2声	第3声	第4声
調型	高平調 （たかだいら調）	中昇調 （なかのぼり調）	降昇調 （くだりのぼり調）	高降調 （たかくだり調）
調値	55	35	214	51
調号	【－】	【ˊ】	【ˇ】	【ˋ】
調類	陰平	陽平	上声	去声
例字	风，吹，花，开	儿，童，文，学	美，好，理，想	日，夜，变，化

　「調型」とは、音の高さの変動（不変動の場合も含む）が互いに異なる、各種の形状をいう。「調値」は声調の音価ということで、個々の声調の高低・昇降・曲折などのありさまを、1〜5の数字であらわしたもの。「調類」は、相互に区別される声調の種類をいう。同一の調値で発音される漢字は同一の調類に属するとされる。そこで、たとえば、標準語は4種の調値がよみ分けられるので4つの調類があるといい、同様に、上海語は5つの調類があり、広東語は9つの調類がある、というようにいう。

　調類名称の「陰平（いんへい）」「陽平（ようへい）」「上声（じょうせい）」「去声（きょせい）」は、歴史的には、古代（中古）中国語の各調類（これを「四声（しせい）」とよんだ）の名称、すなわち「平声（ひょうしょう）」「上声（じょうせい）」「去声（きょせい）」「入声（にっしょう）」と直接つながりをもつものである。その並び順（1・2声―3声―4声）も古代の三調類の並び順（平―上―去）を継承したものである。中国語学分野（中国を含む）の学問用語としては、もっぱらこの調類呼称が用いられる。つぎの図は古今の声調の対応関係を示したものである。

中古声調	平声		上声	去声	入声
現代声調	陰平 （第1声）	陽平 （第2声）	上声 （第3声）	去声 （第4声）	陰平・陽平・ 上声・去声

　中古から現代までの変遷としては、つぎの3つのものが重要である：　(ⅰ) 平声の陰平・陽平への分化、(ⅱ) 一部の上声字の去声への合流、(ⅲ) 入声字の平声・上声・去声への分入。なお入声という声調は特別な一種で、音節が閉鎖音の韻尾をもち全体が「短促」に発音される調類をいう。いまの上海語や広東語には存在するが、標準語には存在しない。

2. ── 第3声の発音（強調形と非強調形）

2.1 強調形と非強調形の区別

中国語の4つの声調は、ひとつの符号がつねにひとつの決まった調形に対応するのであれば学ぶのに好都合であるが、じっさいはそのようになっていない。第1・2・4声の場合はほぼ「1符号＝1調形」という関係がなりたつのに対し、第3声は「1符号＝3調形」という対応になっている。声調符号ひとつに対し、3つの調形を区別しなければならないので、第3声を習得するのは、たいへんやっかいなことにならざるをえない。

第3声は、5度標調法で一般に［214］と表記されている。しかしじっさいの発話でこの調形が使われることはたいへん少なく、使われるとすれば、それは独立的に発音されしかも強調された場合に限られる。そこで、ここではこの場合を「強調形」とよび、そうでないほうを「非強調形」とよんで区別することにする。こうすれば、第3声の複雑な声調発音はだいぶ理解されやすくなると思うのである。ところで、第3声が単独でしかも強調された場合の発音とはどういうものかというと、伊田綾著『りんず式中国語発音矯正』（一芦舎）によると、たとえば、観劇中に「いいぞ！」という意味で「好！ Hǎo!」と声をかける、または「おめでとうございます！」と拍手を促す司会者が「恭喜！ Gōngxǐ!」とにぎやかに掛け声を発するさいなど、単語だけで言い切るときにしか使われない発音だという。

［注］第3声をふたつの種類に区別するという考え方は、清水登「北京語第3声の調型に関する考察」（『新潟大学人文科学研究』64輯）と遠藤光暁「中国語発音教育に関するメモ」（『JIAOXUE』10）という論文による。遠藤氏は「3声強調形」「3声基本形」というよび方を提出しており、筆者もこれにしたがう。§1.2において、第3声を「低い下降と中位までの上昇との組み合わせで発音する声調」と定義したが、これは強調形［214］についていったものである。

2.2 非強調形としての第3声の発音

非強調形の第3声の発音としては、つぎのようなものがある：

a) 第1・2・4声の前では、「低下り（ひくくだり）」の部分が用いられ、調値は［21］と表記される。これを一般に「半3声」とよんでいる。例：老师 lǎoshī、北京 běijīng、语言 yǔyán、感谢 gǎnxiè など。半3声は第3声の半分という意

味だとすると、この場合は「前半3声」ともいえる。なお第3声については、「低平ら（ひくだいら）」がその発音の本質であるとして、[11] という調値が記されることがある。このように記した場合、はじめの下降部分は「わたり」の音であるといえよう。

b) 第1・2・4声の後ろにあっても、その第3声は「低い平ら」が用いられ、平坦部がやや長い [211]（あるいは [112]）と表記されるものになる。例：开始 kāishǐ、游泳 yóuyǒng、牛奶 niúnǎi、汉语 hànyǔ など。

c) 同じ第3声の前では後半の「上り」部分だけが用いられ、結果として、第2声とほぼ同じ調形 [35] が発音される。例：友好 yǒuhǎo、水果 shuǐguǒ、洗脸 xǐ liǎn など。この場合は「後半3声」ともいえる。

[注] 前半3声・後半3声という表現は、張本楠・楊若薇の著書『普通話連読音変』を参考にしたものである。

以上を総合すると、中国語の第3声は、音声的に3種の調値が形成されることになる。

表9-2

調類	第3声		
	強調形	非強調形	
	全3声	前半3声	後半3声
調値	2114（簡略には214）	21 (11) /211	(14 →) 35
調型	低降＋低平＋低昇	低降（あるいは低平）	(低昇→)中昇

上の図で、全3声は [21]＋[11]＋[14] を続けて言ったもので、[214] はそれを簡略にした表記と考える。中間の [11] の部分を比較的長く発音するので、[2114] と記したほうが実際に即してわかりやすい。その [2114] という調値は発音時間が長いので、ほかの声調と連接したとき長さを均一にするために「短縮」される。それが前半3声の [21] という調値である。後半3声は、調値が [14] → [24] → [35] と転化したかたちと考える。

2.3　第3声の基本調値は [211]

上の表に示したように、非強調形に前半3声と後半3声があるわけであるが、前者（すなわち半3声）を第3声の基本形（あるべき本来の音調）と定めるほうが都合がよ

い。近年、中国の一部の音声学者は、外国人に対する中国語発音教育の立場から、第３声の代表調値を［214］でなく［211］と記述することを提唱している。この考案によって、第３声の学習上の難しさが大幅に軽減されるというのである。

　各声調の音調パターンを図式化すると、第１声と第３声は「高・低」の対（つい）構造をなし、第２声と第４声は「昇・降」の対構造をなすとみなされ、この二対を一図にまとめたのが右の図である。（→は方向をあらわす）。

　そこで、声調を教えるときの練習順序を、第１声［55］→第３声［21］→第２声［35］→第４声［51］の順序ですべきではないかと提案されることがある。これは、はじめに「高」―「低」の声調を一組にして発音練習し、そのあと「昇」―「降」の声調を一組にして発音練習するというものである。これで、学習者は各声調調値の違いを把握しやすくなるという。

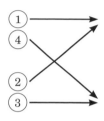

3. ─────── 2音節語における各声調の組み合わせ

3.1　2字単語（前字＋後字）における16とおりの声調結合

　ふたつの音節からなる２字単語を一語として発音する場合の、ふたつの声調の結合関係は、次表のようである。

表9-3

前字／後字	第１声　55	第２声　35	第３声　214	第４声　51
第１声　55	① 55-55	② 55-35	③ 55-21	④ 55-51
第２声　35	⑤ 35-55	⑥ 35-35	⑦ 35-21	⑧ 35-51
第３声　214	⑨ 21-55	⑩ 21-35	⑪ 35-21	⑫ 21-51
第４声　51	⑬ 51-55	⑭ 51-35	⑮ 53-21	⑯ 53-51

　つぎの図は、呉宗済主編『現代漢語語音概要』所載のもので、16とおりの声調結合を視覚的にあらわしたものである。第４声＋第４声の連続では、前の第４声は後ろの声調の影響を受けて十分下がらず［51］は［53］にしかならない。これを「半４声」とよぶことがある。第４声＋第３声の連接においても、前の第４声は［53］で発音されることが多い。

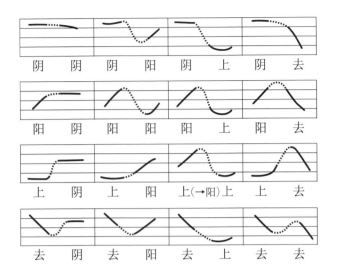

3.2　2字単語による、16とおりの声調発音

ひとつひとつの声調が正しく発音できても、別々の声調の組み合わせになると、その声調発音に乱れが生じることがよくある。そのため、二つ（さらには三つ、四つ）の声調の組み合わせ練習が欠かせない。つぎの①から⑯までの2字単語の声調を正確に発音する練習をしよう。

① 干杯 gānbēi，参加 cānjiā，咖啡 kāfēi，星期 xīngqī，中心 zhōngxīn
② 公园 gōngyuán，非常 fēicháng，中国 zhōngguó，欢迎 huānyíng
③ 铅笔 qiānbǐ，开水 kāishuǐ，出口 chūkǒu，方法 fāngfǎ，思想 sīxiǎng
④ 工作 gōngzuò，高兴 gāoxìng，音乐 yīnyuè，经济 jīngjì，发票 fāpiào

⑤ 熊猫 xióngmāo，毛衣 máoyī，国家 guójiā，离开 líkāi，房间 fángjiān
⑥ 同学 tóngxué，足球 zúqiú，留学 liúxué，银行 yínháng，民族 mínzú
⑦ 啤酒 píjiǔ，没有 méi yǒu，毛笔 máobǐ，男女 nánnǚ，词典 cídiǎn
⑧ 白菜 báicài，学校 xuéxiào，文化 wénhuà，颜色 yánsè，环境 huánjìng

⑨ 火车 huǒchē，喜欢 xǐhuān，手机 shǒujī，好吃 hǎochī，简单 jiǎndān
⑩ 美国 měiguó，旅行 lǚxíng，起床 qǐchuáng，等于 děngyú，解决 jiějué

⑪ 手表 shǒubiǎo，小姐 xiǎojiě，古典 gǔdiǎn，友好 yǒuhǎo，旅馆 lǚguǎn

⑫ 马路 mǎlù，暑假 shǔjià，打算 dǎsuàn，请问 qǐng wèn，眼睛 yǎnjìng

⑬ 互相 hùxiāng，大家 dàjiā，上班 shàngbān，汽车 qìchē，故乡 gùxiāng

⑭ 大学 dàxué，外国 wàiguó，换钱 huàn qián，幸福 xìngfú，问题 wèntí

⑮ 日本 rìběn，剧场 jùchǎng，电脑 diànnǎo，厕所 cèsuǒ，上海 shànghǎi

⑯ 再见 zàijiàn，电视 diànshì，睡觉 shuìjiào，现在 xiànzài，气候 qìhòu

3.3　初学者が声調発音を学ぶときの注意点

a) 中国語の声調発音は第 1 声が高さ（および長さ）の基準になると考えて、まずは第 1 声をしっかり把握するという意識をもつ。第 1 声の［55］はおなじ 5 度の高さをしっかり持続させ、第 2 声の［35］は中位から一気に引き上げ、5 度の高さをはっきり発音する（［13］のように発音してはならない）。第 3 声は最初から低い平らの［211］を持続させ、後半を上昇させない。第 4 声［51］は、はじめの 5 度の高さを強く発音し、それから十分に下げる。

b) 2 音節以上の単語や文のときは、1 音節だけのときの発音と異なって隣接の声調との整合性を考慮する必要がある。そのさい、互いの「高・低」「昇・降」の差異を強調し、かつ声調間の長さを等しくするように発音する。声調の音域は日本語アクセントの高低の差よりおおきいと考えて、第 1 声（高平ら）と第 3 声（低平ら）の差を広げることを心がける。また、第 2 声（上昇）と第 4 声（下降）の場合も、それぞれの昇降の変化の幅を広めにすることを心がける。

c) 第 1 声を［33］あるいは［22］の音程で発音すると、第 2 声、第 4 声と連接したとき、第 1 声は半 3 声のように聞こえてしまう。第 1 声はときに［44］となることもあるが、つねに［55］の調値を意識する。第 1 声＋第 4 声の連続では、第 1 声の終わりと第 4 声の始まりの高さを同じにする。また、第 2 声＋第 1 声の連続では、第 2 声の終わりと第 1 声の始まりを同じにする。第 2 声のはじめの高さが 3 度であることにも注意する。

d) 第 3 声＋第 1 声、第 3 声＋第 2 声、第 3 声＋第 4 声の連続では、はじめの半 3 声を低くすることだけを考えればよい（声を低めて発音しつづけるのは難しいことではあるが）。第 3 声＋第 2 声の場合、後ろの第 2 声は第 1 声のようになりがちなので、「上昇させる」ということに留意する。

4. ─── 声調符号の表記、声母・韻母と声調の関係

4.1 声調符号のつけ方

　言語音の高低・強弱といった要素は母音がになうものなので、英語のアクセント符号と同様、声調符号も母音文字の上に記す。中国語の韻母は母音文字が複数あることがあるが、その場合は、介音や韻尾ではなく主母音の上につける（快 kuài、表 biǎo）。ただし、主母音が表記されない韻母「-iu」と「-ui」は特別で、韻尾文字の上、すなわち、「-iu」では「u」の上に、「-ui」では「i」の上につける。声調符号がつくと、i の上の点は消える（i → ī、í、ǐ、ì）。韻尾はつねに主母音と一体で発音され、それと切り離せないものなので、主母音が書かれない場合は韻尾がその代役を務めるのである。それで、韻尾が音節の中心であるかのように、その文字の上に声調符号がつけられるのである（回 huéi → huí、对 duèi → duì、酒 jiǒu → jiǔ、六 liòu → liù）。

4.2 声母と声調との組み合わせ関係

　中国語の音節は、どの声母でも4声調が均等に備わっているというわけではなく、声母の種類によってはつぎのような特徴が認められる。

⑴ 無気音声母〈b、d、g、j、zh、z〉に関するもの

　この声母の場合、第2声との組み合わせがすくない。第2声との組み合わせがあるのは大半がゼロ韻尾の音節で、母音韻尾のものとしては「白 bái、雹薄 báo、宅择 zhái、着 zháo、贼 zéi」があるだけである。鼻音韻尾の音節になると、第2声をもつものは皆無といってよい（例外は「咱 zán」「甭 béng」）。

	第1声	第2声	第3声	第4声
ban	般	―	板	办
dian	颠	―	点	店
zhuan	专	―	转	赚
juan	捐	―	卷	倦
jiang	江	―	讲	匠
zheng	争	―	整	正
zong	宗	―	总	粽

jia	加	夹	假	架
zhe	遮	辙	者	蔗
guo	锅	国	果	过
du	都	读	赌	渡
ju	居	局	举	句

(2) 有声音声母〈m、n、l、r〉に関するもの

この声母の場合、第1声との組み合わせが圧倒的にすくない。「妈 mā、捏 niē、溜 liū、扔 rēng」など数えるほどしかない。

	第1声	第2声	第3声	第4声
nai	—	—	奶	耐
lan	—	兰	览	烂
rao	—	饶	扰	绕
mian	—	眠	免	面
ren	—	人	忍	认

4.3 声調によって韻母の発音が変異する現象

これは声調の影響によって一部の韻母の発音が伸縮し、ふたつの発音形が生じるというもので、ここに、ローマ字表記と実際の発音との間にズレがあることが観察される。

⑴ 〈-iu〉（ゼロ声母〈you〉を含む）

第1・2声では [iu]、第3・4声では [iou] と発音される（声母の種類にかかわらない）。第1・2声では主母音 o [ə～o] が明瞭に聴き取れないが、しかしそれを完全にないものとして発音するのではなくて、背後にひそんでいることを意識して発音すべきである。

1・2声 [iu]		3・4声 [iou]	
niū 妞,	niú 牛	niǔ 扭,	niù 拗
liū 溜,	liú 流	liǔ 柳,	liù 六
jiū 究		jiǔ 酒,	jiù 就
yōu 优,	yóu 游	yǒu 有,	yòu 又

⑵ 〈-ui〉と〈-un〉

　この韻母に関しては、つぎの二とおりが区別される。

a)　声母が〈d・t・n・l〉〈zh・ch・sh・r〉〈z・c・s〉のとき、第1・2声では [ui]
　　[un]、第3・4声では [uᵉi] [uᵊn] と発音される。第1・2声では主母音 e（[e]
　　[ə]）の音は明瞭に聞こえないが、第3・4声ではそれが弱化した母音として消
　　極的に発音される。

1・2声 [ui]	3・4声 [uᵉi]	1・2声 [un]	3・4声 [uᵊn]
tuī 推, tuí 颓	tuǐ 腿, tuì 退	tūn 吞, tún 屯	tǔn 氽, tùn 褪
shuí 谁	shuǐ 水, shuì 睡	chūn 春, chún 唇	chǔn 蠢
zuī 堆	zuǐ 嘴, zuì 最	cūn 村, cún 存	cǔn 忖, cùn 寸
suī 虽, suí 随	suǐ 髓, suì 岁	sūn 孙	sǔn 损

b)　声母が〈g・k・h〉のとき、およびゼロ声母〈wei〉〈wen〉のとき、第1・2声
　　では [uᵉi] [uᵊn] と主母音が弱化され、第3・4声では [uei] [uən] と、主母
　　音は積極的に発音される。

1・2声 [uᵉi]	3・4声 [uei]	1・2声 [uᵊn]	3・4声 [uən]
uī 规	guǐ 鬼, guì 贵	kūn 昆	kǔn 捆, kùn 困
huī 辉, huí 回	huǐ 毁, huì 会	hūn 婚, hún 浑	hùn 混
wēi 微, wéi 维	wěi 伟, wèi 味	wēn 温, wén 文	wěn 稳, wèn 问

（以上、徐世栄『普通話語音常識』語文出版社による）

　　中国語の声調は、それぞれ内部に、高低・昇降の変化に加えて強弱の変化も観察
される。その強弱の変化とは、⑴第2声は後部が強く発音される、⑾第4声は前部
が強く発音される、⒀第3声は中間部に強さが加わる、⒁第1声はどちらかというと

後部に力点がある、というものである。上記の韻母発音の微細な変化は、この声調
内部の強弱変化に起因すると考えられる。つぎの声調の図は、線の太さで発音の強・
弱をあらわしている。

（声調発音の区別練習）

tōngzhī 通知　　zhōngshí 忠实　　gūlì 孤立　　jiàoshī 教师　　bāowéi 包围
tóngzhì 同志　　zhòngshì 重视　　gǔlì 鼓励　　jiàoshì 教室　　bǎowèi 保卫

tígōng 提供　　guójí 国籍　　wúlì 无理　　huáxuě 滑雪　　niánjì 年纪
tìgōng 替工　　guójì 国际　　wǔlì 武力　　huàxué 化学　　niánjí 年级

huǒchē 火车　　yǎnsè 眼色　　dàjiā 大家　　kàn shū 看书　　liànxí 练习
huòchē 货车　　yánsè 颜色　　dǎjià 打架　　kǎn shù 砍树　　liánxì 联系

biānzhī 编织 —— biānjí 编辑 —— biānzhě 编者 —— biānzhuàn 编撰
cānjiā 参加 —— cānmóu 参谋 —— cānkǎo 参考 —— cānyù 参与

rújīn 如今 —— rúhé 如何 —— rúguǒ 如果 —— rúyì 如意
yíshī 遗失 —— yíchuán 遗传 —— yíchǎn 遗产 —— yílòu 遗漏

pǔtōng 普通 —— pǔjí 普及 —— pǔxuǎn 普选 —— pǔbiàn 普遍
lěngqīng 冷清 —— lěngcáng 冷藏 —— lěngnuǎn 冷暖 —— lěngkù 冷酷

rìqī 日期 —— rìchéng 日程 —— rìyǔ 日语 —— rìyòng 日用
wùzī 物资 —— wùbó 物博 —— wùpǐn 物品 —— wùzhì 物质

第 **10** 章

軽声と重・軽音の発音

1. ── 中国語の軽声

1.1　特殊な声調変化としての軽声

⑴　弱アクセントとしての軽声発音

　二つ (以上) の音節をつらねて一語とした場合、単語によっては、各音節が同じ強さで発音されないでそのあいだに強弱の差を生じ、その強い部分は本来の声調が保たれるが、弱い部分は固有の声調 (調型) を失い「無声調」となることがある。このようにして本来ある声調が変化して無声調になったものを「軽声」という。軽声は 2 音節単語であれば通常第 2 音節にあらわれ、その部分は、第 1 音節に比べて発音時間も半分以下に短縮される。ピンインでは軽声符号というのはなく、軽声でよまれる個所は無符号である。

現代中国語の音節	
普通音節	軽声音節
有声調 (第 1 声、第 2 声、第 3 声、第 4 声)	無声調 (符号なし)

　たとえば、「花」と「化」は、普通音節としてはそれぞれ huā・huà と発音されるが、「棉花 miánhua」「造化 zàohua」という単語のなかでは無声調で同音である。同様に、「夫」と「腐」はそれぞれ fū・fǔ であるが、「丈夫 zhàngfu」「豆腐 dòufu」という単語のなかでは無声調で同音である。このように、中国語には普通音節と軽声音節があり、有声調・無声調という区別が存在するわけであるが、こんにちの中国語は、その組み合わせによるさまざまな音声連続で成り立っているということができよう。

⑵ 漢字「子」「头」の二とおりのよみ方

　同一の漢字が、a) 普通音節として用いられる場合と、b) 軽声音節として用いられる場合がある。そこで、a) と b) それぞれの場合の発音がどのようであるかを、漢字「子」「头」を例にしてみてみる。

a) 普通音節としての「子・头」をもつ 　　単語の例	b) 軽声音節としての「子・头」を 　　もつ単語の例
君子 jūnzǐ,　　男子 nánzǐ 女子 nǔzǐ,　　电子 diànzǐ	桌子 zhuōzi,　　儿子 érzi 椅子 yǐzi,　　帽子 màozi
砖头 zhuāntóu,　　龙头 lóngtóu 奶头 nǎitóu,　　箭头 jiàntóu	跟头 gēntou,　　石头 shítou 码头 mǎtou,　　木头 mùtou

　a) 欄の「子」「头」は、それぞれ固有の声調である第3声、第2声で発音されるのに対し、b) 欄の「子」「头」は、固有の声調はなくなり、どちらも同一の音調で発音される。その音調は決まった高さをもたず、その「高い・低い」は直前の音節の声調（調値）に左右される。すなわち、大ざっぱにいえば、第1・2・4声のうしろでは低い位置で発音され（「桌子」「儿子」「帽子」の場合）、第3声のうしろでは高い位置で発音される（「椅子」の場合）。ところで、ある2字2音節語の第2音節が軽声でよまれるかどうかは単語ごとに慣習によって決まっているので、学習者がそれを知るには、ひとつひとつ辞書を参照し確認するしかない。

⑶ 軽声字

　中国語は1字が1音節をなし、それぞれに声調が結びついているのがふつうである。しかしながら、中国語辞典の見出しの漢字（親字）をみると、ごく少数それをともなわない（つまり声調の記載がない）ものも見受けられる。すなわち、a（啊）、ba（吧）、bo（卜）、de（的）、la（啦）、le（了）、ma（吗）、me（么）、men（们）、na（哪）、ne（呢）、wa（哇）、ya（呀）、yo（哟）、zhe（着）などである。また、苜蓿 mùxu、胳臂 gēbei、玻璃 bōli、萝卜 luóbo、钥匙 yàoshi、衣裳 yīshang、邋遢 lāta といった2字一組の単語の2番目の字も、見出しの漢字としては無声調である。こういうものをここでは「軽声字」とよぶことにする。

[注]　たとえば、声調のない「吧」「吗」「呢」「们」などの単語を単独でふつうに発音する場合は、高音でも低音でもない中位の高さ、すなわちひとの声に自然な3度の音を用いることになる。

1.2 軽声音節の調値

　軽声にも、短いとはいえ調値があり、それも五度制声調表記法の数字で示される。

a)　一般に、第1声のうしろの軽声は2度、第2声のうしろの軽声は3度、第3
　　声のうしろの軽声は4度、第4声のうしろの軽声は1度と記述されることが多い。

[注] 第1声・第2声・第3声のうしろの軽声を3度、第4声のうしろの軽声を1度と記述
　　する文献もある。松本洋子『メカニズムで学ぶ中国語の発音』(好文出版)など。

b)　これに対し、第1・第2・第4声のうしろの軽声は短い下降調（第1声・第2声
　　のうしろでは［<u>32</u>］、第4声のうしろでは［<u>21</u>］）、第3声のうしろの軽声は短い
　　高平ら調（［<u>44</u>］）あるいは短い上昇調（［<u>34</u>]）、という記述も行われている（数
　　字の下線は短音で発音するという意味）。呉志剛『中国語発音教室—声調の組
　　合せ徹底練習』(白帝社)は、軽声をこのような調値として解説している。

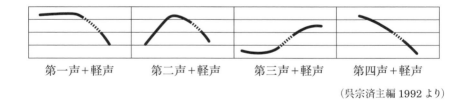

| 第一声＋軽声 | 第二声＋軽声 | 第三声＋軽声 | 第四声＋軽声 |

(呉宗済主編 1992 より)

1.3 軽声を伴った二字単語の声調発音

前字　後字	第1声　55	第2声　35	第3声　214	第4声　51
第1声　55	① 55-2	② 55-2	③ 55-2	④ 55-2
第2声　35	⑤ 35-3	⑥ 35-3	⑦ 35-3	⑧ 35-3
第3声　214	⑨ 21-4	⑩ 21-4	⑪ 35-3 ⑫ 21-4	⑬ 21-4
第4声　51	⑭ 51-1	⑮ 51-1	⑯ 51-1	⑰ 51-1

(1) ① 55 + 55 ⇒ 55 + 2、② 55 + 35 ⇒ 55 + 2、③ 55 + 214 ⇒ 55 + 2、
④ 55 + 51 ⇒ 55 + 2

①东西 dōngxi,　先生 xiānsheng,　休息 xiūxi,　消息 xiāoxi
②商量 shāngliang,　姑娘 gūniang,　知识 zhīshi,　衣服 yīfu
③多少 duōshao,　清楚 qīngchu,　宽敞 kuānchang,　家伙 jiāhuo
④窗户 chuānghu,　生意 shēngyi,　师傅 shīfu,　抽屉 chōuti

(2) ⑤ 35 + 55 ⇒ 35 + 3、⑥ 35 + 35 ⇒ 35 + 3、⑦ 35 + 214 ⇒ 35 + 3、
⑧ 35 + 51 ⇒ 35 + 3

⑤人家 rénjia,　玫瑰 méigui,　唠叨 láodao,　滑溜 huáliu
⑥明白 míngbai,　便宜 piányi,　麻烦 máfan,　核桃 hétao
⑦朋友 péngyou,　云彩 yúncai,　行李 xíngli,　柴火 cháihuo
⑧凉快 liángkuai,　名字 míngzi,　时候 shíhou,　咳嗽 késou

(3) ⑨ 214 + 55 ⇒ 211 + 55 ⇒ 21 + 4、⑩ 214 + 35 ⇒ 211 + 35 ⇒ 21 + 4、
⑬ 214 + 51 ⇒ 211 + 51 ⇒ 21 + 4

⑨喜欢 xǐhuan,　打听 dǎting,　眼睛 yǎnjing,　点心 diǎnxin
⑩怎么 zěnme,　里头 lǐtou,　暖和 nuǎnhuo,　早晨 zǎochen
⑬早上 zǎoshang,　晚上 wǎnshang,　买卖 mǎimai,　脑袋 nǎodai

(2) ⑪ 214 + 214 ⇒ 35 + 214 ⇒ 35 + 21 ⇒ 35 + 3
⑫ 214 + 214 ⇒ 211 + 24 ⇒ 211 + 4 ⇒ 21 + 4

⑪打点 dǎdian，　打手 dǎshou，　想法 xiǎngfa，　哪里 nǎli

（『現代漢語詞典』第 6 版によれば、「想法」「哪里」はそれぞれ xiǎngfǎ、nǎlǐ とよむこともできる。）

⑫耳朵 ěrduo，　奶奶 nǎinai，　姐姐 jiějie，　椅子 yǐzi

［注］⑪と⑫は、声調符号の表記は同じであるが、発音法はおおきく異なる。すなわち、⑪では「第2声＋軽声」で発音し、⑫では「半3声＋軽声」で発音する。⑫の場合、前の第3声が第2声になるという変化方式が一般化する前に、すでに第2音節が軽声化していたと考えられる。

(5)　⑭ 51 + 55 ⇒ 51 + 1、⑮ 51 + 35 ⇒ 51 + 1、⑯ 51 + 214 ⇒ 51 + 1、
⑰ 51 + 51 ⇒ 51 + 1

⑭地方 dìfang，　大夫 dàifu，　相声 xiàngsheng，　部分 bùfen

⑮事情 shìqing，　困难 kùnnan，　爱人 àiren，　骆驼 luòtuo

⑯筷子 kuàizi，　豆腐 dòufu，　戒指 jièzhi，　利索 lìsuo

⑰月亮 yuèliang，　漂亮 piàoliang，　故事 gùshi，　热闹 rènao

1.4　3つの音節の連続で、軽声音節を含む場合の声調発音

（1 ＝第1声、2 ＝第2声、3 ＝第3声、4 ＝第4声、0 ＝軽声）

(1) 3つ目の音節が軽声のもの

110	花骨朵 huāgūduo，	开窗户 kāi chuānghu
120	搬行李 bān xíngli，	刮胡子 guā húzi
130	吃饱了 chībǎo le，	听懂了 tīngdǒng le
140	多大了 duō dà le，	出太阳 chū tàiyang
210	没关系 méiguānxi，	孪生子 luánshēngzi
220	胡萝卜 húluóbo，	没什么 méi shénme
230	没有了 méiyǒu le，	还早呢 hái zǎo ne
240	实际上 shíjìshang，	别客气 bié kèqi
310	老师们 lǎoshīmen，	买东西 mǎi dōngxi
320	女朋友 nǚpéngyou，	古时候 gǔ shíhou

330	小伙子 xiǎohuǒzi,	我走了 wǒ zǒu le
340	小意思 xiǎo yìsi,	找地方 zhǎo dìfang

410	过筛子 guò shāizi,	大师傅 dàshīfu
420	为什么 wèi shénme,	再来吧 zài lái ba
430	做买卖 zuò mǎimai,	太好了 tài hǎo le
440	要这个 yào zhèige,	太贵了 tài guì le

(2) 2つ目の音節が軽声のもの

101	刮着风 guāzhe fēng,	八十一 bāshiyī
102	冰激凌 bīngjilíng,	多少钱 duōshaoqián
103	高粱酒 gāoliangjiǔ,	听不懂 tīngbudǒng
104	芝麻酱 zhīmajiàng,	三十六 sānshiliù

201	葡萄干儿 pútaogānr,	拿着书 názhe shū
202	行不行 xíng bu xíng,	来不及 láibují
203	葡萄酒 pútaojiǔ,	麻烦你 máfan nǐ
204	拿不动 nábudòng,	杂和菜 záhuocài

301	老实说 lǎoshi shuō,	五十七 wǔshiqī
302	少不得 shǎobudé,	两个人 liǎng ge rén
303	好得很 hǎo de hěn,	怎么写 zěnme xiě
304	怎么办 zěnme bàn,	可不是 kě bu shì

401	差不多 chàbuduō,	这么些 zhèmexiē
402	用不着 yòngbuzháo,	要不然 yàoburán
403	对不起 duìbuqǐ,	谢谢你 Xièxie nǐ
404	试试看 shìshi kàn,	要不要 yào bu yào

(3) 2つ目・3つ目の音節が軽声のもの

　この場合、第2音節の軽声は第3音節の軽声より若干高めに実現される。ただし、第4声につづく2つの軽声は同じ低さである。

100　第1声 [55] + 軽声 [3] + 軽声 [1]

先生们 xiānshengmen,　　桌子上 zhuōzishang

屋子里 wūzili,　　　　　吃过了 chīguo le

200　第2声 [35] + 軽声 [3] + 軽声 [1]

朋友们 péngyoumen,　　学生们 xuéshengmen

什么的 shénmede,　　　拿出来 náchulai

300　第3声 [21] + 軽声 [4] + 軽声 [3]

椅子上 yǐzishang,　　　脑子里 nǎozili

舍不得 shǔbude,　　　　滚下来 gǔnxialai

400　第4声 [51] + 軽声 [1] + 軽声 [1]

看过了 kànguole,　　　站起来 zhànqilai

算了吧 suànle ba,　　　这么着 zhèmezhe

2. ———— 軽声音節に関連した諸事項

2.1　絶対的軽声と任意的軽声

『現代漢語詞典』（第6版）の軽声表示法には、つぎのような2種類があるという。a）軽声で発音する字のピンインには声調符号を記さず、その前に「・」を加える（例：【桌子】zhuō・zi）。b）一般には軽声で発音するが、時として非軽声で発音することも許される字には声調符号を記し、その前に「・」を加える（例：【因为】yīn・wèi）。そこで、両者を区別して、a）の表記のものを「絶対的軽声語」、b）の表記のものを「任意的軽声語」とよぶ。以上は小川郁夫・張科蕾著『中国語常用軽声語辞典』（白帝社）による。ところで同書によれば、『現代漢語詞典』の第2版（1983）、第3版（1996）、第5版（2005）、第6版（2012）のあいだで、つぎのような軽声から非軽声への表示の変遷があるという。

「已经」　yǐ・jing（第2版）→ yǐjīng（第5・6版）

「家具」　jiā・ju（第2版）→ jiā・jù（第3版）→ jiājù（第6版）

「小姐」　xiǎo・jie（第2版）→ xiǎo・jiě（第3版）→ xiǎojiě（第6版）

「生日」　shēng・ri（第2版）→ shēng・rì（第5版）→ shēngrì（第6版）

「来往」　lái・wang（第2版）→ lái・wǎng（第5版）→ láiwǎng（第6版）

一般に、ある語が軽声で発音されるか否かは社会の慣習として認定されるものであるが、任意的軽声語の場合、同一個人の話し方において、口語的な使用域（親しみのある日常語など）では多く軽声が用いられ、あらたまった使用域（講演・スピーチなど）や丁寧な話し方では多く非軽声（軽声化しないもとの発音）が用いられる、というような選択があるであろう。個人のなかでも動揺があると考えられる。

2.2　疑問のイントネーションが加わったときの軽声音節の高さ

　文末の軽声音節は、文イントネーションの影響を受けて高さが変化することがある。疑問の助詞「吗」「呢」がついた文では、助詞は上昇イントネーションの働きによって、先行音節の声調に関係なく高めの軽声（5度か4度）で発音される。

a)　「吗」を用いた文

　　①［55-5］酸 suān 吗？　　　②［35-5］甜 tián 吗？
　　③［21-5］苦 kǔ 吗？　　　　④［51-5］辣 là 吗？

b)　「呢」を用いた文

　　①［55-5］书 shū 呢？　　　②［35-5］球 qiú 呢？
　　③［21-5］笔 bǐ 呢？　　　　④［51-5］报 bào 呢？

2.3　軽声音節に見られる特殊な音声変化

　ある音節が軽声化することによって、緊張がゆるくなって発音のつよさが弱まり、その結果、声母・韻母の音質に変化が生じることがある。下記のような音声現象が観察される。

a)　無声無気音の有声音化

　　これは、声母の無声無気音が対応する有声無気音に変わるというもの。
　　①哥哥 gēge　（［kɤ］→［kə］→［gə］）　　②弟弟 dìdi（［ti］→［di］）
　　③我的 wǒ de　（［tɤ］→［tə］→［də］）　　④好得恨 hǎode［də］hěn
　　⑤拿着 názhe（［tʂɤ］→［tʂə］→［dʐə］）　　⑥八个 bā ge［gə］
　　⑦孩子 háizi　（［tsɿ］→［tsə］→［dʐə］）
　　声母の有声化とともに、母音の中舌化（［ɤ→ə］、［ɿ→ə］）も認められる。

b)　母音の弱化

　　これは、主母音［a］がその明瞭さを失いあいまいな母音にぼやけるということで、［ə］になることが多いが、［e］になることもある。

①妈妈 māma（[ma]→[mə]）　　②麻烦 máfan（[fan]→[fən]）

③西瓜 xīgua（[kua]→[kuə]）　　④回来 huílai（[lai]→[lei]）

⑤热闹 rènao（[nau]→[nəu]）

c)　母音の消去

これは、[i]［ɿ］［ʅ］［u］といった狭母音が無声化母音に変わって、母音がないかのように聞こえるもので、「無声」という声母の影響による現象と考えられる。

①东西 dōngxi（xi → x）　　②意思 yìsi（si → s）

③钥匙 yàoshi（shi → sh）　　④客气 kèqi（qi → q）

⑤豆腐 dòufu（fu → f）

2.4　語彙・語法と関わる軽声発音

軽声は発音上の現象であるだけでなく、単語を意味的に区別する語彙・語法上の機能も有している。

a)　2 字単語の第 2 音節を軽声にして意味を変えるもの：

①东西 dōngxī（東西）　　　　→ dōngxi（品物）

②地方 dìfāng（地方）　　　　→ dìfang（ところ、場所）

③大意 dàyì（大意、あらすじ）→ dàyi（不注意だ、うかつだ）

④地道 dìdào（地下道）　　　→ dìdao（本場の）

b)　2 字単語の第 2 音節を軽声にして品詞を変えるもの：

①练习 liànxí（名詞）　　　　→ liànxi（動詞　練習する）

②通知 tōngzhī（名詞）　　　　→ tōngzhi（動詞　通知する）

③自然 zìrán（名詞）　　　　　→ zìran（形容詞　むりがない）

④精神 jīngshén（名詞）　　　→ jīngshen（形容詞　元気がある）

たとえば「东西 dōngxī」（xi は第 1 声）と「东西 dōngxi」（xi は軽声）を比べると、前者は二つの音節の結びつきがゆるやかで、二つの意味の複合が感じられる。これに対し、後者は結びつきが緊密で、全体がひとつに固まってその分意味も特殊化されている。第 2 音節の軽声化ということは、発音を変えるだけでなく、意味区別をつくって別単語にするという役割も有しているのである。

3. ──── 中国語の重音・中音・軽音

3.1 重音・中音・軽音という発音現象

　§1.1において、中国語に普通音節（有声調）と軽声音節（無声調）があることを述べたが、そうすると、中国語の二音節単語は、「普通音節＋普通音節」の組み合わせか「普通音節＋軽声音節」の組み合わせしかないということになる（「軽声音節＋普通音節」、「軽声音節＋軽声音節」という組み合わせはない）。それでは、「普通音節＋普通音節」という組み合わせの単語において両音節間に強弱の差はないのであろうか。以下この点について言及することとする。一般に、どんな言語でも、「ひとかたまりの、一定の意味を有する単語」としては、それを構成するひとつひとつの音節は切り離しては発音されず、また同じ強さではよまれないのがふつうである。英語では音節がふたつ以上の単語あるいは語句を発音する場合、音節間に強弱の差があるのがふつうで、たとえば二音節語では、前後ふたつの音節のうちどちらかに「強勢（ストレス）」がおかれもうひとつの音節は無強勢となる。三音節語ならある１か所の音節に強勢がおかれ、のこりの音節は第２強勢か無強勢があたえられる。中国語にも、注意して聞くとこれに類する発音現象があり、中国語ではこれを「重音」「軽音」と称している。重音は重く長めに発音されるもので、その音節では声調調形が明瞭に保たれる。これに対し軽音は軽く短めに発音されるもので、しかしその音節は無声調になるのではなく、声調調形がある程度は保たれるものをいう。そして、重音・軽音の中間のものとして「中音」という段階があることも研究者によって論じられている。そうすると、中国語では、単語を構成する音節に、「重音─中音─軽音」と変動する３段階の強弱の差（これに高低・長短の差が加わりうる）があるということになる。

　軽声と軽音はどちらも軽く発音される言語音の弱化現象であるが、両者は異なる概念のものとして区別するほうがよい。軽声は無声調をその特質とし、一般の普通音節と区別される存在である。いっぽう、軽音は強さ（ストレス）アクセントに類する発音現象で、重音と対（つい）にしてあつかわれるものである。軽声は、いうまでもなく軽音という発音から発展したもので、広義では軽音の範疇に含められよう。軽声と軽音の違いは、前者は、無声調という状態が固定化したものでもとの声調で発音されることはないが、後者は、弱いながらも本来の声調は維持される、ということである。ピンインでは、軽声音節は声調符号なしで表示されるが、軽音音節では声調符号がつけられる。したがって、ある音節が重音か中音か軽音かといった情報はピンインか

らは知ることができない。

3.2　二音節語で、第 2 音節が重音であるものと軽声であるものとの発音対比

表 10-1a

単語	意味	発音法	［中音＋重音］
东西	東と西	dōngxī	44 ＋ 55
买卖	売り買い	mǎimài	32 ＋ 51
地道	地下道	dìdào	42 ＋ 51
文字	文字	wénzì	24 ＋ 51
主义	主義	zhǔyì	32 ＋ 51
报仇	復讐する	bàochóu	42 ＋ 35

表 10-1b

単語	意味	発音法	［重音＋軽声］
东西	もの	dōngxi	55 ＋ 2
买卖	商売	mǎimai	21 ＋ 4
地道	本場の	dìdao	51 ＋ 1
蚊子	蚊	wénzi	35 ＋ 3
主意	考え、意見	zhǔyi	21 ＋ 4
报酬	報酬	bàochou	51 ＋ 1

　中国語の声調は、重音で発音されればそれぞれ［55・35・211（21）・51］の調値であるが、中音で発音されれば、それぞれ音域の幅が狭められて［44・24・322（32）・42］のようになる（中音の調値は、松本昭「北京語アクセントに関する一考察」『中国語学』100 による）。一般に二音節語は、「中音＋重音」のかたまりでよまれるか、「重音＋軽声」のかたまりでよまれるか、そのどちらかであり、それが多数派である（表 10 に示したのはその一例）。しかし次項に取り上げられるように、一部に「重音＋中音」でよむものもあることが指摘されている。

3.3　「中重」型発音と「重中」型発音

　同じローマ字表記のあるふたつの 2 音節語が、「中音＋重音」でよむか「重音＋中音」でよむかで意味が区別される場合がある。たとえば、

	sànbù	bàodào	gōngjī	zhībù	bàolì
中重型	散步	报到	公鸡	织布	暴利
重中型	散布	报道	攻击	支部	暴力

　また、「生气 shēngqì」は動詞（怒る）の意味では中重型、名詞（腹立ち）の意味では重中型でよみ、「一定 yīdìng」は「一定している」の意味では中重型、「特定の」の意味では重中型でよむという（傅国通・殷作炎『普通話導学』による）。日本で出版されている中国語辞典、たとえば伊地智善継編『白水社中国語辞典』をみると、重中型の「散布」「报道」は sànbù、bàodào と表記するのに対し、中重型の「散步」「报到」は sàn/bù、bào // dào と表記している。つまり、後者は斜線を加筆することにより、前者との区別が示されるというしくみになっている。

　二音節の単語は中重型でよむものが圧倒的に多いが、重中型でよむものがあることも無視できないというわけで、下に重中型でよむとされる単語の例を、続三義『対日漢語語音教程：中日対照』から引用して掲げる。

a) 　第1声ではじまるもの： 一月，七月，三点，八点，今天，今年，春天，冬天，工人，忽然，身体，方法，方便，心情，初期

b) 　第2声ではじまるもの： 十月，昨天，明天，前天，明年，晴天，年龄，学习，活动，条件，材料，男人，节日，成就，不用

c) 　第3声ではじまるもの： 五月，九月，雨天，五天，女人，可是，点心，比方，组织，比如，准备，影响，理想，打扫，比较

d) 　第4声ではじまるもの： 二月，后天，夏天，作家，画家，客人，少年，爱人，或者，特点，办法，道路，介绍，色彩，后来

　「重音」と「中音」を区別する、あるいは「軽音」と「軽声」を区別するという現象は日本語にないものなので、日本人学習者にとって慣れにくい分野である。しかしよりレベルの高い中国語を身につけようとするなら、この面での発音習得も考慮されなければならないであろう。

4. —— 軽声を含まない3音節・4音節語における第2音節の発音

4.1 三音節語の場合

(1) 基本的な発音形式

a) 　三音節語は「中音＋軽音＋重音」のつながりで発音されることが多い。すなわち、中間の第2音節（軽音）は、第1音節（中音）より軽く短くやや不完全に発音され、最後の第3音節（重音）は、重く長く明瞭に発音される。そうよむことで全体のまとまりが得られ、落ち着きがよくなるということである。例：

(i) 　中間が第1声のもの：图书馆 túshūguǎn，飞机场 fēijīchǎng，
摩托车 mótuōchē，火车站 huǒchēzhàn，
普通话 pǔtōnghuà

(ii) 　中間が第2声のもの：二十一 èrshíyī，五十四 wǔshísì，
自行车 zìxíngchē，外国语 wàiguóyǔ，
羽毛球 yǔmáoqiú

(iii) 　中間が第3声のもの：电影院 diànyǐngyuàn，大使馆 dàshǐguǎn，
游泳池 yóuyǒngchí，出版社 chūbǎnshè，
阅览室 yuèlǎnshì

(iv) 　中間が第4声のもの：巧克力 qiǎokèlì，运动会 yùndònghuì，
动物园 dòngwùyuán，日用品 rìyòngpǐn，
水蜜桃 shuǐmìtáo

b) 　三字からなる姓名、地名、国名なども、第2字は一般に軽音である。
例：(姓名)司马迁，洪秀全，康有为，周恩来
　　(地名)哈尔滨，北戴河，秦皇岛，八达岭
　　(国名)新西兰，尼泊尔，匈牙利，意大利

[注] 三音節語の第2音節がそり舌音〈sh〉のとき、あまりていねいでない発音では有声音化して、そり舌音〈r〉に変わることがある。
多少钱 duōshaoqián　→　多儿钱 duōrqián
电视台 diànshìtái　→　电儿台 diànrtái

⑵ 二単語としてのよみ方と一単語としてのよみ方

　三音節の連続において、これを二単語の組み合わせとしてよむ場合と、二単語を複合させた一単語のまとまりとしてよむ場合がある。前者は、結びつきがゆるいので語と語の間に軽い切れ目が感じられるようによみ、後者は、結びつきが固いので、⑴であつかった三音節語のパターンでよむ。複合して単一語化したことを発音によって明示するわけである。

- （ⅰ）　a　大学生 dà xuésheng　（二単語、年のいった学生）
- 　　　　b　大学生 dàxuéshēng　（一単語、大学生）〈中＋軽＋重〉
- （ⅱ）　a　煎鸡蛋 jiān jīdàn　　（二単語、目玉焼きをつくる）
- 　　　　b　煎鸡蛋 jiānjīdàn　　（一単語、目玉焼き）〈中＋軽＋重〉
- （ⅲ）　a　烤白薯 kǎo báishǔ　 （二単語、焼き芋を焼く）
- 　　　　b　烤白薯 kǎobáishǔ　 （一単語、焼き芋）〈中＋軽＋重〉

　同様に、たとえば、「翻译小说」を「小説を翻訳する」という意味の、動詞＋目的語の二単語として発音するときは「小説」が重音となり、「翻訳小説」という意味の複合名詞として発音するときには「翻译」が重音となる。

⑶ 三音節語における特殊な声調変化

　三音節の連続からなる単語の場合、前のふたつの音節が〈1声＋2声〉あるいは〈2声＋2声〉となっている場合、自然なスピードの口語発音では、第2字の声調である第2声は第1声に近く発音される傾向がある。これは、真ん中の第2声が軽音化し声調が希薄になるにともない、開始の高さを先行の第1声・第2声の終わりの高さに同化させる（55＋35→55＋55、35＋35→35＋55）、という現象だと理解される。ただし話し方がゆっくりした念を入れた発音ではこの現象は起こらない。

a)　1声＋2声＋各声　→　1声＋1声＋各声

　　科学家 kēxuéjiā,　　　　说明书 shuōmíngshū,　　三年级 sānniánjí
　　仙人掌 xiānrénzhǎng　　西红柿 xīhóngshì,　　　非常好 fēicháng hǎo

b)　2声＋2声＋各声　→　2声＋1声＋各声

　　留学生 liúxuéshēng,　　朝阳花 cháoyánghuā,　　还没来 hái méi lái,
　　茅台酒 máotáijiǔ,　　　湖南省 húnánshěng,　　劳您驾 láo nín jià

4.2 四音節語の場合

(1) 基本的な発音形式

四音節語は、二語＋二語の語構成をとることが多い。この場合は、一般に「中＋軽＋中＋重」の配列で発音される。すなわち、第2音節が軽音、第4音節が重音、それ以外は中音となる。

中山公园	Zhōngshāngōngyuán,	出租汽车	chūzūqìchē
拼音字母	pīnyīnzìmǔ,	排球比赛	páiqiúbǐsài
北京大学	Běijīngdàxué,	表演节目	biǎoyǎnjiémù
高高兴兴	gāogāoxìngxìng,	东南西北	dōngnánxīběi

(2) 2音節動詞の重複形式

この場合は、「重＋軽＋中＋軽」でよまれる。

收拾收拾	shōushi shōushi,	商量商量	shāngliáng shāngliáng
学习学习	xuéxí xuéxí,	活动活动	huódòng huódòng
打听打听	dǎting dǎting,	讨论讨论	tǎolùn tǎolùn

（2音節語における非軽声・軽音の発音区別）

①不分（bù fēn）/ 部分（bùfen）　　②电子（diànzǐ）/ 垫子（diànzi）

③近来（jìnlái）/ 进来（jìnlai）　　④服气（fúqì）/ 福气（fúqi）

⑤加火（jiā huǒ）/ 家伙（jiāhuo）　　⑥利害（lìhài）/ 厉害（lìhai）

⑦地理（dìlǐ）/ 地里（dìli）　　⑧报仇（bàochóu）/ 报酬（bàochou）

⑨龙头（lóngtóu）/ 笼头（lóngtou）　　⑩文字（wénzì）/ 蚊子（wénzi）

⑪虾子（xiāzǐ）/ 瞎子（xiāzi）　　⑫眼镜（yǎnjìng）/ 眼睛（yǎnjing）

⑬逝世（shìshì）/ 试试（shìshi）　　⑭预见（yùjiàn）/ 遇见（yùjian）

第 **11** 章

さまざまな発音変化と多音字

1. ──── 「不」「一」の声調変化

1.1 「不 bù」「一 yī」の声調変化表

(1) 「不」の場合

音声環境	変化の情況	例
第 4 声の前	bù → bú	不要 yào, 不对 duì, 不是 shì, 不谢 xiè, 不客气 kèqi
第 1・2・3 声の前	変化しない	不好 hǎo, 不行 xíng, 不可以 kěyǐ, 不一样 yíyàng, 不说 shuō

不冷 lěng 不热 rè，不大 dà 不小 xiǎo，不见 jiàn 不散 sàn
不知 zhī 不觉 jué，不吃 chī 不喝 hē。

(2) 「一」の場合

音声環境	変化の情況	例
① 単独で用いるとき ② 単語の末尾にある 　とき ③ 序数（序列・順序） 　を示すとき	変化しない	① 一二三，一一得 dé 一 ② 十一，第一，统一，万一，星期一 ③ 一班 bān，一楼 lóu，一路 lù 车， 　一等 děng 奖
④（その他の情況） 　第 4 声の前	yī → yí	一半 bàn，一定 dìng，一共 gòng, 一下 xià，一个（gè → ge）
⑤（その他の情況） 　第 1・2・3 声の前	yī → yì	一本 běn，一直 zhí，一起 qǐ, 一些 xiē，一年 nián，一早 zǎo

1.2 「一」を含むさまざまな語句

(1) 単独で用いるもの

① 一九一一年 yījiǔyīyīnián（年号は数字を一字ずつよむ）

② 一 yī 比〇 líng, 　　一 yī 対二, 　　百分之一 yī

③ 一 yī 点五（1.5）, 　　零点一 yī（0.1）

(2) 序数として用いるもの

数詞には物事の数量を表わすもの（基数詞という）と順序を表わすもの（序数詞という）がある。序数詞として用いる場合、「一」は声調を変えない。

① 一月一号 yīyuè yīhào, 　　零下 língxià 一度 yīdù

② 安全 ānquán 第一, 　　全国 quánguó 第一, 　　友谊 yǒuyì 第一

③ 第一 yī 课 kè, 　　第一 yī 次 cì, 　　第一 yī 名 míng, 　　第一 yī 组 zǔ

④ 一 yī 班 bān（＝第一班）, 　　一 yī 中 zhōng（＝第一中学）,
　　一 yī 楼 lóu（＝第一层楼）, 　　一 yī 院 yuàn（＝第一附属医院）

なお、序数詞であっても、第4声の前では第2声に変わりやすいという傾向があるようである。例：第一次（yī → yí）。

［注］「聞一多」のように、人名に用いられる「一」（通常三字のなかの中間の字）は、意味上「第一」であることに通じるので、声調を変えないという。

(3) 基数として用いるもの

基数詞として用いる場合、「一」は声調を変える。

① 一 yì 本书, 　　一 yì 张纸, 　　念一 yì 年级
　　（ただし、十一 yī 张纸, 一百一 yī 张纸, 一百零一 yī 张纸などの「一」は yī と発音する。「十一」「二十一」「三十一」などがひとつのまとまりをなして後ろの量詞と結びつくのである）

② 一万 yíwàn, 　　一千 yìqiān, 　　一百 yìbǎi, 　　一亿 yíyì
　　（ただし、「一十」「一十一」などの「一」は yī）

③ 一块 yíkuài, 　　一毛 yìmáo, 　　一分 yìfēn

④ 一百一十一（111）yìbǎi yīshiyī

⑤ 一千一百一十一（1,111）yìqiān yìbǎi yīshiyī

⑥ 一毛一分 yìmáo yìfēn, 　　一块一毛一分 yíkuài yìmáo yìfēn

⑦ 一 yì 点整 (一時ちょうど)，　　　一点儿 yìdiǎnr (すこし)

⑧ 一 yì 学就会。　　一 yí 看就明白。

[注1] 日本で刊行される中国語入門テキストではじっさいによまれるとおりに表記されているが、辞書では原声調を記し変化した場合の声調は記されない。

[注2] 電話番号・部屋番号・列車番号・車の登録番号などをいうとき、「一」は yāo と発音されることがある。これは yī (1) と qī (7) の聞き間違い・混同を防ぐのに有効である。

2. ————「不」「一」の軽声発音

(1) 「不」の軽声発音

a) 反復疑問文に用いる「不」

是 shì 不是，　　要 yào 不要，　　会 huì 不会，　　　能 néng 不能，
好 hǎo 不好，　　大 dà 不大，　　忙 máng 不忙，　　冷 lěng 不冷

b) 可能補語に用いる「不」

听 tīng 不懂 dǒng，　　吃 chī 不了 liǎo，　　　看 kàn 不见 jiàn
想 xiǎng 不到 dào，　　拿 ná 不动 dòng，　　　想 xiǎng 不起来 qǐlái

(2) 「一」の軽声発音

a) 二つの同じ単音節動詞の間におかれる「一」

「一」は、動作が短いこと、軽いことを表わす (ちょっと〜する、〜してみる)。

听 tīng 一听，　　尝 cháng 一尝，　　想 xiǎng 一想，　　看 kàn 一看

b) 不定の少量を表わす「一」

来一杯 bēi，　　等一下 xià，　　　　休息一会儿 yíhuìr，
看一眼 yǎn，　　叫我一声 shēng，　　睡一觉 jiào

c) 名詞の不定表現に用いる「一」

有一天 tiān (ある日、いつか)，　　　有一次 cì (あるとき)
桌子上有一本书。(ある1冊の本)　　前面来了一个人。(あるひとりの人)

[注] 個数・回数を「数える」、限定された意味での「一」は声調を伴って明瞭によまれるが、「数えない」場合の不特定をあらわす「一」は弱く発音される。この発音は、英語の不定冠詞 a/an (a book, an apple) の用法にある程度対応すると考えられる。

3. ———— 三つあるいはそれ以上の第3声の連続

(1) 3つの第3声の連続

　　3つの音節の結びつきの強弱によって、「2字+1字」型と「1字+2字」型に分けられる。まず意味的に結びつきが緊密な二字の間で声調変化が起こり、ついで前あるいは後ろにつながる一字との間で声調変化が起こる。

a)　「2字+1字」の結びつきでは、第2声+第2声+第3声でよまれる。

　　［［3+3］+3］→［［2+3］+3］→［2+2+3］

　　展覧館 zhǎnlǎnguǎn,　　　　土产品 tǔchǎnpǐn,　　　洗脸水 xǐliǎnshuǐ

　　给我买 gěi wǒ mǎi,　　　　请你走 qǐng nǐ zǒu

b)　「1字+2字」の結びつきでは、半3声+第2声+第3声でよまれる。

　　［3+［3+3］］→［3+［2+3］］→［半3+2+3］

　　很勇敢 hěn yǒnggǎn,　　很理想 hěn lǐxiǎng,　　买水果 mǎi shuǐguǒ,

　　打雨伞 dǎ yǔsǎn,　　　煮水胶 zhǔ shuǐjiǎo

　　　［注］"买好酒 mǎi hǎojiǔ"は二とおりのよみ方がある。すなわち、「よい酒を買う」の意味の場合は「买+好酒（1字+2字）」なので［半3+2+3］でよまれ、「酒をちゃんと買った」の意味の場合は「买好+酒（2字+1字）」なので［2+2+3］でよまれる。

c)　「1字+1字+1字」の結びつきでは、両方のよみ方があって一定しない。ゆっくり言うときは b)の方式が、早口で言うときは a)の方式が用いられる。

　　我很好 Wǒ hěn hǎo,　　　你洗脸 Nǐ xǐ liǎn　　　我脚小 Wǒ jiǎo xiǎo

(2) 4つ以上の第3声の連続

a)　「永远友好 yǒngyuǎn yǒuhǎo」「岂有此理 qǐ yǒu cǐ lǐ」のような4字の連結は、普通のよみ方なら「第2声+第3声、第2声+第3声」である。しかし、やや速い話し方では最終音節だけが第3声を保ち、ほかはみな第2声に転じるということになる。

b)　ひとつの文で第3声が4個以上連続した場合、文の構造や意味構造によって、3音節あるいは2音節を単位とするいくつかのまとまりに分け、それぞれの内部で第3声を第2声に変える。

　　① 我想买几种礼品。　Wǒ xiǎng mǎi jǐ zhǒng lǐpǐn.

② 请你给我洗脸水。　Qǐng nǐ gěi wǒ xǐliǎnshuǐ.
③ 我有五把小雨伞。　Wǒ yǒu wǔ bǎ xiǎo yǔsǎn.

4. ——— 一部の単音節形容詞の重複形式

　日常の口語では、形容詞が重複したとき後ろの音節はアル化し、声調が第1声に変化するという現象がある。ここでのアル化は意味を強調する働きをするので、その部分はやや強く発音される。

a)　単音節形容詞が第1声のもの（後ろの音節は第1声のまま）

　　轻轻儿 qīngqīngr 地推,　　高高儿 gāogāor 的山上

b)　単音節形容詞が第2声のもの（後ろの音節は第2声→第1声）

　　薄薄儿 báobāor 的棉袄

c)　単音節形容詞が第3声のもの（後ろの音節は第3声→第1声）

　　好好儿 hǎohāor 地学习,　　早早儿 zǎozāor 地回来

d)　単音節形容詞が第4声のもの（後ろの音節は第4声→第1声）

　　慢慢儿 mànmānr 地走,　　静静儿 jìngjīngr 吧！

5. ——— 音節末尾音（韻尾）〈n〉の発音変化

　末尾音「n」は舌尖音であるが、後続音節の声母との間で「同化」とよばれる変化を起こす。すなわち、〈n〉はその声母と同じ調音位置でつくられる別の鼻音に変わる。これにより、変化した〈n〉の発音は後続子音となめらかにつながり、より自然でらくな調音運動がおこなえることになる。つぎの四とおりの現象が観察される。

a)　後続音節が唇音声母〈b・p・m〉の場合

　　舌先音 [n]　→　両唇音 [m]

　　面包 miànbāo　　南边 nánbiān　　什么 shénme　　感冒 gǎnmào

b)　後続音節が舌根音声母〈g・k・h〉の場合

　　舌先音 [n]　→　舌根音 [ŋ]

　　很好 hěn hǎo　　很快 hěn kuài　　辛苦 xīnkǔ　　银行 yínháng

c)　後続音節が〈zh・ch・sh〉の場合

舌先音 [n]　→　そり舌音 [ɳ]（そり舌音化した n）

很长 hěn cháng　　很重 hěn zhòng　　认真 rènzhēn　　文章 wénzhāng

なお後続音節の声母が〈r〉の場合、[n]は r に近く発音される。

很热 hěn rè　　很软 hěn ruǎn　　电褥子 diànrùzi　　人人 rénrén

d)　後続音節が〈j・q・x〉の場合

舌先音 [n]　→　舌面音 [ȵ]（舌面音化した n）

很新 hěn xīn　　很近 hěn jìn　　南京 nánjīng　　看见 kànjian

　上掲例のような音連続において、韻尾〈n〉の調音位置を変えないで舌尖音の舌がまえで発音するにはかなりの意識的な努力が必要であるし、もしそのように発音した場合は非常に不自然に聞こえる。〈n〉は、つぎの音への移動をスムーズにするために、調音中に舌が後続音の調音位置をとっているのである。

[注] 2字単語で、前の音節が〈ng〉でおわり、後ろの音節が母音〈a・o・e〉ではじまるとき、発音上、その母音の前に〈ng〉がが加えられることがある。たとえば、

平安　píng＋ān　→　píng＋ngān

东欧　dōng＋ōu　→　dōng＋ngōu

名额　míng＋é　→　míng＋ngé

6. ──── 合音という現象

⑴「这一」「那一」「哪一」の合音

　「这个」には zhège・zhèige という二とおりの発音がある。このうち後者は「这」＋「一」の合音でつくられた音である（「这一个」→「这个」）。「那个」の nèige、「哪个」の něige も同様である。「合音」とは、連続するふたつの音節が合わさってひとつの音節に縮められる現象のことである。

　①「这一」の合音　　zhè＋yī　⟶　zhèi

　②「那一」の合音　　nà＋yī　⟶　(nài)　⟶　nèi

　③「哪一」の合音　　nǎ＋yī　⟶　(nǎi)　⟶　něi

　「那一」「哪一」の場合、nai→nei と韻母が変わったのは、それらが、意味の面だけでなく発音の面でも「这一」とパラレルであることが望ましいという感覚がはたらいて、それに合わせるように改められたということであろう。そういうわけで、こんにち「这・

那・哪」の発音としては〈zhè・nà・nǎ〉と〈zhèi・nèi・něi〉が併存しているが、後者のほうが次第に使用範囲を拡大しつつあるという。

⑵ **中国語の合音字**

a) 語気助詞

①「啦」＝了＋啊　　le + a　⟶　la　　我太高兴啦.
②「喽」＝了＋噢　　le + ou　⟶　lou　　这个问题我可不会喽.
③「呗」＝吧＋欸　　ba + ei　⟶　bei　　你就帮帮他呗.

b) 数量詞

①「俩」＝两＋个　　liǎng + ge　⟶　liǎ
②「仨」＝三＋个　　sān + ge　⟶　sā

［注］「两・三」は合音の過程で「个」の影響をうけて、その韻尾を落としたと考えられる。

c) 否定詞

①「甭」＝不＋用　　bù + yòng　⟶　béng
②「别」＝不＋要　　bù + yào　⟶　bié

7. ──── 語気助詞「啊 a」の発音変化

　語気助詞には「啊」「吧」「了」「吗」「呢」「的」などがあるが、そのなかで「啊」はほかの語気助詞と異なって、先行音節の韻母あるいはその韻尾と結合して発音が変化する、つまり別の音節に変わる。その場合、変化した発音に応じて異なった漢字が表記されるということがある。ただし、その漢字は一定せず統一されているわけではない。

a) 先行音節の韻母が〈a・e・i・o・ü〉の場合、a → ia(ya) と変化する。文字は「啊」あるいは「呀」が書かれる。

①噢，是他(tā)呀!　　　　　　②他是谁(shéi)呀?
③你怎么不去(qù)呀?　　　　　④今天真热(rè)呀!

b) 先行音節の韻母が〈u・ao・ou〉の場合、a → ua(wa) と変化する。文字は「啊」あるいは「哇」が書かれる。

①您好(hǎo)哇！　　　　②今天天气真好啊！

③你在哪儿住(zhù)啊？　　④咱们快走(zǒu)啊！

c)　先行音節の末尾が〈n〉の場合、n + a → na と変化する。文字は「啊」あるい
　　は「哪」が書かれる。

①大家加油干(gàn)哪！　　②多少钱一斤(jīn)哪？

③这件事可不简单(jiǎndān)哪！　　④这本书真好看(kàn)哪！

d)　先行音節の末尾が〈ng〉の場合、ng + a → nga と変化する。文字は適当なも
　　のがないので、「啊」をそのまま用いる。

①我懂(dǒng)啊！　　　　②那不行(xíng)啊！

③我们一起唱(chàng)啊！　　④这样做可不成(chéng)啊！

e)　先行音節が〈zhi・chi・shi・ri・er〉、およびアル化韻母の場合、a → ra と
　　変化する。文字は「啊」を用いる。ただし a を変化させないでそのまま発音しても
　　よい。

①你快点儿吃(chī)啊！　　②这是怎么回事(shì)啊！

③他考了第二(èr)啊！　　　④这是什么花儿(huār)啊？

［注］「啊」は必ず変化させなければならないというわけではなく、荘重な口調や朗読などの場
　　　合、そのまま "a" と発音するほうが好ましいとされる。

8. ──── 多音字

　漢字は一字一音が大半であるが、一部の漢字は、一字に二つ（あるものはそれ以上）
の発音があって、その違いが意味の区別をあらわすという場合がある。このようなも
のを「多音字」または「多音多義字」という。中国語は、文字誕生の経過からして、〈一
字一音一義〉が原則であった。しかし時代の変遷とともに言語は複雑緻密化し、一
部の漢字は一字で二つ以上の意味をもたされるようになった。そこで、多義化した意
味の差を発音で区別するために、そのよみ方に変化をつけるという工夫が生まれた。
これが「多音多義字」誕生の原因の一つである。

8.1　声調を変えると品詞の違いが形成されるもの

　この場合、第1→第4声、第2声→第4声、第3声→第4声という変え方が顕
著である。以下の対では、①がもとの音で、②はそこから派生した発音と考える。

(1) **動詞→名詞の例（①が動詞、②が名詞）**

1 ①背 bēi（せおう）：背书包（～shūbāo）、 背孩子（～háizi）
　②背 bèi（背中）：背包（～bāo）、背后（～hòu）

2 ①处 chǔ（住まう、処理する）：处分（～fèn）、 处理（～lǐ）
　②处 chù（場所）：好处（hǎo～）、 到处（dào～）

3 ①传 chuán（つたえる）：宣传（xuān～）、 传统（～tǒng）
　②传 zhuàn（伝記）：自传（zì～）、 水浒传

4 ①分 fēn（わける）：分别（～bié）、 分配（～pèi）
　②分 fèn（成分）：身分（shēn～）、 水分（shuǐ～）

5 ①卷 juǎn（巻く）：卷起来（～qǐlai）
　②卷 juàn（巻き物）：第一卷（dìyī～）、 答卷（dá～）

6 ①量 liáng（はかる）：量体温（～tǐwēn）、 商量（shāng～）
　②量 liàng（量、数量）：数量（shù～）、 力量（lì～）

7 ①扇 shān（あおぐ）：扇扇子（～shànzi）、 扇动（～dòng）
　②扇 shàn（うちわ、せんす）：扇子、 电扇（diàn～）

8 ①数 shǔ（かぞえる）：数数儿（～shùr）、 数不清（～qīng）
　②数 shù（かず）：数学（～xué）、 数量（～liàng）

(2) **名詞→動詞の例（①が名詞、②が動詞）**

1 ①中 zhōng（まんなか）：中心（～xīn）、 中央（～yāng）
　②中 zhòng（当たる）：猜中（cāi～）、 中毒（～dú）

2 ①种 zhǒng（たね）：种子、种类（～lèi）、 品种（pǐn～）
　②种 zhòng（たねをまく）：种田（～tián）、 种花

3 ①间 jiān（あいだ、部屋）：中间（zhōng～）、 房间（fáng～）
　②间 jiàn（隔てる）：间断（～duàn）、 离间（lí～）
　他に、钉 dīng → dìng（くぎ→くぎを打つ）、泥 ní → nì（どろ→壁を塗る）など。

(3) **形容詞→動詞・名詞の例（①が形容詞、②が動詞あるいは名詞）**

1 ①长 cháng（ながい）：长短（～duǎn）、 长期（～qī）
　②长 zhǎng（生える、成長する）：成长（chéng～）、 校长（xiào～）

2 ①好 hǎo（よい）：好吃（～chī）、 友好（yǒu～）
　②好 hào（好む）：爱好（ài～）、 好奇（～qí）

3 ①凉 liáng（すずしい）：凉快（〜kuài）， 凉水， 凉鞋（〜xié）

  ②凉 liàng（ひやす、さます）：凉一凉再喝（〜zài hē）

4 ①空 kōng（空っぽである）：空中（〜zhōng）， 空气（〜qì）

  ②空 kòng（ひま、すき間）：有空儿（yǒu〜）， 空白（〜bái）

5 ①难 nán（むずかしい）：困难（kùn〜）， 难过（〜guò）

  ②难 nàn（災難）：难民（〜mín）， 灾难（zāi〜）

8.2 意味の拡張、分化にともなって発音の差が生じた多音字

原義から二次的な意味（派生義）がつくられるに際し、その意味のために声調や、ときには声母・韻母を変えることがある。以下の例では、①が原義、②が派生義である。

1 ①便 pián：便宜（〜yi）

  ②便 biàn：方便（fāng〜），随便（suí〜），简便（jiǎn〜）

  ①は〈やすらか→やすい〉、②は〈都合がいい→便利だ〉

2 ①重 chóng：重叠（〜dié），重复（〜fù）

  ②重 zhòng：重要（〜yào），重量（〜liàng）

  ①は〈おもい〉、②は〈重なる〉

3 ①当 dāng：当然（〜rán），当时（〜shí）

  ②当 dàng：当做（〜zuò），适当（shì〜）

  ①は〈〜になる、担当する〉、②は〈相当する、当を得ている〉

4 ①倒 dǎo：摔倒（shuāi〜）， 倒在床上

  ②倒 dào：倒退（〜tuì）， 倒车（〜chē）

  ①は自動詞〈倒れる〉、②は他動詞〈逆にする、注ぐ、後退させる〉など

5 ①觉 jué：觉得（〜de）， 不知不觉

  ②觉 jiào：睡觉（shuì〜）， 午觉（wǔ〜）

  ①は〈感じる、さとる〉、②は〈ねむり、睡眠〉

6 ①看 kàn：看病（〜bìng）， 看见（〜jian）

  ②看 kān：看孩子（〜háizi）， 看家（〜jiā）

  ①は〈みる〉、②は〈見守る、番をする〉

7 ①乐 yuè：音乐（yīn〜）， 乐器（〜qì）

  ②乐 lè：乐观（〜guān）， 快乐（kuài〜）

  ①は〈音楽〉、②は〈たのしい〉

8 ①吐 tǔ：吐痰（～tán），　蚕吐丝（cán～sī）

　②吐 tù：吐血（～xiě），　吐泻（～xiè）

　①は他動詞〈口から吐く＝意識的動作〉、

　②は自動詞〈嘔吐する、もどす＝無意識の動作〉

9 ①转 zhuǎn：向左（xiàng zuǒ）转，　转变（～biàn）

　②转 zhuàn：轮子（lúnzi）不转了

　①は他動詞〈方向を変える〉、②は自動詞〈ぐるぐる回る、回転する〉

8.3　口語的発音と文語的発音の差をもつ漢字

　この多音字の場合、その発音は口語音・文語音とよばれ、両者の間には分担が成り立っている。つまり、意味はだいたい同じで語によってどちらでよむかが決まっている。一般に、日常的な「話しことば音」としては口語音が多用され、「書きことば音」として、あるいは文言の詩文など歴史的文献をよむときは文語音が用いられてきた。以下の例では①が口語音、②が文語音である。

1 ①剥 bāo：剥皮（～pí），　剥花生（～huāshēng）

　②剥 bō：剥削（～xuē），　剥夺（～duó）

2 ①薄 báo：薄薄的（～de），　薄纸（～zhǐ）

　②薄 bó：薄弱（～ruò），　薄利（～lì）多销

3 ①削 xiāo：削铅笔，　削苹果（～píngguǒ）

　②削 xuē：削弱（～ruò），　削减（～jiǎn）

4 ①差 chà：差不多（～buduō），　差点儿

　②差 chā：差别（～bié），　差错（～cuò）

5 ①露 lòu：露面（～miàn），　露马脚（～mǎjiǎo）

　②露 lù：露水（～shuǐ），　露天（～tiān）

6 ①血 xiě：鼻子流血（liú～）了

　②血 xuè：血液（～yè），　血型（～xíng），　输血（shū～）

7 ①着 zháo：睡着（shuì～），　着急（～jí），　着火（～huǒ）

　②着 zhuó：着手，　着重

　なお、得① děi・② dé、都① dōu・② dū、还① hái・② huán のような例があるが、これらは①と②の間に意味の関連性がほとんどないため、本来別々の語であったものが書き分けられずに同一の漢字を共用しているのだと考えられる。

8.4 漢字の簡体字化によって形成された多音字

繁体字としては別の漢字で発音も異なっていたが、簡体字化によって同じ字になった。しかし発音はもとのまま区別があるというもの。

1　①发（＝發）fā：发生（〜shēng），　发展（〜zhǎn），　出发
　　②发（＝髪）fà：理发（lǐ〜），　发刷（〜shuā），　烫发（tàng〜）

2　①干（＝乾）gān：干杯（〜bēi），　干净（〜jìng），　干燥（〜zào）
　　②干（＝幹）gàn：干部（〜bù），　干活儿（〜huór）

3　①只（＝隻）zhī：两只手，　一只鸟，　只言片语（〜yán piànyǔ）
　　②只（＝衹）zhǐ：只有，　只要（〜yào），　只好

第12章

アル化（児化）韻母の発音

1. ──── アル化（児化）韻母

「儿・耳・二」などの字はピンインで〈er〉と書かれ、その発音はそり舌母音 [ər]（精密表記では [ɚ][ɻ̩]）で、つねに単独で用いられる。例：儿子 érzi、女儿 nǚ'ér、耳朵 ěrduo、而且 érqiě、幼儿 yòu'ér、十二 shí'èr。ところで、〈er〉と発音するもののうち「儿」は特別の存在で、ほかの音節に付着しても用いられ、r を韻尾とする独特の「アル化音節」を形成する。例：花 huā +儿 ér →花儿 huār、鸟 niǎo +儿 ér →鸟儿 niǎor。この場合、「儿」の文字は音節をなさず、ピンインでは r 一字だけが書かれる。この種の音節では、r の部分は舌尖を軽く浮き上がらせて発せられ、r の音色（そり舌のひびき）を直前の母音に加える。これを「儿（アル）化」と称する。「アル化」という発音現象は、第 11 章 §6 で取り上げた「合音」の一種ともみなされる。

「儿」を伴った韻母（これを「er 化韻」という）は、ピンイン表記では韻母に〈r〉を添えるかたちであるが、その発音をみると、主母音は r 的（そり舌的）な色彩を帯びるだけでなく、その調音の影響で韻母が多かれ少なかれ変化を受ける。そのためピンインのつづり字とじっさいの発音が一致しないことが生じる。「r 化音節」のピンイン表記では、発音されない文字が書かれたり、発音される音が文字で書かれなかったりすることがあるので、このくいちがいには注意する必要がある。

アル化韻母は全部で 26 個ある。つぎの表は、《中国大百科全書・語言文字》所載の「儿化音節」の項によって作成した。アル化韻母の各音価もそれに従っている。

[ar]	[iar]	[uar]	[yar]
[ɤr]			
[ər]	[iər]	[uər]	[yər]
	[iɛr]		[yɛr]
[or]		[uor]	
		[ur]	

[ɑur]	[iɑur]	
[our]	[iour]	
[ãr]	[iãr]	[uãr]
[ɘ̃r]	[iɘ̃r]	[uɘ̃r]
	[ũr]	[iũr]

2. ───── アル化（児化）韻母の種類とそのよみ方

2.1 原韻母が無韻尾の場合のアル化

以下、表中の「→」の左が原韻母、右がアル化韻母をあらわす。

(1) 主母音が〈a・e・ê〉のもの

主母音に直接 r を加えて韻尾とする。

① a → ar [ar]	② ia → iar [iar]
③ ua → uar [uar]	
④ e → er [ɤr]	
⑤ ie → ier [iɛr]	⑥ üe → üer [yɛr]

(ⅰ) 上哪儿 shàng nǎr, 板擦儿 bǎncār, 豆芽儿 dòuyár, 开花儿 kāi huār, 画画儿 huà huàr

(ⅱ) 唱歌儿 chàng gēr, 饭盒儿 fànhér

(ⅲ) 蝴蝶儿 húdiér, 树叶儿 shùyèr, 主角儿 zhǔjuér

(2) 主母音が〈i・ü〉のもの

〈i・ü〉のうしろにかるくつなぎの母音 [ə] を添えて、r を加える。

① i → ir [iər]	② ü → ür [yər]

(ⅰ) 小鸡儿 xiǎojīr, 玩艺儿 wányìr, 针鼻儿 zhēnbír

(ⅱ) 金鱼儿 jīnyúr, 有趣儿 yǒuqùr, 毛驴儿 máolúr

(3) **主母音が〈-i [ɹ]・-i [ʅ]〉のもの**

〈-i〉を落として、声母のすぐうしろに [ər] を加える。

① -i (zi)	→	-ir [ər]	(zer、cer、ser)
② -i (zhi)	→	-ir [ər]	(zher、cher、sher、rer)

（i） 丝儿 sīr，　瓜子儿 guāzǐr，　歌词儿 gēcír

（ii） 果汁儿 guǒzhīr，　没事儿 méishìr，　戒指儿 jièzhir

2.2　原韻母が有韻尾の場合のアル化

(1) **韻尾が〈i・n〉のもの**

表記上はそのうしろに r を加えるのであるが、発音上はその韻尾が落とされて、主母音に r が加わるかたちになる。

a)　〈ai・uai〉〈an・uan・ian・üan〉の場合

① ai	→	air	[ar]	② uai	→	uair	[uar]
③ an	→	anr	[ar]	④ ian	→	ianr	[iar]
⑤ uan	→	uanr	[uar]	⑥ üan	→	üanr	[yar]

[注] 韻母〈ian〉〈üan〉がアル化すると、韻尾 n が r に変わり、同時に主母音はもとの音価 [a] が復活する（[ɛ]→[a]）。

（i） 小孩儿 xiǎoháir，　瓶塞儿 píngsāir，　一块儿 yíkuàir

（ii） 竹竿儿 zhúgānr，　一点儿 yìdiǎnr，　一边儿 yìbiānr

（iii） 拐弯儿 guǎi wānr，　好玩儿 hǎowánr，　花园儿 huāyuánr

b)　〈ei/u(e)i〉の場合

主母音の発音は原韻母の [e] から [ə] に変わる。

① ei	→	eir [ər]	② uei	→	ueir [uər]

（i） 宝贝儿 bǎobèir，　傍黑儿 bànghēir

（ii） 香味儿 xiāngwèir，　一会儿 yíhuìr，　零碎儿 língsuìr

c) 〈en/u(e)n〉の場合

原韻母の主母音 [ə] はそのまま保たれる。

① en → enr [ər]	② uen → uenr [uər]

（ⅰ）课本儿 kèběnr,　树根儿 shùgēnr,　哥们儿 gēmenr

（ⅱ）冰棍儿 bīnggùnr,　打盹儿 dǎdǔnr,　皱纹儿 zhòuwénr

d) 〈in・ün〉の場合

§2.1（2）の場合と同様、i、ü の後ろにつなぎの母音 [ə] を添えて、r を加える。

① in → inr [iər]	② ün → ünr [yər]

（ⅰ）声音儿 shēngyīnr,　回信儿 huíxìnr,　使劲儿 shǐjìnr

（ⅱ）布裙儿 bùqúnr

(2) **韻尾が〈o・u〉のもの（主母音が〈o・u〉のものもここに含める）**

表記上はそのうしろに r を加えるのであるが、発音上は r が「円唇化した r」として発音される。この場合は、o・u と r が前後に並ぶのではなく重なるように同時調音されるのである。

① o → or ［or］	② uo → uor ［uor］	
③ u → ur ［ur］		
④ ao → aor ［ɑur］	⑤ iao → iaor ［iɑur］	
⑥ ou → our ［our］	⑦ iou → iour ［iour］	

（ⅰ）老婆儿 lǎopór,　小说儿 xiǎoshuōr,　大伙儿 dàhuǒr

（ⅱ）眼珠儿 yǎnzhūr,　岁数儿 suìshur,　胸脯儿 xiōngpúr

（ⅲ）小刀儿 xiǎodāor,　熊猫儿 xióngmāor,　小鸟儿 xiǎoniǎor

（ⅳ）土豆儿 tǔdòur,　小牛儿 xiǎoniúr,　煤球儿 méiqiúr

(3) 韻尾が〈ng〉のもの

表記上はうしろに r を加えるのであるが、発音上は〈ng〉は削除され、その補いとして主母音が鼻音化される（[ɑŋr]→[ɑ̃r]）。この場合、主母音の鼻音性はうしろの r をも覆うので、r は鼻音化したひびきをもつ。鼻音化母音というのは、呼気を口からだけでなく半分は鼻に流し、口腔・鼻腔の両方を共鳴させる母音のことをいう。鼻母音ともいわれる。[ɑ̃r][ə̃r][ũr]の波形の記号は、その母音を鼻音化して発音するということを意味する。

①	ang	→	angr [ɑ̃r]	②	iang	→	iangr [iɑ̃r]
③	uang	→	uangr [uɑ̃r]				
④	eng	→	engr [ə̃r]	⑤	ing	→	ingr [iə̃r]
⑥	ong	→	ongr [ũr]	⑦	iong	→	iongr [iũr]

(ⅰ) 小账儿 xiǎozhàngr, 蛋黄儿 dànhuángr, 阴凉儿 yīnliángr

(ⅱ) 大声儿 dàshēngr, 眼镜儿 yǎnjìngr, 电影儿 diànyǐngr

(ⅲ) 胡同儿 hútongr, 没空儿 méikòngr, 小熊儿 xiǎoxióngr

3. ─── アル化による韻母の合併とアル化韻母の分類

(1) 韻尾〈i, n〉をもつ韻母の合併

r が付着することによって韻尾が落とされる。韻尾 i は舌尖を下前歯の内側に置かれるものであり、韻尾 n は舌尖を平らにし上前歯に密着させるものである。どちらも r のそり舌調音とは相いれないものなので排除されるのである。このアル化の結果、異なる複数の韻母が一つに収れんされることになる。

a) ① ar ② air ③ anr ⇒ [ar]

b) ① iar ② ianr ⇒ [iar]

c) ① uar ② uair ③ uanr ⇒ [uar]

d) ① -ir (z、zh) ② eir ③ enr ⇒ [ər]

e) ① ueir (-uir) ② uenr (-unr) ⇒ [uər]

⑵ **主母音〈i、ü〉をもつ韻母の合併**

　この韻母のアル化では、主母音〈i、ü〉の後ろにわたり音 [ə] が入ってくる。この音連続では、主母音 [i] [y] は重く長く発音され、[ə] は軽く短く発音される。

a)　① ir　② inr　⇒ [iər]

b)　① ür　② ün　⇒ [yər]

⑶ **〈r〉発音時の母音の開口度と唇のかたちによる分類**

a)　[ar 類]：主母音が非円唇で口の開きがおおきいグループ

　　　[ar] [iar] [uar] [yar] // [ãr] [iãr] [uãr]

　　　これらの韻母の場合、斜線 // の前と後ろの主母音は、非鼻音・鼻音という差だけでなく、前舌 [a]・奥舌 [ɑ] という音質の差も認められる。

b)　[er 類]：主母音が非円唇で口の開きがちいさいグループ

　　　[ɤr] // [ər] [iər] [uər] [yər] [ɚr] [iɚr]

　　　[ɤr] と [ər] [ɚr] という韻母を比べると、奥舌 [ɤ]・中舌 [ə] [ɚ] という音質の差があるだけでなく、音の長さに関しても差がある。すなわち、[ɤr] の母音は相対的に長めに、[ər] [ɚr] の母音は相対的に短めに発音されている。

c)　[or 類、ur 類]：主母音あるいは韻尾が円唇母音（唇のまるめをともなう）のグループ

　　　[or] [uor] [ur] [ũr] [iũr] // [ɑur] [iɑur] [our] [iour]

　　　ここでの〈r〉は、主母音 [o] [u] および韻尾 [u] の円唇性のため、「円唇化した r」として発音される。つまり、韻尾 r は o・u のひびき（音色）をしっかり存在させて調音されるのである。

4.　───── 接尾辞としての「儿」(-r) の機能

⑴ **"小さい、可愛らしい、好ましい、親しい"などのニュアンスを加える**

a)　〈小～儿〉の例：

　　　小孩 hái 儿，　小帽 mào 儿，　小猫 māo 儿，　小鸟 niǎo 儿

　　　小狗 gǒu 儿，　小鱼 yú 儿，　小包 bāo 儿，　小车 chē 儿

b)　〈すこし、ちょっと〉など、程度が小さいという語感を示す例：

一点儿（差一点儿），　一会儿（一会儿见），　一下儿（等一下儿）

c)　若いひとの姓に用いる例：

小张 zhāng 儿，　小周 zhōu 儿，　小王 wáng 儿，　小赵 zhào 儿

⑵　品詞を変える、あるいは意味を変える

a)　動詞が名詞に変わる例：

①画 huà（描く）　　　　　→画儿（一幅画儿）

②盖 gài（ふたをする）　　→盖儿（锅盖儿）

③擦 cā（ふく）　　　　　→擦儿（黑板擦儿）

④塞 sāi（ふさぐ・つめる）→塞儿（瓶塞儿）

b)　形容詞が名詞に変わる例：

①弯 wān（まがっている）　→弯儿（拐弯儿）

②尖 jiān（とがっている）　→尖儿（铅笔尖儿）

③干 gān（かわいている）　→干儿（葡萄干儿）

④错 cuò（まちがっている）→错儿（まちがい）

c)　語の意味を変える例：

①信 xìn（てがみ）　　　　→信儿（知らせ・情報）

②一点 diǎn（1 時）　　　　→一点儿（すこし）

③一块 kuài 钱 qián　　　　→一块儿（いっしょに）

④大声 dàshēng（大声）　→大声儿（大声で）

d)　物の一部を示す例：

①眼 yǎn（め）　→眼儿（耳朵眼儿）

②嘴 zuǐ（くち）→嘴儿（瓶嘴儿）

③腿 tuǐ（あし）→腿儿（桌子腿儿）

（アル化音節の発音比較練習）

(1) ［ar 類］と［er 類］の対比

口の開きの大きい母音［a］（斜線の左）と口の開きの小さい母音［ə］（斜線の右）を区別する。

①刀把儿 dāobàr ／ 刀背儿 dāobèir

②脸盘儿 liǎnpánr ／ 脸盆儿 liǎnpénr

③笔尖儿 bǐjiānr ／ 小鸡儿 xiǎojīr

④拉链儿 lāliànr ／ 米粒儿 mǐlìr

⑤打短儿 dǎduǎnr ／ 打盹儿 dǎdǔnr

⑥药丸儿 yàowánr ／ 皱纹儿 zhòuwénr

(2) ［er 類］所属の［ɤr］と［ər］の対比

母音［ɤ］と母音［ə］の音質に加えて、［ɤr］（斜線の左）は長めに、［ər］（斜線の右）は短めに発音する。

①小车儿 xiǎochēr ／ 小吃儿 xiǎochīr

②唱歌儿 chàng gēr ／ 树根儿 shùgēnr

③小舌儿 xiǎoshér ／ 眼神儿 yǎnshénr

(3) ［ar］と［ãr］、［ər］と［ə̃r］の対比

ふつうの母音［a］［ə］（斜線の左）と鼻音化した母音［ã］［ə̃］（斜線の右）を区別する。

①白乾儿 báigānr ／ 茶缸儿 chágāngr

②快板儿 kuàibǎnr ／ 翅膀儿 chìbǎngr

③小船儿 xiǎochuánr ／ 小床儿 xiǎochuángr

④一份儿 yífènr ／ 门缝儿 ménfèngr

⑤回信儿 huíxìnr ／ 甜杏儿 tiánxìngr

第 **13** 章

文の発音

1. ─────── 語法重音・対比重音

単語の発音に重音・軽音の配分があると同じように、単語の連なりである「文」においても、単語と単語との間に、意味の軽重にもとづいた重音・軽音の発音現象がある。そこでは、文の意味をあらわすのに重要な働きをする単語は重音で発音される。

1.1 語法重音

標準的に発音された（なんら特定の思想・感情をあらわさない）中立的な文であっても、機能的に重要な語はほかの構成部分より重く発音されるということがある。これを「語法重音」という。概略、つぎのような種類がある。語法重音に対して、かるく発音される部分は「語法軽音」という。

a) 〈主語＋述語〉の文では、述語が重音となる。

今天<u>星期三</u>。　　这本书<u>好</u>。　　屋子里<u>很冷</u>。
冬天<u>到了</u>。　　他<u>二十二岁</u>。

b) 〈主語＋動詞＋目的語〉の文では、目的語が重音となる。

他喜欢<u>游泳</u>。　　老师教我们<u>汉语</u>。　　老张回<u>北京</u>了。
这位老师姓<u>李</u>。

○ただし目的語が人称代名詞のときは、重音は動詞に移り代名詞が軽音となる。

我去<u>叫</u>他。　　你<u>等</u>我一下。　　请你<u>通知</u>他们。
让我<u>祝贺</u>你们。　　大家<u>帮助</u>我们。

c) 〈主語＋動詞＋補語〉の文では、補語が重音となる。

我吃<u>饱</u>了。　　你作<u>完</u>了吗？　　他说得很<u>流利</u>。
我去过<u>三次</u>。　　他教书教了<u>三十多年</u>。

○ただし補語が方向補語のときは、動詞が重音となり方向補語が軽音となる。

天気<u>冷</u>起来了。　　　小朋友<u>跑</u>过来了。

汽车<u>开</u>进来了。　　　请您<u>说</u>下去。

d)　疑問詞は現われる場所に関係なく重音である。

<u>谁</u>知道？　　　他为<u>什么</u>不去？　　　你<u>怎么</u>了？

来了<u>几</u>个人？　　你们上<u>哪儿</u>去？　　　现在<u>几</u>点？

〇ただし疑問詞が疑問を表わすのではなく、不特定の人・場所・事物をあらわす場合は軽音となる。

我饿了，想吃点什么。　　　天气这么好，我想到哪儿去玩儿玩儿。

e)　名詞の前の修飾語 (「的」を伴うもの) は重音となることが多い。

他是<u>优秀</u>的工人。　　　我们爬上了<u>高高</u>的富士山。

这是一本<u>新出版</u>的书。

f)　動詞・形容詞の前の修飾語は原則として重音となる。

我<u>一定</u>去。　　　你<u>快</u>告诉我。　　　他<u>笑</u>着走出来。

大家<u>高兴</u>地笑了。　　　他<u>比</u>我强得多。

[注] 介詞、接続詞、量詞などの品詞において、単音節の一字語で意味伝達の上で比較的軽い役割をもつものは、軽音で発音されることが多い。したがって、このような単語は、あまり強く発音しすぎないようにすることである。

　　　我中午<u>在</u>单位食堂吃饭。　　（「在」は軽音）

　　　小王<u>和</u>小张都是我的朋友。　　（「和」は軽音）

　　　这<u>本</u>书很好看。　　（「本」は軽音）

1.2　対比重音

　同一の文のなかで、意味上対比されることば (単語) の組み合わせがあればその単語が重音となる。これを「対比重音」という。

①我是<u>韩国人</u>，不是<u>日本人</u>。　　②你是坐<u>火车</u>，是坐<u>飞机</u>？

③你要是<u>不去</u>，我就<u>去</u>吧。　　④从<u>前</u>生活苦，<u>现在</u>好得多。

⑤<u>今天</u>不行，我有事，咱们<u>明天</u>去吧。

　語法重音・対比重音のほかに、文の構造とは関係なく、文内部のある特定の語を

強調することを目的とする「強調重音」というものがある。これについては、語法重音・対比重音の場合と区別して、後述のプロミネンスの項目(→ §3)であつかうことにする。

2. ──── 重・軽音と意味変化

2.1 同一文における重軽音の位置と意味変化

単語のつながりはまったく変わらなくても、重音がかかる位置をある単語から別の単語に動かした場合、文の意味が異なってくることがある。下の①〜⑦のa・b二つの文は、下線部の単語を重音で発音した場合に意味が違ってくることを示したものである。

① a 小张最爱数学。　　① b 小张最爱数学。

a文は「小張」が重音　　（みんなの中で張くんが一番数学が好き）

b文は「数学」が重音　　（張くんは全科目の中で数学が一番好き）

② a 你为什么批评他?　　② b 你为什么批评他?

a文は「为什么」が重音、「他」が軽音（彼がどんな理由で批判されるのかをたずねる）

b文は「他」が重音（批判する相手がなぜほかの人でなく彼なのかをたずねる）

③ a 他唱得好。　　　　③ b 他唱得好。

a文は「唱」が重音、「好」が軽音（可能補語:上手にうたえる）

b文は「好」が重音（程度補語:うたうのが上手だ）

④ a 我叫他去。　　　　④ b 我叫他去。

a文は「去」が軽音　　（彼を呼びにいく）。"我去叫他。"ともいえる。

b文は「去」が重音　　（彼を行かせる）

⑤ a 老王准备参加考试。　⑤ b 老王准备参加考试。

a文は「准备」が重音　　（試験に参加する準備をする）

b文は「准备」が軽音　　（試験に参加するつもり）

⑥ a 别哭了。　　　　⑥ b 别忘了。

a文とb文は同一ではないが、「别」のよみ方が異なる。a文は今行っている動作を止めさせる場合で、ここでは動詞より「别」を強く発音する。b文はあることをしないようにあらかじめ言っておく場合で、ここでは「别」より動詞の語を強く発音する。

［注］日本語でも、同一の文で、強くよむところを変えると意味が異なることがある。つぎの
　　　文をよみ比べてみよう。
　　　①a　ちゃんと<u>座って</u>食べなさい。（立って食べている子供に）
　　　①b　<u>ちゃんと</u>座って食べなさい。（座っているが、片ひざを立てて食べている子供に）
　　　②a　こんどは<u>もっと</u>面白い話しをしてあげよう。（前回の話しは面白かったが、今度は
　　　　　　それ以上に面白い話しを）
　　　②b　こんどはもっと<u>面白い</u>話しをしてあげよう。（前回の話しは面白くなかったから、
　　　　　　今度は改善して面白い話しを）

2.2　常用される一部の副詞の重音と軽音

　一部の副詞は、重音でよむ場合と軽音でよむ場合とがあり、その違いが意味の差
異をもたらすことがある。

　　　①　a　别着急 zháojí，我<u>就</u>来了。　　　「就」は重音（「すぐに」の意味）
　　　　　b　我吃了饭<u>就</u>去找你。　　　　　　「就」は軽音（「〜したら〜する」の意味）
　　　②　a　我们<u>都</u>二十岁了。　　　　　　　「都」は重音（「全員、みな」の意味）
　　　　　b　我<u>都</u>二十岁了。　　　　　　　　「都」は軽音（「もう」の意味）
　　　③　a　请你<u>再</u>说一遍。　　　　　　　　「再」は重音（「ふたたび、また」の意味）
　　　　　b　我想吃完饭<u>再</u>写作业。　　　　　「再」は軽音（「〜してから〜する」の意味）
　　　④　a　这个电影我<u>又</u>看了一遍。　　　　「又」は重音（「また、重ねて」の意味）
　　　　　b　我吃完饭，<u>又</u>吃了两个苹果。　　「又」は軽音（「〜した上にさらに〜」の意味）
　　　⑤　a　这件比那件<u>还</u>贵呢。　　　　　　「还」は重音（「もっと」の意味）
　　　　　b　你<u>还</u>会说汉语呢。　　　　　　　「还」は軽音（「そのうえ、なお」の意味）
　　　　　　　（例文は、曹文『漢語語音教程』による）

3.　──── プロミネンスについて

3.1　プロミネンスによる単語の発音変化

　文のなかのはっきり伝えたい部分、重点をおく部分を、力をこめて強く発音すること
（結果的に、高く発音される場合が多い）を「プロミネンス」という。いくつかの単語の
つながりでできている文を発音する場合、どの語に「強調」をおくかによって意味が違っ
てくる。たとえば、①<u>あなたは</u>今夜帰るのですね（ほかの誰でもない「あなた」を強調）。
②あなたは<u>今夜</u>帰るのですね（明日でも明後日でもない「今夜」を強調）。③あなたは

今夜帰るのですね（泊まらずに「帰る」ことを強調）。このようにして、下線部の強く言いたい部分を、強調を加えることによって浮き上がらせるわけである。重要な意味をもつ語・句を強調し聞き手に間違いなく伝えるためには、ほかの部分は強めず目立たせないようにしなければならない。

[注] 一般音声学であつかわれる「プロミネンス」という用語は、中国語の音声学では「重読（重音で発音する）」あるいは「強調重音」とよばれるものに相当する。特定の部分を際立たせる音声学上の表現手段としては、その部分を強く発音するということだけでなく、前後にポーズをおく、アクセントの高低差を大きくする、よむ速さを変える、声を大きくするなど、さまざまな方法がある。

3.2　プロミネンスにおける声調発音

　中国語の場合、各単語の声調はよみ方が定まっているが、その調値は絶対的なものではなく、強調するかしないかによって異なってくる。すなわち、強調する部分は音程を高めて発音し、強調しない部分は音程を低めて発音する。この方法によって、強調される語は確実にきわだたせられて、聞き手に正確に情報が伝えられることになる。

　〈今天他休息。Jīntiān tā xiūxi.〉という文がある。この文は、文末の「息」が軽声である以外はすべて第1声の音節からなっているが、強調する単語の違いにより、つぎの三とおりの発音が可能である。

（ⅰ）今天他休息。　休むのは「彼」で他の人ではないという場合は、「他」を強調する。

（ⅱ）今天他休息。　休むのは「今日」で明日ではないという場合は、「今天」を強調する（「今天」は重中型で発音）。

（ⅲ）今天他休息。　今日は仕事などしないで「休む」という場合は、「休息」を強調する。

　具体的にいうと、(ⅰ)の文では、「他」は［66］、それ以外は［55］で発音される。強調された場合の［66］は、ふつうの第1声の高さ［55］を超えるものなので「超高音」とよばれよう。(ⅱ)の文では、今天の「今」が［66］、それ以外は［55］、(ⅲ)の文は、休息の「休」が［66］、それ以外は［55］で発音される。この［55］の高さは［44］［33］になることもありうる。

　上の3とおりの例文を図示すると、つぎのようである。この箇所の例文とその図示は、孫玄齢「关于汉语中重读和轻声的发音」（『神田外語大学紀要』5）による。

(i)

Jīn tiān tā xiū xì.
今　天　他　休　息。

(ii)

Jīn tiān tā xiū xì.
今　天　他　休　息。

(iii)

Jīn tiān tā xiū xì.
今　天　他　休　息。

　同様に、"我明天去长城 Chángchéng."という文は、それぞれつぎの4とおりの発音が可能である。カッコ内は質問文で、その答えにあたる箇所にプロミネンスが置かれる。

(i)　（你明天去长城吗？→）　　我明天<u>去</u>长城。　「去」を強調
(ii)　（你什么时候去长城？→）　我<u>明天</u>去长城。　「明天」を強調
(iii)　（你明天去哪儿？→）　　　我明天去<u>长城</u>。　「长城」を強調
(iv)　（谁明天去长城？→）　　　<u>我</u>明天去长城。　「我」を強調

4. ─── イントネーションについて

4.1　2種類のイントネーション

　単語の発音に伴う声の高低や強弱の配置を「アクセント」というのに対し、文（センテンス）の発音にあらわれる声の高低の変動を「イントネーション」という。話しことばのなかでは、イントネーションも、意味伝達の手段として重要な役割を果たしている。一般に、文の終わりを上げると問いかけ（質問）の意味になり、終わりを下げると事実の説明や確認といった意味になる。声の調子（トーン）を上げる場合を「上昇調」、下げる場合を「下降調」という。それぞれのイントネーション記号として、ここでは便宜的に「↗」「↘」を用いる。たとえば、日本語の返事で「はい↘、そうです」と答えるときの「はい」と、「はい？↗　なんですか?」と問い返すときの「はい？」は、イントネーションが異なる。また日本語の「そうですか？↗」と「そうですか。↘」は、同じ文をイントネーションだけで区別しており、前者は質問を、後者は了解・確認をあらわしている。文

中あるいは文末で意識的に声の高さを変えることは、さまざまなニュアンスを加え意味内容に変化をもたらす重要な発話手段となっている。

　イントネーションにも法則があるので、どのような場合にどのイントネーションを使うかを知ることは、自分の意思を正しく聞き手に伝え、また相手の意図を正しく理解するためのカギとなる。自然なイントネーションを身につけるには、じっさいの会話を注意深く観察するのがよい。

4.2　イントネーションと声調発音

① 你去，＼ 他也去。＼　〔あなたは行くし、彼も行く〕
② 你去，↗ 他也去。＼　〔あなたが行くなら、彼も行く〕

　上の①と②の文は〔　〕内の意味によってイントネーションを異にする。①では前の文が下降調で発音され、②では前の文が上昇調で発音される。この場合、イントネーションが声調の高さの型を変えることはなく、本来の型を保ちながら音域だけをすこし変化させるのである。すなわち、下降調のときは高低の幅を縮小させ（たとえば、「去」を［51］→［31］のように高さを下げる）、上昇調のときは高低の幅を拡大させる（たとえば、「去」を［51］→［63］のように高さを上げる）。

　二つの文が並列する場合のイントネーションはつぎのようである。
① 他姓赵，↗　我姓王。＼
　前の文の「赵」は 51 → 62 に対し、後ろの文の「王」は 35 → 23
② 我刚 gāng 来，↗ 他就去。＼
　前の文の「来」は 35 → 36、後ろの文の「去」は 51 → 31
③ 这个好，↗　那个坏 huài。＼
　前の文の「好」は 214 → 215、後ろの文の「坏」は 51 → 31
④ 听得见，↗　但是听不清楚。＼

　以上は二つの文が対立的に並列するものであるが、この場合、前の文に上昇イントネーションが加わる。一般に未完結の文の休止においては、休止の前で上昇調をとることが多く、そのことは文がさらにつづくことを合図している。
　四つの声調にイントネーションが加わったときの文末音節の声調調値は、那須清「句調（文音調、文イントネーション）」の項（『中国語学新辞典』光生館 1969）、施

春宏・蔡淑美の著書『漢語基本知識 (語音篇)』などを参照して定めると、つぎのようである。すなわち、上昇調のとき、[55]→[56]、[35]→[36]、[214]→[215]、[51]→[63] となり、下降調のとき、[55]→[33]、[35]→[23]、[214]→[212]、[51]→[31] となる。

[注] 那須清によると、(i)文音調が強くない場合は、声調と同時的に結合するが、その場合は上記したような調値になる。(ii)文音調が強い場合は、声調と継起的に結合し、たとえば、上昇の文音調が加わると、第1声は [55]→[556]、第4声は [51]→[523] のようになるという。[523] については [513] と表記する文献もある。

〈他去吗?〉という文はイントネーションが二種類ある:

   ① 他去吗↗? (「吗」を高く発音する。その調値は [5] 程度)

   ② 他去吗↘? (「吗」を低く発音する。その調値は [1] 程度)

  ①は文末上昇調で発音したもの、②は文末下降調で発音したもので、前者は単純な疑問をあらわすのに対し、後者は疑問より不信のニュアンスがおおく表現されている。つまり、「彼は行くのですか？　わたしはそう思えませんが」という話し手の感情が表明される。

4.3　下降調・上昇調イントネーションの例文

(1)　下降調イントネーション

a)　一般の平叙文

   ① 昨天下雪了。↘　　　　　② 她们还不知道呢。↘

b)　感嘆文

   ③ 今天天气多好哇！↘　　　④ 这儿的风景真美啊！↘

   ⑤ 真讨厌！↘　　　　　　　⑥ 他太可怜了！↘

c)　命令請求文

   ⑦ 请你再说一遍。↘　　　　⑧ 你给他解释一下吧。↘

   ⑨ 明天一定别迟到哇。↘　　⑩ 你们都出去！↘

d)　疑問詞疑問文

   ⑪ 你叫什么名字？↘　　　　⑫ 苹果多少钱一斤？↘

e)　反復疑問文

   ⑬ 这个本子是不是你的？↘　⑭ 她的歌儿唱的好不好？↘

f)　選択疑問文 (「还是」の前で上昇調が加わる)

⑮ 你下了课回宿舍 ↗ 还是去图书馆？↘

⑯ 他们坐火车去 ↗ 还是坐飞机去？↘

(2) **上昇調イントネーション**

a) 一般の疑問文（応答が期待される）

　　① 你星期六去公园吗？↗　　② 你会说汉语吗？↗

b) 平叙文のかたちをした疑問文（意外性が含まれる）

　　③ 这件事你不知道？↗　　④ 你是中国人？↗

c) 反問文

　　⑤ 难道你不认识她？↗　　⑥ 难道你真的不明白吗？↗

d) 驚きの感情を表現するもの

　　⑦ 这是你发明的？↗　　⑧ 这么难的歌你都会唱？↗

e) よびかけの場合

　　⑨ 大家一定要努力！↗　　⑩ 喂，你过来！↗

f) 単語を列挙する場合（列挙する項目ごとに上昇調）

　　⑪ 书包里有课本，↗ 练习本，↗ 还有钢笔。↘

　　⑫ 要一件雨衣，↗ 一把雨伞。↘

5. ──── ポーズ（息の区切り）について

　ある程度の長さをもつ一文を発音する場合は、一般に、聞き手が理解しやすい長さのところで適当に区切る必要がある。「意味語群」という用語がある。これは、意味上の結びつきが緊密で中断をしてはならない単語のひとつながりというものであるが、それはまた、一息で（息をつがずに）発音される音声上のひとまとまりでもある。意味の切れ目が音声上の切れ目である場合、それがあるところでは、そのことが分かるように単語間にちょっとした声の間（ま）をつくるわけである。もしそれを無視すると、文意を的確に伝えられないことになる。

　下に、中国語の両義の文、すなわち話され方によって二とおりの意味に理解されるという文を掲げる。これらは途中二とおりのポーズの加え方が可能であるが、そのポーズの位置によって意味が区別され、あいまいさが除かれる。下の文では、「間」をおくところを斜線「/」で示している。

① a 我看见 / 他很高兴。　　① b 我看见他 / 很高兴。

　a 文は「私は、彼がうれしそうにしているのを見た」

　b 文は「私は彼を見て、うれしかった」

② a 母亲死了 / 孩子真可怜。　② b 母亲死了孩子 / 真可怜。

　a 文は「母親が死んだ」ことを表わし、b 文は「子どもが死んだ」ことを表わす。

　つぎの③〜⑨の a 文と b 文を、どのような意味の違いがあるかを考えて発音してみ

なさい。

③ a 我们 / 中国朋友很多。　　　　b 我们中国 / 朋友很多。

④ a 他 / 和你的老师来了。　　　　b 他和你的 / 老师来了。

⑤ a 他们 / 两个人坐一辆车。　　　b 他们两个人 / 坐一辆车。

⑥ a 三加 / 四乘五 / 等于多少？　　b 三加四 / 乘五 / 等于多少？

⑦ a 我喜欢 / 炒鸡蛋。　　　　　　b 我喜欢炒 / 鸡蛋。

⑧ a 他知道 / 你回来以后病了。　　b 他知道你回来以后 / 病了。

⑨ a 小王 / 父亲生病，请假回家了。　b 小王父亲 / 生病，请假回家了。

第14章

中古音の発音

1. ──── 中国語の古今の発音がちがうということ

1.1 古代音の再建

ことばは「生きもの」である以上、その使用のあらゆる面において変転する性質をもっている。単語は時の経過とともに使われなくなったり、意味を変えたりする。そして、知識の進歩につれて新しい単語が必要とされ創りだされる。発音もまた、時代の流れのなかで変化の過程を免れることはできない。

世界のどの言語もみなそれぞれ歴史をもっている。中国語も遠い昔から、いろいろに変遷を重ねてきた。中国では最古の文字表記として殷（いん）代の甲骨（こうこつ）文があるが、今日よむことのできる漢字で書かれた文献が残されるのは周代からである（紀元前 1000 年～）。それ以降各時代の言語で記録された文書が多量に伝わっているから、それを材料として研究することにより、中国語の言語変化と発展の歴史を知ることができる。

ことばの発音の面についていうと、いまの発音ならば直接耳に聴いて知ることができるが、消え去った過去の時代の発音となると、レコードなどによる録音記録がないかぎり直接に耳に聴くことはできない。それを知りたいと考えるなら、現存する文献をたよりに、百年前、五百年前と段階的に過去にさかのぼって再構成するしか方法がない。この点、中国語は各時代の文字資料に恵まれているから、それらを利用することにより、過去に使用された音を再建するという作業は、比較的行いやすいといえる。

中国語の文字である漢字は、各字が意味をもち一音節で発音される。どんなに複雑な字形であっても、その発音はつねに一音節のまとまりである。この一字一音節という発音形式は、最古代から堅固に保たれている伝統の古いもので、中国語の根源的な言語特徴ということができる。文字としての漢字はいったん固定化すると、その字体字形はめったに変更されることはないが、発音のほうは、文字とは無関係に独自に変動を続け、停止することがなかった。その結果、同一の漢字が、現代と古代とで発音がちがうという状況が生じたわけである。しかし現代の中国人は古典の書物

を現代の発音でよみ、それで意味を知ることができるから、古今の発音の差異ということをなかなか意識することがない。漢字はローマ字などの表音文字とちがって、発音が変わってもそれを文字の上に映し出すことはない。しかし現代人が中国の古典詩をよんだときに、しばしば現代音との発音のギャップを感じることがあり、そのことから、時代が隔たるとことばの発音も違ってくるのだということを認識させられるのである。

1.2　中国語音韻変遷の時代区分

　歴史の推移における中国語の発音変化を記述するための時期区分としては、標準的には、つぎの4区分が認められている。
　①上古音（紀元前11世紀～4世紀、周・秦代→漢代、魏・晋代）
　②中古音（5世紀～11世紀、南北朝時代→唐・宋代）
　③近代音（12世紀～19世紀、金・元代→清代）
　④現代音（20世紀～、清末以後）
「近代音」は中国で用いられるいい方で、日本では「中世音」「近世音」とよぶことが多い。麦耘著『音韻学概論』（江蘇教育出版社）は、中古と近代について、つぎのような下位区分を提示している：①中古前期（5世紀～8世紀中葉）、②中古後期（8世紀中葉～12世紀初期）、③過渡段階（12世紀～13世紀前期）、④近代前期（13世紀後期～15世紀）、⑤近代後期（16世紀～19世紀）。言語は変化しながらも連綿とつづいているのであるから、言語の歴史における時代区分というのは、あくまで研究上の便宜的なものと考えたほうがよい。

2.　───── 唐詩押韻字の中古音とその発音変化

2.1　韻文と押韻

　「韻をふむ」ということは、詩の最も基本的な構成要素の一つである。中国の詩歌はほとんどが韻をふみ、これを「押韻（おういん）」という。これは、二つ以上の句や行の定まった位置で同音または類似の音をくりかえすというもので、音を介してことばが共鳴し合い、そこに音楽的な快さが生み出される。中国では古来「韻」を有する文学が尊重され、多くの韻文が作られてきた。中国語は単音節が基本で同韻母の字が多いので、主母音とその後ろの韻尾が同じであれば、容易に「韻」を構成することが

できる。この場合の韻は英語のライム（rhyme）に相当するものである。押韻上の「韻」（韻部ともいう）と音節構成上の「韻母」は別々の概念なので区別されなければならない。押韻上の韻は押韻の範囲を示すものであって、一個の韻母からなる場合もあるが、ふつうは複数の韻母からなっている。韻は韻母に比べて範囲が広いのである。

　つぎに掲げる詩は、唐代音では押韻していたが、現代人がよむと押韻をなさないというものである：①杜牧「山行」、②杜甫「登高」、③杜牧「題烏江亭詩」、④杜甫「春望」。

①山行	②登高	③題烏江亭詩	④春望
遠上寒山石径斜 白雲生處有人家 停車坐愛楓林晚 霜葉紅於二月花	風急天高猿嘯哀 渚清沙白鳥飛廻 無邊落木蕭蕭下 不盡長江滾滾來 万里悲秋常作客 百年多病獨登臺 艱難苦恨繁霜鬢 潦倒新停濁酒杯	勝敗兵家不可期 包羞忍恥是男兒 江東子弟多豪傑 卷土重來未可知	國破山河在 城春草木深 感時花濺淚 恨別鳥驚心 烽火連三月 家書抵萬金 白頭搔更短 渾欲不勝簪
遠く寒山に上れば石径斜めなり 白雲生ずる処人家有り 車を停めて坐に愛す楓林の晩 霜葉は二月の花よりも紅なり	風は急に天は高くして猿嘯哀し 渚は清く沙は白くして鳥飛び廻る 無辺の落木蕭蕭として下り 不尽の長江滾滾として来る 万里悲秋常に客と作り 百年多病独り台に登る 艱難苦だ恨む繁霜の鬢 潦倒新たに停む濁酒の杯	勝敗は兵家も期す可からず 羞を包み恥を忍ぶは是れ男児 江東の子弟豪傑多し 土を巻きて重ねて来る未だ知る可からず	国破れて山河在り 城春にして草木深し 時に感じて花にも涙を濺ぎ 別れを恨んで鳥にも心を驚かす 烽火三月に連なり 家書万金に抵る 白頭掻けば更に短く 渾べて簪に勝えざらんと欲す

2.2　唐詩押韻字の中古音と現代音

　上掲の詩の押韻字について、それぞれ中古・近代（中世）・現代の３つの時代の発音を対比してみた。近代音は1324年に著された『中原音韻』によって再構成したものである。それら３つの時代の発音は、ピンインではなく音声記号で示されている。古代の発音も、現代音とおなじ国際音声記号で示されることはいうまでもない。

日本漢字音は漢音のよみを掲げる。これを「現代仮名づかい」ではなく「歴史的仮名づかい」で示したが、その理由は、このほうが現代の仮名表記（例：花カ、廻カイ、深シン、金キン）よりも、唐代中国音の面影をよく保っていると感じられるからである。個々の字の日本漢字音が歴史的仮名づかいでどう表記されるかは、「漢和辞典」を参照すればよい。

(1) 「山行」、「登高」の押韻字

	斜	家	花	哀	廻	來	台	杯
日本漢字音	シァ	カ	クヮ	アイ	クヮイ	ライ	タイ	ハイ
中古音	zia	ka	xua	ʌi	ɣuʌi	lʌi	dʌi	puʌi
近代音	siɛ	kia	xua	ai	xuəi	lai	tʰai	puəi
現代音	ɕiɛ	tɕia	xua	ai	xuei	lai	tʰai	pei

a) 「山行」は「斜」「家」「花」の３字で押韻しているが、唐代音と現代音が同じで変わりがないのは「花」だけで、「斜」と「家」の音は変化を受けている。「家」は元代までに [ka] > [kia] と変化し、「斜」は [zia] > [sia] > [siɛ] と変化した。この変化で、「斜」と「家」「花」とは、主母音の音価が異なってしまって押韻することができなくなった。その後「家」には [kia] > [tɕia]（ピンイン jiā）、「斜」には [siɛ] > [ɕiɛ]（ピンイン xié）という変化があった。声母 [k] [s] は i 音の前でそれぞれ舌面音 [tɕ] [ɕ] になったが、この変化（舌面音化）は清代 18 世紀に起こったとされている。

[注1] この詩の場合、こんにち、「斜」を xié とよむとほかの字と押韻しないことになるので、現代音でも韻を踏んでいると感じられるようにするために、この詩に限って「斜」を xiá と発音する習慣がある。

[注2] a>b における「>」という記号は、「歴史的に a の音が b の音に変化した」ということを意味している。

b) 「登高」の押韻字「哀」「来」「台」３字と「廻」「杯」２字は、唐代音で u 介音をもつかもたないかという違いであるが、それによって別々の変化の道をたどった。前者は韻母が [ʌi] > [ɑi] > [ai] と変化したのに対し、後者は元代 13 世紀までに [uʌi] > [uəi] と変化し、その後 [uei] となった。最

後に「杯」の場合は、[p]の後ろでu介音を落とし[pei]となった（puʌi ＞ puəi ＞ puei ＞ pei）。これも清代に起こった変化である。

c) 唐代の中国語には、無声音 [p] [t] [k] と対応する有声音 [b] [d] [g]、あるいは無声音 [s] [x] [ɕ] と対応する有声音 [z] [ɣ] [ʑ] があった。これら有声音声母は、唐代のある時期から有声性を弱め、つぎの宋代ではすっかり無声音で発音されるようになっていた。「斜」「廻」「台」の3字は、それぞれ[zia]＞[sia]、[ɣuʌi]＞[xuʌi]、[dʌi]＞[tʰʌi]と変化して無声音化したのである。

(2) 「題烏江亭詩」、「春望」の押韻字

	期	児	知	深	心	金	簪
日本漢字音	キ	ジ	チ	シム	シム	キム	シム
中古音	kʰiə̌	ńʑiě	ȶiě	ɕiěm	siěm	kiěm	tʂiěm
近代音	kʰi	zï	tʃi	ʃiəm	siəm	kiəm	tʂəm
現代音	tɕʰi	ɻɿ	tʂʅ	ʂən	ɕin	tɕin	(tʂən)・tsan

a) 「題烏江亭詩」の押韻字「期」「児」「知」は、唐代では近似の韻母によって押韻していたが、それが元代になるとi（「期」「知」）とï（「児」）に分かれた。「児」の場合、声母が元代までに一種のそり舌音に転じたために、それにともなって母音が舌尖化したのである。「児」はその後、[zl] ＞ [ɻ] ＞ [ɻ] ＞ [ɯ] ＞ [ər] という独自の変化を経て、明代後期17世紀に〈er〉を生じさせた。「期」と「知」は元代では母音を同じくしていたが、明代後期に声母 [tʃ] [ʃ] のそり舌化が進むと、「知」はそれにともなって舌尖母音 [ʅ] をもつこととなった（[tʃi] ＞ [tʂʅ]）。

b) 「春望」の押韻字「深」「心」「金」「簪」は、元代までは m 韻尾をもっていたが、明代16世紀のころ n に変化して m 韻尾は消えた。日本漢字音でも、平安時代には「シム」「キム」と m 韻尾が「ム」表記されたが、鎌倉時代の12世紀ごろには「ン」に統合された（シム→シン、キム→キン）。「簪」については、『広韻』という韻書（後述）に [tsam] と [tʂiěm] という2種類の音が記載されている。唐詩の押韻字としてはどちらの音もよく使われた。現行の辞典では [tʂiěm] から転じた [tʂən]（ピンイン zhēn）の音は記載されず、[tsam]からきた [tsan]（ピンイン zān）の音だけが記載されている。しかし zān の音ではほかの3字と押韻し合わないので、なぜこの字がこの詩で押韻字として使われているのか現代人

には理解しがたいこととなった。「深」における声母 [ʃ>ʂ] の変化は上記「知」の場合と同じである（[ʃiən] > [ʂən]）。

c) 「期」「心」「金」における声母の舌面音化は、「山行」の「斜」「家」の場合と同じものである。

3. —— 中古音の数詞の発音とその変遷

3.1 域外漢字音における数詞のよみ方

　中国古代の漢字とその発音は日本・朝鮮・越南（ベトナム）に伝えられ習得されて、それぞれの言語に姿を変えて定着している。「域外漢字音」（「域外訳音」ともいう）とは、中国国外に伝わり各国で独自に形成された漢字の音という意味で、「中国漢字音」と対置される中国語の表現である。四種類あるが、次表は、それぞれが伝える数詞のよみ方を対照したものである。5 番目のチベット文字から転写した発音は域外漢字音には含めないが、同じ中古音の範疇に属するものとしてとくに加えた。

	一	二	三	四	五	六	七	八	九	十
呉音	イチ	ニ	サム	シ	ゴ	ロク	シチ	ハチ	ク	ジフ
漢音	イツ	ジ	サム	シ	ゴ	リク	シツ	ハツ	キウ	シフ
朝鮮	'il	zi	sam	sʌ	'o	riuk	cʰil	pʰal	ku	sip
越南	n̩et 上陰入	n̩i	tam 陰平	tɯ 陰去	ŋu 陽上	luk 上陽入	tʰet 上陰入	pat 下陰入	kɯu 陰上	tʰep 下陽入
漢蔵	i·ir	zi	sam	si	'gu	lug	tsir	par	gi'u	ɕib

(1) 日本漢字音

　日本漢字音は、同じ漢字に対して数種の音が体系をなして重層的に存在するという特色がある。それらのうち、もっとも古い呉音（ごおん）は 5～6 世紀頃（南北朝時代）に朝鮮半島を経由して入ってきたもので、当時の中国南方（長江下流域）の発音を母体とするとされる。仏教関係の漢語は呉音でよむものが多い。いっぽう漢音は遣唐使や仏教留学生たちがもたらしたもので、7～8 世紀（隋～唐代中期）の古代長安音を模倣したとされる。後世まで儒教の経典や漢詩漢文は漢音でよむのが正しいとされた。表中の漢字音は『学研漢和大字典』による。

[注] 平安時代末期・鎌倉時代からのち（12世紀〜18世紀）、禅僧や商人の往来によって宋・
　　元・明・清各時代の中国語が伝えられたが、それらにもとづく漢字音を「唐音（トウイン、
　　トウオン）」と称する。「椅子（イス）」「扇子（センス）」「緞子（ドンス）」「杏子（アンズ）」
　　の「子」を「ス」「ズ」とよむのは、宋代における [tsi>tʂɿ] という発音の変化を反映した
　　もの。「瓶（ビン）」「鈴（リン）」「明（ミン）代」「清（シン）朝」のよみ方は、韻尾 [ŋ]
　　を「ン」で取り入れたもの。

(2) 朝鮮漢字音

　表中の朝鮮漢字音は、伊藤智ゆき『朝鮮漢字音研究』（汲古書院）によって記した
ものである。15世紀〜16世紀末刊行の朝鮮語古文献（この時期の朝鮮語を「中期
朝鮮語」という）にハングルで記載された漢字音であるが、新羅時代（8〜9世紀）に
唐の長安から移入したものが大部分を占めるといわれる。中期朝鮮語の時代から現
代までの間に、つぎのような発音変化があった。①「二」では zi>i の変化（z の脱落）
があった。②「四」では sʌ>sa の母音変化があった。③「六」では riuk>iuk の変化
があった。④「五」では中古音の声母 ŋ が落とされた。⑤中古の入声韻尾 p・k はそ
のまま保持されたが、t は l に置き換えられた。

(3) 越南（ベトナム）漢字音

　表中の越南漢字音（唐代標準音を基盤にしているが、日本の漢音よりもあとの時代
のものとされる）は、李連進『平話音韻研究』（広西人民出版社）に記載されたもので、
現代、ベトナム中部フエ市の仏教寺院天明寺で仏典読経音として使われているという。
その特徴の一部：①ベトナム語は声調言語なので（6声調がある）、漢字音も声調の
区別をもっている。漢字音の声調は中古音の声調調値をそのまま伝えているとはいえ
ないが、その体系をある程度反映する（中古音の四声と対応関係を有する）。②中古
音の摩擦音 s と破擦音 ts は破裂音 t の音で受け入れた。③中古音の鼻音声母 ŋ と
ɳ はそのまま継承された。

(4) 漢蔵（漢・チベット）対音資料における漢字音

　敦煌石室から発見された敦煌文書に、漢蔵（あるいは蔵漢）「対音」資料とよばれ
るものがある。チベット文字（7世紀初頭に作られた）で漢字音を記した『千字文』『大
乗中宗見解』、チベット文字で写した鳩魔羅什（くまらじゅう）訳の仏典などである。
これらはチベット吐蕃王朝時代、9〜10世紀頃の中国西北地方の発音を伝えるとさ

れる。表中の漢字音は、高田時雄『敦煌資料による中国語史の研究—九・十世紀の河西方言—』(創文社)によるものである。①中古音の p・t・k 韻尾が b・r・g で表記される。②「二」の音は、[ȵi] > [ȵʑi] > [ʑi] > [ʒi] という変化過程の途中の段階を示している。

3.2　唐代(7・8世紀)から現代までの数詞の発音変遷

(隋 581-618、唐 618-907、五代 907-965、北宋 960-1127、南宋 1127-1279(金 1115-1234)、元 1279-1368、明 1368-1644、清 1644-1911)

世紀	7・8	9・10	11・12	13・14	15・16	17・18	19・20
一	iĕt	iət	iiʔ	i	i	i	i
二	ȵi>ȵʑi	ʑi	ʒi	ʐɻ>ɳ>ɻ>ɻ	ɻ	ɻ	ɻ
三	sam	sam	sam	sam	san	san	san
四	si	sï	sʅ	sʅ	sʅ	sʅ	sʅ
五	ŋo	ŋu	ŋu	u	u	u	u
六	liuk	liuk	liəuʔ	liəu	liəu	liəu	liou
七	tsʰiĕt	tsʰiət	tsʰiiʔ	tsʰi	tsʰi	tɕʰi	tɕʰi
八	pat	pat	paʔ	pa	pa	pa	pa
九	kiĕu	kiəu	kiəu	kiəu	kiəu	tɕiəu	tɕiou
十	ziĕp	ɕiəp	ʃiiʔ	ʃi	ʃi>ʅ	ʅ	ʅ

　表の最上段の数字は世紀をあらわす。左端の欄の漢字は数詞(漢数字)である。各字の声調を示すと、「三」は平声、「五・九」は上声、「二・四」は去声、「一・六・七・八・十」は入声である。入声とは、閉鎖音 [p・t・k] で終わる音節に限定される声調で、こんにちでも、中国南方のいくつかの方言ではそのまま用いられているが、北方ではその区別がくずれ、近代音への過渡期(宋代)にはひとつの声門閉鎖音 [ʔ] に集約されるようになっていた。しかしこの音もつぎの元代ではもうおこなわれなくなり、入声字は母音だけをのこす状態におおきく変わった([p・t・k]→[ʔ]→ゼロとなり、「短促」でなくなった)。これにより、北方の中国語は母音のみの韻母優勢の言語となって、南方の諸方言とは性格を異にすることとなったのである。

4. ───── 中古音の研究

4.1 韻書『広韻』と反切

　中古中国語とは、5世紀から11世紀に至るおよそ700年間にわたる期間の中国語を指し、中古音はその範囲の時代の漢字音をいう。中古音は、まず『広韻（こういん）』（1008年）という韻書を第一の資料として研究されている。「韻書」とは、詩などの韻文をつくるときにどんな漢字を押韻に使えるかを調べるために編纂された、韻引きの字書のことである。『広韻』5巻は、全体を四声によって巻をわけ（平声2巻、上・去・入声各1巻）、各巻内部は「韻」の異同によって漢字を大分類する。韻とは、詩歌韻文の創作で相互に押韻が許される漢字の集合をいう。各韻は、代表の漢字を最初に掲げて（これを韻目という）所属字を並べる。平声についていえば、〈東・冬・鐘〉〈江〉〈支・脂・之・微〉〈模・魚・虞〉といった韻目（韻のよび名）がたてられ、それぞれ「東韻」「冬韻」「江韻」「支韻」などと呼称される。東・聡・公・翁・風・中・終などは東韻の字、碑・離・池・児・随・吹・規などは支韻の字である。

　『広韻』の収録字数は26194字、同声母で同音の漢字グループは各韻のなかの最小単位で、その一群ごとに「反切（はんせつ）」で発音が明示される。反切の数は4声調で3873種ある。『広韻』では、一個の反切は一個の音節を代表するので、反切に用いられる漢字を系統的に分類整理することによって、中古音の声母37種、韻母160種（平上去声韻母104、入声韻母56）が得られる。中古音を再構成するとは、『広韻』反切が表わす各声母・韻母に対し、音声記号を用いて具体的な音価をあてることをいう。

　反切は、ある一字の発音を、べつの二字の組み合わせで「何々の切」というように説明する中国独特の漢字表音法で、たとえば、「開」という字の反切「苦哀の切」を例としていえば、「苦」で「開」の字の声母を切り取り、「哀」で「開」の字の韻母と声調をあらわすというものである。つまり、「開」の発音は、声母が「苦」と同じ、韻母・声調が「哀」と同じ、ということである（苦 kʰ +哀 ai →開 kʰai）。同様に、「東」は「徳紅の切」、「加」は「古牙の切」と表現される。反切の作成は3世紀（後漢～三国時代）にはじまり、南北朝時代に盛行するようになったといわれる。反切に用いられる漢字は、意味は切り離されて単に発音表示をするにすぎない。現代の発音記号のような使い方をするわけである。この方式により、技術的にあらゆる漢字の発音が自在に表現できるようになり、こうして、反切注音による発音字典「韻書」が出現することになっ

たのである。

[注] 隋の陸法言（りくほうげん）は、隋代の「正音」を示すことを目的として、前代までの字書・韻書を参照し『切韻（せついん）』5巻を著わした（601年）。唐代では、科挙の試験での作詩の押韻は『切韻』を基準にすることとされ、これにもとづいた同系統の韻書が幾種類もつくられた。そして、それら『切韻』系韻書を継承し増補したのが宋代の『広韻』で、こんにち、中古音研究でもっとも重視される価値ある資料となっている。『切韻』の原本は現存しないが、唐代の王仁昫（おうじんく）が著わした『刊謬補缺切韻』（706年）にその原型をうかがうことができる。なお『広韻』よりさらに30年後（1037年）には、より浩瀚な韻書『集韻』10巻が編纂された。

4.2　中古音の再構成

　中古音再構成（古音価推定）に関する研究は、スウエーデンの学者カールグレンB.Karlgren（1889―1978）によって基礎が定められた。その著作 "Etudes sur la phonologie chinoise"（1915～1926）（中国語訳『高本漢著　中国音韻学研究』は1940年出版）は、中国の研究者に多大な影響を与えた。1930年代からの中古音研究は中国の学者が中心となって推進されたが（趙元任・羅常培・陸志韋・李栄など）、その研究はカールグレンの業績への批判修正というかたちで展開された。この分野では、有坂秀世など日本の学者も重要な貢献をなした。カールグレンが中古音の声母・韻母の音価推定作業でよりどころとした言語資料は、a）日本漢字音（呉音・漢音）、朝鮮漢字音、越南漢字音、b）19世紀～20世紀初頭の中国語方言音、c）宋代韻図、の3点である。

　「韻図（いんず）」とは、タテの欄には同種の声母、ヨコの欄には同種の韻母をならべて、その交わる位置で代表字の発音を示すというものである。『広韻』206韻の全音節を図表化した漢字音一覧表のようなものが宋代につくられたが、そのひとつが、鎌倉時代に日本に伝来した『韻鏡（いんきょう）』（張麟之の1161年の識語がある）である。『韻鏡』は43枚の図（これを転図という）が用いられている。各図は上下の方向に平上去入によって四分され、各声調の内部はさらに四段（この段を「等」という）に細分され、その1等から4等までの場所に該当の韻が配置され、それぞれの欄に代表漢字が記入される。つぎに掲げるのは、『韻鏡』の内転第三十一開の図、すなわち唐韻・陽韻（平声）の音節表と、内転第四開合の図、すなわち支韻（平声）の2種の音節表である。唐韻の字は1等欄におかれ、陽韻の字は3等欄を中心に、「歯音」の2等欄と「歯音」の4等欄に字がおかれる。

5. ──── 中古音の声母

5.1 中古音声母の種類

中古音で用いられる声母は 37 種あり、つぎのように分類される。

	唇音	舌音		歯音			牙音	喉音	半舌音	半歯音
		舌頭	舌上	歯頭	正歯2	正歯3				
全清	p	t	ʈ	ts/s	tʂ/ʂ	tɕ/ɕ	k	ʔ		
次清	pʰ	tʰ	ʈʰ	tsʰ	tʂʰ	tɕʰ	kʰ	x		
全濁	b	d	ɖ	dz/z	dʐ	dʑ/z	g	ɣ		
次濁	m	n	ɳ				ŋ	ɦ/j	l	ɳʑ

a) 調音位置による声母の分類では、『韻鏡』の〈唇・舌・牙・歯・喉・半舌・半歯〉という名称が用いられる。『韻鏡』によれば、舌音は「舌頭音」と「舌上音」に分けられ、歯音は「歯頭音」と「正歯音」に分けられる。なお、「正歯音」とよばれる声母は『広韻』反切の分析から 2 種類に分別される。『韻鏡』の転図では、それらはそれぞれ 2 等と 3 等に配置されるので、それを上表では「正歯2」「正歯3」として区別している。

b) 「舌音」の2種類の声母、「歯音」の3種類の声母、および「喉音」の声母［ɦ］［j］と半歯音の［ɳʑ］は、『韻鏡』の転図では、所属する位置が決まっている。次表のようである。

等	舌音	歯音		喉音	半歯音
1等欄	舌頭音 ［t/tʰ/d/n］	歯頭音	［ts/tsʰ/dz/s］	—	—
2等欄	舌上音 ［t/tʰ/d/ɳ］	正歯音2	［tʂ/tʂʰ/dʐ/ʂ］	—	—
3等欄	舌上音 ［t/tʰ/d/ɳ］	正歯音3	［tɕ/tɕʰ/dʑ/ɕ/ʑ］	［ɦ］	［ɳʑ］
4等欄	舌頭音 ［t/tʰ/d/n］	歯頭音	［ts/tsʰ/dz/s/z］	［j］	—

c) 4つの調音法が区別される。『韻鏡』ではそれを「清」「次清」「濁」「清濁」とよんだが、その後いろいろ名称（異名）の変遷があって、こんにちでは、「全清（ぜんせい）」「次清（じせい）」「全濁（ぜんだく）」「次濁（じだく）」に統一されている。

5.2 中古音声母の特徴

中古音声母と現代音声母とを比べると、おおきな違いはその数で、中古音の37種に対して現代音は21種である。特徴としては、つぎのようなものがあげられる。

a) 有声の破裂音・破擦音・摩擦音が多数用いられた。これらを「全濁音」と総称している。破擦音が多いという現象は、現代音だけでなく中古音にもあてはまるようである。

b) 破擦音［dz］と摩擦音［z］、破擦音［dʑ］と摩擦音［ʑ］の区別、そして摩擦音に［s］と［z］、［ɕ］と［ʑ］、［x］と［ɣ］という無声・有声の対立があった。

c) 鼻音声母に［m］［n］［ɳ］［ŋ］の4種があった。

d) ふつうの鼻音に有声摩擦音が結合する［ɳʑ］という声母があった。

e) 歯茎硬口蓋破擦音［tɕ］［tɕʰ］［dʑ］と歯茎硬口蓋破裂音［ȶ］［ȶʰ］［ȡ］があった。両者は調音点が同じである。後者については「そり舌破裂音」と認定する学者もあり、説が分かれている。

f) 独立した声母として声門破裂音の声母［ʔ］および半母音声母［j］があった。両者は音節としてはつぎのように区別される。

［ʔ—］	意［ʔiə］	要［ʔiæu］	憶［ʔiək］	厭［ʔiæm］	於［ʔiɔ］
［j—］	異［jiə］	耀［jiæu］	翼［jiək］	豔［jiæm］	余［jiɔ］

g) 喉音声母に［ɦ］と［j］がある。その区別を反映する漢字音として、日本の呉音がある。

中古音の発音　　195

	虞韻	尤韻	脂韻
声母 [ɦ]（3等）	于雨宇羽禹　ウ	有右友　ウ	位　ヰ
声母 [j]（4等）	楡愉喩愈　ユ	由遊猶　イウ	遺唯維　ユイ

（韻目は平声で代表させ、上・去声の韻をそれに含ませる。以下も同じ）

いっぽう、中国の厦門（福建省）・海口（海南省)の方言では、この二つの声母をつぎのように区別している。

声母 [ɦ]	雨 [hɔ/hɔu]	遠 [hŋ/hui]	雲 [hun/hun]	域 [hɪk/hek]
声母 [j]	愉 [lu/zi]	緣 [iɛŋ/zuaŋ]	勻 [un/zun]	育 [iɔk/zok]

[　]内は、斜線の左が厦門音、右が海口音である。海口音は現代漢語方言音庫『海口話音档』による。

[注1] 声母 [ts tsʰ s] [tɕ tɕʰ ɕ] [k kʰ x] の 3 者は、中古音と現代音では声母としてのあり方がおおきく異なる。中古音は 3 者はひとしく細音韻母（→§6.2 (2)）と結合し相互に対立するのに対し、現代音では [tɕ tɕʰ ɕ] だけが細音韻母と結合しほかの 2 者はそれとは結合しない。

中古音			現代音		
ts tsʰ s	tɕ tɕʰ ɕ	k kʰ x	ts tsʰ s	tɕ tɕʰ ɕ	k kʰ x
將 tsiaŋ	章 tɕiaŋ	疆 kiaŋ	—	將疆 tɕiaŋ	—
槍 tsʰiaŋ	昌 tɕʰiaŋ	羌 kʰiaŋ	—	槍羌 tɕʰiaŋ	—
相 siaŋ	商 ɕiaŋ	香 xiaŋ	—	相香 ɕiaŋ	—

[注2] 中古音には厳密にいえばゼロ声母は存在しなかった。現代音のゼロ声母はつぎのように形成された。中古声母 [ʔ] [ŋ] [ɦ] [j] の 4 者は、韻母になんの影響ももたらさずに姿を消した。（安 ʔan → an、諺 ŋiæn → iɛn、炎 ɦiæm → iɛn、延 jiæn → iɛn）。中古声母 [m] は [p>f]（第 8 章《参考》(1)(6)参照）と並行する同種の変化を起こした。その変化は [m>ɱ>ɱv>v] と推測される。（[ɱ] は [f・v] の口構えでおこなわれる唇歯鼻音)。近代音で [v] 声母が保たれるが、それも明代後期には半母音 [w] に変わり、その後こんにちのゼロ声母に帰した（晩 miuɐn>ɱuan>vuan>van>uan）。

6. ——— 中古音の韻母

6.1　中古音の韻母表（『広韻』の韻目で分類される）

表 14-1

	韻尾	洪音（介音［ゼロ］［u］）			細音（介音［i］［iu］）	
		第Ⅰ種	第Ⅱ種	第Ⅲ種	第Ⅰ／Ⅱ種	第Ⅲ種
A群〈開・合〉	ゼロ	ɑ 歌 / uɑ 戈	a/ua 麻		ia/iua 戈 ia/— 麻 iɐ/— 之	iĕ/iuĕ 支
	i	ai/uai 泰 ʌi 咍 /uʌi 灰	ai/uai 夬 äi/uäi 皆 æi/uæi 佳	ɛi/uɛi 斉	(iɐi)/iuɐi 廃 iɜi/iuɜi 微	iæi/iuæi 祭 i/iui 脂
	n	ɑn 寒 /uɑn 桓 ən 痕 /uən 魂	an/uan 刪 æn/(uæn) 山	ɛn/uɛn 先	iɐn/iuɐn 元 iɜn 殷 /iuɜn 文	iæn/iuæn 仙 iĕn 真 /iuĕn 諄
	ŋ	ɑŋ/uɑŋ 唐 əŋ/(uəŋ) 登	aŋ/uaŋ 庚 äŋ/(uäŋ) 耕	ɛŋ/uɛŋ 青	iɐŋ/iuɐŋ 陽 iɜŋ/— 蒸	iaŋ/iuaŋ 庚 iæŋ/iuæŋ 清
	t	ɑt 曷 /uɑt 末 (ət)/uət 没	at/(uat) 鎋 æt/(uæt) 黠	ɛt/uɛt 屑	iɐt/iuɐt 月 iɜt 迄 /iuɜt 物	iæt/iuæt 薛 iĕt 薛 /iuĕt 術
	k	ɑk/uɑk 鐸 ək/(uək) 徳	ak/— 陌 äk/(uäk) 麦	ɛk/— 錫	iak/iuak 薬 iɜk/(iuɜk) 職	iak/— 陌 iæk/(iuæk) 昔
B群〈開〉	u	ɑu 豪 əu 侯	au 肴	ɛu 蕭	iɜu 尤	iæu 宵 iĕu 幽
	m	ɑm 談 ʌm 覃	am 銜 äm 咸	ɛm 添	iɐm 厳 iuɐm 凡	iæm 塩 iĕm 侵
	p	ɑp 盍 ʌp 合	ap 狎 äp 洽	ɛp 帖	iɐp 業 iuɐp 乏	iæp 葉 iĕp 緝
	uŋ		auŋ 江			
	uk		auk 覚			
C群〈合〉	ゼロ	o 模			iuo 虞 iɔ 魚	
	ŋ	uŋ 東 oŋ 冬			iuŋ 東 ioŋ 鍾	
	k	uk 屋 ok 沃			iuk 屋 iok 燭	

［注］韻母の〈開・合〉区分は、中国社会科学院語言研究所編『方言調査字表』による。

6.2 中古音韻母についての説明

(1) 開口・合口という分類

開口は介音が [ゼロ][i] のもの、合口は介音が [u][iu] のものをさす。[iu] は複合介音で、現代の介音 [y](=ü) の前身である。すべての韻を A 群・B 群・C 群の三つに分けた。

a) A 群は、原則として、ひとつの韻に開口・合口両韻母が備わっているもの。カッコでくくった韻母は、収録字数がとくに少ない韻母であることを示す。A 群のなかには、例外的に開口韻母しかもたず対応する合口韻母がない場合がある。麻韻 [ia]、之韻 [iɤ]、蒸韻 [iɤŋ] などである。『韻鏡』は、A 群の韻に関しては、「開」「合」二転図を設けて、「開」の転図に開口韻母、「合」の転図に合口韻母を配している。

b) B 群は、ひとつの韻に開口韻母しか含まれないもの。唇を使う調音の韻尾をもつのが特徴である。B 群のなかに合口韻母が推定されている凡韻と乏韻があるが、例外である。江・覚韻は音価推定のもっとも難しい韻のひとつで、ここでは [auŋ/auk] という音価を掲げ B 群に入れている。

c) C 群は、ひとつの韻に合口韻母しか含まれないもの。主母音が o・ɔ・u であるのが特徴である。

(2) 洪音・細音という分類

現代音に対して用いる「洪音」「細音」という用語を、中古韻母にも導入する。介音が [ゼロ][u] のものを「洪音」、介音が [i][iu] のものを「細音」とよぶ。一韻中に洪音・細音両方の韻母が含まれることがある。それは麻・庚・陌・東・屋の 5 韻である：麻 (a/ua/ia)、庚 (aŋ/uaŋ/iaŋ/iuaŋ)、東 (uŋ/iuŋ) など。中古韻母は洪音開口・洪音合口・細音開口・細音合口の 4 つに下位区分されることになる。これが、現代の四呼体系 (開口呼・合口呼・斉歯呼・撮口呼) に発展するわけである。

洪・細	開・合	(中古介音)	四呼	(現代介音)
洪音	開口	(ゼロ)	開口呼	(ゼロ)
	合口	(−u−)	合口呼	(−u−)
細音	開口	(−i−)	斉歯呼	(−i−)
	合口	(−iu−)	撮口呼	(−y−)

洪音の韻と細音の韻は、それぞれ第I種・第II種・第III種という 3 つの集団に区

分されているが、これについては後述の§7参照。上の表では、細音の第Ⅰ種と第Ⅱ種は、スペースの都合で同じひとつの欄にまとめられている。区分すると、細音第Ⅰ種に属するのは廃・微・元・文・月・物・厳・凡・業・乏の韻で、細音第Ⅱ種に属するのはそれ以外の韻である。

⑶ 韻尾による分類

韻尾はゼロを含め9種類ある。中古韻母を韻尾によって3つのグループ（①②③）に分け、それと四声との関係を示すと、つぎのようである。

韻母	①韻尾［ゼロ・i・u］をもつもの ②韻尾［m・n・ŋ］をもつもの	③韻尾［p・t・k］をもつもの
四声	平声、上声、去声	入声

鼻音韻尾［m・n・ŋ］をそれぞれ閉鎖音韻尾［p・t・k］におきかえると、対応する入声韻母が得られる。例：［an］（寒）→［at］（曷）、［am］（談）→［ap］（盍）、［aŋ］（唐）→［ak］（鐸）、［uŋ］（東）→［uk］（屋）。

［注］「四声」とは中古音の四つの調類（平声・上声・去声・入声）をさすのが一般的であるが、現代標準語も四つの調類（陰平・陽平・上声・去声）をもっているので、これについても「四声」とよぶことがある。おなじ呼称であるが内容におおきな相違があるので、こんにち、「古四声」「新四声」とよび分けることがある。

⑷ 『広韻』の韻目

『広韻』における韻の数は、平声57韻、上声55韻、去声60韻、入声34韻、計206韻である。古代中国の詩などの韻文では、声調が同じ字どうしで押韻し他声調の字をまじえないのが原則だったので（これを「四声分押」という）、声調別に韻目名を区別する必要があったのである。

韻母	平	上	去	入	韻母	平	上	去	入
a/ua/ia	麻	馬	禡	—	an(t)	寒	旱	翰	曷
ɔ		魚	語	御	—	iĕn(t)	真	軫	震	質
iə̆	之	止	志	—	iaŋ/iuaŋ(k)	陽	養	漾	藥
əu	侯	厚	候	—	uŋ/iuŋ(k)	東	董	送	屋

上の中古音韻母表では、上声・去声の韻目を掲げるのを省略し平声の韻目で代表

させている。ただし泰・夬・廃・祭の4韻は去声の韻目で、これらには対応する平声・上声韻がない。

[注] A群の各韻は、多くは開口・合口両方の韻母を含む。この場合を「開合合韻」とよぶ。これに対し開口と合口で韻目字を異にするものがあり、この場合を「開合分韻」とよぶ。たとえば、歌／戈、咍／灰、寒／桓、痕／魂、殷／文、真／諄、曷／末、迄／物、質／術など。

(5) 主母音による韻母の分類

各韻母の推定音価は、邵栄芬『切韻研究』、平山久雄「中古漢語の音韻」その他を参考にして私見をもって定めた。

a) ①洪音第 I 種は奥舌 [ɑ][ʌ][o][u]・中舌 [ə]の主母音をもつ韻母群、②洪音第 II 種は前舌 [a][ä][æ]を主母音にもつ韻母群（記号 [ä]は中舌よりの [a]、すなわち [a]と [ɐ]の中間の音を意味する）、③洪音第 III 種は前舌 [ɛ]を主母音にもつ韻母群、である。

b) 細音では、第 I 種・第 II 種を合わせたものが、奥舌 [ɑ][o][ɔ][u]あるいは中舌 [ɜ][ɐ]の主母音をもつ韻母群となる。これに対し、細音第 III 種は前舌主母音 [a][æ][ĕ]をもつ韻母群である。なお [ɜ][ĕ]に用いる補助記号は、それぞれ [ə][e]を短弱に発音するということを意味する。

[注] いうまでもなく、直接耳にすることができない古い時代の言語の音を、そのまま再現することは不可能である。残された限られた資料から研究によって導き出された再構成音（推定発音）は、完全な正確さは望めないものである。細かい部分では専門家の間で意見の不一致があることがあるから、近似的なものとみなしたほうがいい。

7. ──── 中古音韻母と中古音声母の結合方式

7.1 洪音韻母の場合

『韻鏡』では、洪音第 I 種の韻は1等欄におかれ、第 II 種の韻は2等欄におかれ、第 III 種の韻は4等欄におかれる。そこで、それぞれは「1等韻」「2等韻」「4等韻」と称されるのである。これら1・2・4等韻所属の韻母は最大限19声母と結合可能であるが、韻母によっては結合しない声母があるので、その声母のとり方によって韻母を3つの型（タイプ）に分ける。以下、それぞれを α 型、β 型、γ 型とよび分ける。

α型は「唇・舌・牙・歯・喉・半舌」の6音全部と結合するもの、β型は「唇音」以外の「舌・牙・歯・喉・半舌」の5音と結合するもの、γ型は「唇・舌・歯・半舌音」とは結合せず「牙・喉音」の2音とのみ結合するものである。

(1) 第I種（1等韻）

	半舌	喉音	歯音	牙音	舌音	唇音
1等欄α型	l	ɣ/x/ʔ	s/dz/tsʰ/ts	ŋ/kʰ/k	n/d/tʰ/t	m/b/pʰ/p
1等欄β型	l	ɣ/x/ʔ	s/dz/tsʰ/ts	ŋ/kʰ/k	n/d/tʰ/t	
1等欄γ型		ɣ/x/ʔ		ŋ/kʰ/k		

α型には、戈韻合口、泰・咍韻開口、灰韻合口、桓・末韻合口、魂・没韻合口、唐・鐸韻開口、登・徳韻開口、豪韻、侯韻、模韻、東・屋韻、冬・沃韻が含まれ、β型には歌韻開口、泰韻合口、寒・曷韻開口、痕韻開口、談・盍韻、覃・合韻が、γ型には唐・鐸韻合口、登・徳韻合口が含まれる。

(2) 第II種（2等韻）

	半舌	喉音	歯音	牙音	舌音	唇音
2等欄α型	(l)	ɣ/x/ʔ	ʂ/dz/tʂʰ/tʂ	ŋ/kʰ/k	ṇ/ḍ/ṭʰ/ṭ	m/b/pʰ/p
2等欄β型	(l)	ɣ/x/ʔ	ʂ/dz/tʂʰ/tʂ	ŋ/kʰ/k	ṇ/ḍ/ṭʰ/ṭ	
2等欄γ型		ɣ/x/ʔ		ŋ/kʰ/k		

α型には、麻韻開口、夬・皆・佳韻開口、刪・鎋韻開口、山・黠韻開口、庚・陌韻開口、耕・麥韻開口、肴韻、江・覚韻が含まれ、β型には麻韻合口、夬・皆韻合口、刪・鎋韻合口、山・黠韻合口、衒・狎韻、咸・洽韻が、γ型には庚・陌韻合口、耕・麥韻合口が含まれる。なお、第II種の韻母と半舌音との結合はたいへんまれであるので、かっこに入れた。

⑶ 第Ⅲ種（4等韻）

第Ⅲ種と結合する声母の種類は、第Ⅰ種と完全に同じである。

	半舌	喉音	歯音	牙音	舌音	唇音
4等欄 α 型	l	ɣ/x/ʔ	s/dz/tsʰ/ts	ŋ/kʰ/k	n/d/tʰ/t	m/b/pʰ/p
4等欄 β 型	l	ɣ/x/ʔ	s/dz/tsʰ/ts	ŋ/kʰ/k	n/d/tʰ/t	
4等欄 γ 型		ɣ/x/ʔ		ŋ/kʰ/k		

α型には斉韻開口、先・屑韻開口、青・錫韻開口が、β型には蕭韻、添・帖韻が、γ型には斉韻合口、先・屑韻合口、青・錫韻合口が含まれる。

7.2　細音韻母の場合

細音韻母も第Ⅰ種、第Ⅱ種、第Ⅲ種の３つに分けられるが、洪音の場合とはことなる事情があるので、ひとつずつみていくことにする。

⑴ 第Ⅰ種（純３等韻）

『韻鏡』では、この韻の所属字は３等欄に置かれ、「唇音・牙音・喉音」としか結合しないのが特徴である（最大限11声母と結合可能）。しかし、韻母によっては「唇音」と結合しないものがある。

	半舌	喉音	歯音	牙音	舌音	唇音
3等欄 α 類		ɦ/x/ʔ		ŋ/g/kʰ/k		m/b/pʰ/p
3等欄 β 類		ɦ/x/ʔ		ŋ/g/kʰ/k		

「唇音」と結合するものをα類とすると、それには廃韻、微韻、元・月韻、文・物韻の各合口韻母と凡・乏韻が含まれ、「唇音」と結合しないものをβ類とすると、それには廃韻、微韻、元・月韻、殷・迄韻の各開口韻母と厳・業韻が含まれる。

⑵ 第Ⅱ種（普通３等韻）

『韻鏡』では、この韻の所属字は３つの「等」にわたって次図のようにおかれる（最大限32声母と結合可能）。3種類の「歯音」声母と結合することと「喉音」の[ɦ]と[j]と結合するのが特徴である。

	半歯半舌	喉音	歯音	牙音	舌音	唇音
2等欄			ʂ/dʐ/tʂʰ/tʂ			
3等欄	ɳʑ/l	ɦ/x/ʔ	z/ɕ/dʑ/tɕʰ/tɕ	ŋ/g/kʰ/k	ɳ/ɖ/tʰ/ʈ	m/b/pʰ/p
4等欄		j	z/s/dz/tsʰ/ts			

　開口・合口両韻母を含む韻の場合、「唇音」と結合するのは開口韻母に限られる（合口韻母と結合しない。この点細音第Ⅰ種とおおきく異なる）。麻韻開口と魚韻は「唇音」音節をもたない。陽・薬韻合口は「牙音・喉音」音節しかもたない。

(3) 第Ⅲ種（「重紐」3等韻）

　『韻鏡』では、この韻の所属字は3つの「等」にわたって次図のようにおかれる（最大限32声母と結合可能）。細音第Ⅱ種との違いは、「唇音・牙音・喉音（[ɦ/j]を除く）」において二つの等、すなわち3等欄と4等欄にも所属字がおかれるという点である。その点以外は（2）第Ⅱ種と同じ。

	半歯半舌	喉音	歯音	牙音	舌音	唇音
2等欄			ʂ/dʐ/tʂʰ/tʂ			
3等欄	ɳʑ/l	ɦ/x/ʔ	z/ɕ/dʑ/tɕʰ/tɕ	ŋ/g/kʰ/k	ɳ/ɖ/tʰ/ʈ	m/b/pʰ/p
4等欄		j/x/ʔ	z/s/dz/tsʰ/ts	ŋ/g/kʰ/k		m/b/pʰ/p

　開口・合口両韻母を含む韻の場合、「唇音」と結合するのは開口韻母に限られる（細音第Ⅱ種と同じ）。庚・陌韻の3等韻と清・昔韻は、韻目が異なるが、両者を合併して一組の「重紐」韻とみなすという学説があるので、それに従う。

　同一声母のもとに2種類の音節があって区別される場合（たとえば、支韻開口唇音の「陂」と「卑」、牙音の「奇」と「祇」など。§4.2掲載の支韻開口音節図参照）、『広韻』ではその2種類の音節は異なる反切で示されるが、この反切による2種類の音節の区別現象を中国音韻学で「重紐（ちょうちゅう）」とよんでいる。「紐」とは声母のこと。たとえば、支韻の「奇」の反切「渠羈切」と「祇」の反切「巨支切」をくらべると、両者とも互いに同一声母・同一韻母が結合している観がある。細音第Ⅲ種の韻における「唇・牙・喉音」3等・4等字の発音の区別は介音にあるというのが有力な説で、専門家によって、①[ɪ]と[i]、あるいは②[ï]と[i]という説が提出されている。3等字の介音が非口蓋的・中舌的な[ɪ]あるいは[ï]で、4等字の介音が口蓋的・前舌的な[i]である。本書では、以下必要に応じて、3等字の介音を[ï]の記号で表記することとする。

8. ———— 中古の各韻母グループ間の発音区別と その現代方言音および域外漢字音における反映

8.1　洪音第Ⅰ種の韻母と洪音第Ⅱ種の韻母の区別

a)　「牙音・喉音」を声母とする音節の対比

	例字A（主母音 [ɑ]で開口）				例字B（主母音 [a]で開口）			
	①歌	②改	③高	④干	⑤家	⑥解	⑦交	⑧間
中古音	kɑ	kɑi	kɑu	kɑn	ka	kai	kau	kan
日本漢音	カ	カイ	カウ	カン	カ	カイ	カウ	カン
北京音	kɤ	kai	kau	kan	tɕia	tɕiɛ	tɕiau	tɕiɛn
広州音	kɔ	kɔi	kou	kɔn	ka	kai	kau	kan

　（各例字の『広韻』所属韻を示すと、①は歌韻、②は哈韻、③は豪韻、④は寒韻、⑤は麻韻、⑥は佳韻、⑦は肴韻、⑧は山韻である）

　　例字Aは洪音第Ⅰ種の韻の字で、中古音で奥舌母音 [ɑ]をもつもの、例字Bは洪音第Ⅱ種の韻の字で、中古音で前舌母音[a]をもつものである。日本漢字音（漢音）がこの違いを伝えないのは、日本語にこのような母音の区別がないからである。このふたつの母音は、中古以後「舌音・歯音」声母の後ろではひとつに統合されたが（統合されない場合もある）、上表の例字のように「牙音・喉音」を声母とするものは、現代音では互いに発音が著しく異なるものとなっている。北京音では、例字Aは①を除けば②③④は主母音が [a>a]となっただけなのに対し、例字Bでは、声母の後ろにわたり音 [i]が挿入され、その同化の作用で⑥⑧では主母音が [a>ɛ]と変化した。広州音の場合、例字Aは主母音 [ɔ]（③では [o]）に変化したのに対し、例字Bでは [a]の母音が保たれている。北京音における例字⑤⑥⑦⑧の変遷はつぎのようである：⑤家 ka>kia>tɕia、⑥解 kai>kiai>kiɛi>kiɛ>tɕiɛ、⑦交 kau>kiau>tɕiau、⑧間 kan>kian>kiɛn>tɕiɛn。なお、①の歌は kɑ>ko(元代)>kɤ(清代)と変遷した。

b) 「唇音」を声母とする音節の対比

	例字A（主母音 [ɑ]で合口）				例字B（主母音 [a]で開口）			
	①波	②背	③般	④撥	⑤巴	⑥拝	⑦班	⑧八
中古音	puɑ	puʌi	puɑn	puɑt	pa	pai	pan	pat
揚州音	po	pəi	puõ	puoʔ	pa	pɛ	pæ̃	pæʔ
瑞金音	po	puɛ	puɛn	puɛʔ	pa	pɛ	pan	paʔ
潮州音	pʰuɑ	pue	pũã	pʰuɑʔ	pa	pai	paŋ	poiʔ

（各例字の『広韻』所属韻は、①は戈韻、②は灰韻、③は桓韻、④は末韻、⑤は麻韻、⑥は皆韻、⑦は刪韻、⑧は黠韻である）

　中古音では例字Aと例字Bは主母音 [ɑ]（[ʌ] を含む）と [a] の違いがあるが、それに加えて、例字Aは合口の [u] 介音を有するという特徴がある。この介音に注目すると、現代でもそれを保つ方言があり、揚州（江蘇）では例字③④が、瑞金（江西）では例字②③④が、潮州（広東）では例字①～④が介音 [u] を有している。ちなみに北京音はこの介音をもたず、③と⑦は同音である。

8.2　洪音第Ⅱ種の韻母と細音第Ⅲ種の韻母の区別

　中古音ではこの両種は画然と区分されていたが、近代音で二つのおおきな発音変化があったためこの区分は崩壊した。これにより、中国語の発音は、中古音の状態から現代音の状態におおきく近づくこととなった。洪音第Ⅱ種の「山・刪韻」と細音第Ⅲ種の「仙韻」の字を例にする（前者を例字A, 後者を例字Bとする）。「牙音・喉音」の分野では、山韻の「間（去声）」と仙韻の「件」、刪韻の「雁」と仙韻の「諺」はそれぞれ同音となる（間カン・件ケン→北京音 [tɕiɛn]、雁ガン・諺ゲン→北京音 [iɛn]）。このことは洪音の山・刪韻側に発音変化（＝細音化）があったことを示すものである。「舌音・歯音」の分野では、山韻の「山」と仙韻の「搧」、刪韻の「棧」と仙韻の「戰」はそれぞれ同音となる（山サン・搧セン→北京音 [ʂan]、棧サン・戰セン→北京音 [tʂan]）。このことは細音の仙韻側に発音変化（＝洪音化）があったことを示すものである。北京語を代表とする北方方言では大部分このように変遷したが、しかし、北方方言であっても、揚州のようにこの合流変化を起こさないものもあり、そこでは区別は依然保たれている。次表には揚州のほかに、参考として、北方方言ではない陽新（湖北）、湘郷（湖南）、歙県（安徽）、湘潭（湖南）といった方言音も記している。

a)　「牙音・喉音」を声母とする音節の対比

	例字A（山韻 [æn]、刪韻 [an]）				例字B（仙韻 [iæn]）			
	①間	②簡	③限	④顔	⑤件	⑥遣	⑦延	⑧演
揚州音	tɕiæ̃	tɕiæ̃	ɕiæ̃	iæ̃	tɕiẽ	tɕʰiẽ	iẽ	iẽ
陽新音	tɕiæ̃	tɕiæ̃	ɕiæ̃	iæ̃	tɕʰiɛ̃	tɕʰiɛ̃	iɛ̃	iɛ̃
湘郷音	kiã	kiã	ɣiã	ŋiã	giĩ	kʰiĩ	iĩ	iĩ

（例字Aの①②③は山韻字、④は刪韻字）

b)　「舌音（舌上音）・歯音（正歯音）」を声母とする音節の対比

	例字A（山韻 [æn]、刪韻 [an]）				例字B（仙韻 [iæn]）			
	①盞	②棧	③產	④山	⑤展	⑥戰	⑦纏	⑧扇
揚州音	tsæ̃	tsæ̃	tsʰæ̃	sæ̃	tɕiẽ	tɕiẽ	tɕʰiẽ	ɕiẽ
歙県音	tsɛ	tsʰɛ	tsʰɛ	sɛ	tɕie	tɕie	tɕʰie	ɕye
湘潭音	tsan	tsan	tsʰan	san	tɕyẽ	tɕyẽ	dzyẽ	ɕyẽ

（例字Aの①②④は山韻字、②は刪韻字）

8.3　細音第Ⅰ種の韻母と細音第Ⅲ種の韻母の区別

　　ここでは、細音第Ⅰ種から「元・月韻」と「殷・迄韻」を、細音第Ⅲ種から「仙・薛韻」と「真・質韻」を取りあげる。ほとんどの中国語方言と日本漢音・ベトナム（越南）漢字音・朝鮮漢字音は元・月韻と仙・薛韻の区別、殷・迄韻と真・質韻の区別を示さないが、日本呉音（漢音ではない）と福州方言には、珍しく、それを区別すると思われる発音例が認められる（例：言ゴン・諺ゲン→北京音 [iɛn]、隠オン・因イン→北京音 [in]）。

a)　元・月韻字と仙・薛韻字の発音対比

	例字A（元韻 [iɐn]、月韻 [iɐt]）	例字B（仙韻 [iæn]、薛韻 [iæt]）
呉音	［開口］建献コン，健言ゴン ［合口］反販翻ホン，煩飯ボン，遠園苑怨ヲン・發髪ホチ，越ヲチ	［開口3等］変ヘン，辯辨ベン，免メン，愆ケン，諺ゲン，焉エン・別ベチ ［開口4等］篇ヘン，便ベン，綿面メン，遣ケン，延演エン・滅メチ

| 福州音 | [開口]建健 kyɔŋ，言 ŋyɔŋ，憲 献 xyɔŋ・歇 xyɔʔ | [開口 3 等]辯辨変 pieŋ，免勉 mieŋ，乾虔 kieŋ，諺 ŋieŋ・別 pieʔ，傑 kieʔ |
| | [合口]反販翻飯 xuaŋ，園遠 xuɔŋ，猿怨 uɔŋ・發伐罰 xuaʔ，越 uɔʔ | [開口 4 等]鞭便 pieŋ，篇編 pʰieŋ，綿面 mieŋ，演 ieŋ・滅 mieʔ |

b) 殷・迄韻字と真・質韻字の発音対比

	例字 A（殷韻 [iən]、迄韻 [iət]）	例字 B（真韻 [iěn]、質韻 [iět]）
呉音	[開口]筋コン，勤近ゴン，欣コン，殷慇隠オン・乞コツ	[開口 3 等]貧ビン，敏愍ミン，巾コン，緊キン，銀ゴン・筆ヒチ，密ミチ，乙オチ
		[開口 4 等]賓ヒン，頻ビン，民泯ミン，因引印イン・必匹ヒチ，密ミチ，吉キチ，一イチ
福州音	[開口]斤筋 kyŋ，勤 kʰyŋ，近 køyŋ，欣 xyŋ，殷隠 yŋ・乞 kʰøyʔ	[開口 3 等]貧 piŋ，敏 miŋ，巾 kyŋ，銀 ŋyŋ，緊僅 kiŋ，岬 xøyŋ・筆 peiʔ，密 meiʔ，乙 eiʔ
		[開口 4 等]賓頻 piŋ，民 miŋ，因寅引 iŋ，印 eiŋ・必 peiʔ，匹 pʰeiʔ，蜜 miʔ，吉 keiʔ，一 eiʔ，逸 iʔ

　日本呉音のよみは佐藤進・濱口富士雄編『全訳漢辞海』（三省堂）を参照した。ただし真韻牙音3等の「巾・銀」を「コン・ゴン」とよむ例は藤堂明保の論文「呉音と漢音」（『藤堂明保中国語学論集』所収）による。福州音は『漢語方音字匯』（文字改革出版社）にもとづく。「巾・銀」のよみ方が、呉音も福州音も殷韻字と同一韻母をあらわすのは興味深い。

8.4 細音第Ⅲ種の韻における「唇・牙・喉音」声母の3等字と4等字の区別

a)　現代北京音における支・脂韻「唇音 (m/b/pʰ/p)」字の発音対比

	例字A（唇音3等字）	例字B（唇音4等字）
支韻（平声）	碑 bēi 披 pī 皮疲 pí 糜 mí/méi	裨 bì 脾陴 pí 弥猕 mí
─　（上声）	彼 bǐ 被 bèi 靡 mǐ	俾 bǐ 庀 pǐ 婢 bì 弭敉 mǐ
─　（去声）	帔 pèi 被 bèi	臂 bì 譬 pì 避 bì
脂韻（平声）	悲 bēi 丕伾 pī 眉霉楣湄 méi	纰 pī 毗琵枇貔 pí
─　（上声）	鄙 bǐ 痞圮 pǐ 美 měi	比姊秕匕 bǐ
─　（去声）	备 bèi 辔 pèi 秘泌闷 bì 媚魅 mèi	痹庇箅 bì 屁 pì 鼻 bí 寐 mèi

　現代北京音では、細音第Ⅲ種の一部の韻、すなわち支韻と脂韻に限られるが、「唇音」の3等字と4等字に発音が相違するという現象がみられる。上の表に示すように、3等字の多くは韻母〈ei〉をもつのに対し、4等字はほとんどが〈i〉の韻母で占められる（「寐」は例外）。

b)　ベトナム（越南）漢字音における「唇音 (m/b/pʰ/p)）」字の発音対比

	例字A（唇音3等字）				例字B（唇音4等字）			
	①鄙	②廟	③彬	④閩	⑤比	⑥妙	⑦賓	⑧民
中古音	pïi	mïæu	pïěn	mïěn	pi	miæu	piěn	miěn
越南音	bi	miu	bən	mɛn	ti	ziu	tɤn	zen

　例字①と⑤は脂韻字、②と⑥は宵韻字、③と⑦および④と⑧は真韻字である。越南音は、李連進『平話音韻研究』所載の「漢越語」（＝越南漢字音）による。例字Aは両唇音 b・m の頭子音で発音されるのに対し、例字Bは舌尖音 t・z の頭子音で発音されるのが特徴である。ほかに 碑 bi/ 卑 ti、悲 bi/ 琵 ti、糜 mi/ 彌 zi、筆 but/ 必 tɤt などの例がある。

c)　朝鮮漢字音における「牙音 (ŋ/g/kʰ/k)・喉音 (x/ʔ)」字の発音対比

	例字A（牙・喉音3等字）				例字B（牙・喉音4等字）			
	①奇	②器	③乙	④眷	⑤岐	⑥棄	⑦一	⑧絹
中古音	gïě	kʰïi	ʔïět	kïuæn	gïě	kʰi	ʔïět	kïuæn
朝鮮音	kïi	kïi	iɫ	kuən	ki	ki	il	kiən

例字①と⑤は支韻字、②と⑥は脂韻字、③と⑦は質韻字、④と⑧は仙韻字である。ここの朝鮮音は、伊藤智ゆき『朝鮮漢字音研究』による。例字Aの①②③が母音 [ɨ] をもつのが特徴的である（[ɨ] は [ï] とも書かれる）。例字Bはそれをもたない。なお、表中の朝鮮音は中期朝鮮語の発音で、現代の発音とは異なる場合がある。①②は現代では⑤⑥と同音となっている（[kɨi>ki] という変化があったため）。③④⑦⑧の漢字音は変化がない。

d) 日本古代（奈良時代）の〈きぎ / ひびみ〉音節の万葉仮名

平仮名・片仮名が創案される前の日本語は、漢字の音だけを利用して「一字一音」の方式で日本語を書きあらわすことがおこなわれていた。この音写で用いられる漢字を「万葉仮名」とよんでいる。『万葉集』でとくに多く使われたので、その書名によってそうよばれるのである。万葉仮名の整理によって、当時の日本語の音節〈きぎ / ひびみ〉にそれぞれ2類の仮名の区別と単語の書き分けがあったことが知られており、そこで、この2類を国語学（日本語学）では甲類・乙類と称している。ほかに〈けげ / へべめ〉〈こご / そぞ / とどの / よろも〉の音節にも2類の区別があったとされ、それで、奈良時代の日本語には8母音があったと信じられている。古代日本語音節〈きぎ / ひびみ〉の甲類仮名の漢字と乙類仮名の漢字を、中古音の韻別に分類して示したのがつぎの表である。漢字の右に記した数字は『韻鏡』の「等」をあらわす。

	〈きぎ / ひびみ〉の甲類仮名	〈きぎ / ひびみ〉の乙類仮名
細音第Ⅰ種、第Ⅱ種の韻		［微韻］幾3 機3 氣3 既3/ 非3 肥3 飛3 妃3 費3 微3 未3 味3 尾3 ［之韻］己3 紀3 記3 基3 疑3 擬3
細音第Ⅲ種の韻	［支韻］岐4 企4 祇4 伎3 儀3 蟻3/ 卑4 避4 譬4 彌4 弭4 ［脂韻］棄4 耆3 祁3/ 比4 毗4 妣4 鼻4 寐4 美3 ［祭韻］藝4 ［真韻］賓4 民4 ［質韻］吉4/ 必4	［支韻］奇3 綺3 寄3 騎3 義3 宜3/ 彼3 被3 靡3 ［脂韻］悲3 秘3 備3 眉3 媚3

この表から、甲類仮名として用いられるものは「牙音（ŋ/g/kʰ/k）・唇音（m/b/pʰ/p）」の4等字が多く、乙類仮名として用いられるものは「牙音・唇音」の3等字に限られ

るということが、おおまかに指摘できる。なお、甲類仮名のうち、奢・祁は『韻鏡』では3等字であるが、唐代反切資料の多くは4等字扱いになっているという（中国音韻学者平山久雄による）。

主要参考文献

・伊地智善継・辻本春彦『現代中国語の発音』 江南書院、1956 （第一章 声音と文字、第二章 語音）

・那須清『中国語の発音』 中国書店、1983

・ラムゼイ，Ｓ・Ｒ著、高田時雄ほか訳『中国の諸言語―歴史と現況―』 大修館書店、1990 （第一部 第4章 標準語 - その発音）

・松岡榮志・古川裕監訳、北京大学中国語言文学系現代漢語教研室編『現代中国語総説』 三省堂、2004 （第2章 音声）

・興水優『中国語の教え方・学び方―中国語科教育法概説―』 日本大学文理学部叢書3、2005 （第6章 発音の学習内容）

・朱春躍・山崎直樹「中国語発音12のツボ」『中国語ジャーナル』2005年4月～2006年3月。「通じる発音12のツボ」『中国語ジャーナル』2006年4月～2007年3月

・日下恒夫『アタマで知り、カラダで覚える 中国語の発音』 アルク、2007 （第1部 中国語の発音）

・馮蘊澤『中国語の音声』 白帝社、2007 （第9章 中国語の音節と音節構造、第11章 音素体系と声母・韻母の組織、第12章 声母、第13章 韻母、第14章 声調、第15章 ストレスアクセント（軽声）、第16章 文音調、第17章 r音化）

・平井勝年『教師のための中国語音声学』 白帝社、2012 （第1章 音素レベル、第2章 音節レベル、第3章 超音節レベル、第4章 発話レベル）

・松本洋子『日本語母語話者に対する中国語発音教育の理論と実践』 早稲田大学出版社、2012

・董少文『語音常識』 上海教育出版社、1988

・呉宗済主編『現代漢語語音概要』 華語教学出版社、1992

・趙金銘主編『語音研究与対外漢語教学』 北京語言文化大学出版社、1997

・劉広徽『漢語普通話教程・語音課本』 北京語言文化大学出版、1997

・傅国通・殷作炎『普通話導学』 浙江教育出版社、1998

・張本楠・楊若薇『普通話連読音変』 （香港）商務印書館、2000 （甲編 普通話的変調、乙編 普通話的変音）

・曹文『漢語発音与糾音』 北京大学出版社、2000

・続三義『対日漢語語音教程：中日対照』 北京語言文化大学出版社、2000

・曹文『漢語語音教程』 北京語言大学出版社、2002

・孫徳金主編『対外漢語語音及語音教学研究』 商務印書館、2006

・金有景『普通話語音』 商務印書館、2007

・曾毓美主編『対外漢語語音』 湖南師範大学出版社、2008

・毛世楨『対外漢語語音教学』 華東師範大学出版社、2008

・曹文『現代漢語語音答問』 北京大学出版社、2010

・毛世楨『漢語語音趣説』 暨南大学出版社、2011

・丁崇明・栄晶『現代漢語語音教程』 北京大学出版社、2012

・宋海燕『国際漢語 語音与語音教学』 高等教育出版社、2013

・施春宏・蔡淑美『漢語基本知識（語音篇）』 北京語言大学出版社、2017

・服部四郎『音声学（カセットテープ、同テキスト付）』 岩波書店、1984

・杉藤美代子編集『日本語の音声・音韻（上・下）』 明治書院、1988（上）、1990（下）

・神山孝夫『日欧比較音声学入門』 鳳出版、1995

・竹林滋『英語音声学』 研究社、1996

・ラディフォギッド, P. 著、竹林滋・牧野武彦訳『音声学概説』 大修館書店、1999

・猪塚元・猪塚恵美子『日本語の音声入門―解説と演習―（全面改訂版）』 バベル・プレス、2003

・小泉保『改訂 音声学入門』 大学書林、2003

・斎藤純男『日本語音声学入門（改訂版）』 三省堂、2005

・キャットフォード, J.C. 著、竹林滋・設楽優子・内田洋子訳『実践音声学入門』 大修館書店、2006

・城生佰太郎『一般音声学講義』 勉誠出版、2008

・福盛貴弘『基礎からの日本語音声学』 東京堂出版、2010

・城生佰太郎・福盛貴弘・斎藤純男編著『音声学基本事典』 勉誠出版、2011

・加藤重弘・安藤智子『基礎から学ぶ音声学講義』 研究社、2016

・川原繁人『ビジュアル音声学』 三省堂、2018

・松崎寛・河野俊之『日本語教育 よくわかる音声』アルク、2018

・神山孝夫『(新装版)脱・日本語なまり―英語（＋α）実践音声学』 大阪大学出版会、2019

・ラディフォギッド, P.・サンドラ・フェラーリ・ディズナー著、田村幸誠・貞光宮城訳『母音と子音―音声学の世界に踏み出そう―』 開拓社、2021

索引

著者

佐藤　昭
北九州市立大学名誉教授

表紙　　　　　メディアアート
本文デザイン　小熊未央

中国語音声学　日本語・英語との発音比較を重視して

| 検印
省略 | © 2024 年 1 月 31 日　初版　発行 |

著　者　　　　　　　　　　　　　　　　佐藤　昭

発行者　　　　　　　　　　　　　　小川　洋一郎
発行所　　　　　　　　　　　株式会社　朝 日 出 版 社
　　　　〒 101-0065　東京都千代田区西神田 3-3-5
　　　　　　　　電話（03）3239-0271・72（直通）
　　　　　　　　振替口座　東京　00140-2-46008
　　　　　　　　　　　　　欧友社／錦明印刷
　　　　　　　　　　http://www.asahipress.com